权威·前沿·原创

皮书系列为

“十二五”“十三五”国家重点图书出版规划项目

河南省社会科学院城市与环境研究所
郑州轻工业大学产业与创新研究中心
联合创研

中国产业新城发展报告（2019）

ANNUAL REPORT ON CHINA INDUSTRIAL NEW CITY (2019)

推进产业新城高质量发展

主　编／刘　珂　易雪琴

图书在版编目(CIP)数据

中国产业新城发展报告：推进产业新城高质量发展. 2019 / 刘珂，易雪琴主编. -- 北京：社会科学文献出版社，2019.8

（产业新城蓝皮书）

ISBN 978－7－5201－5159－7

Ⅰ.①中… Ⅱ.①刘… ②易… Ⅲ.①城市发展－研究报告－中国－2019 Ⅳ.①F299.2

中国版本图书馆 CIP 数据核字（2019）第 145520 号

产业新城蓝皮书

中国产业新城发展报告（2019）

——推进产业新城高质量发展

主　　编／刘　珂　易雪琴

出 版 人／谢寿光

责任编辑／高　启

出　　版／社会科学文献出版社·城市和绿色发展分社（010）59367143

地址：北京市北三环中路甲 29 号院华龙大厦　邮编：100029

网址：www.ssap.com.cn

发　　行／市场营销中心（010）59367081　59367083

印　　装／天津千鹤文化传播有限公司

规　　格／开 本：787mm × 1092mm　1/16

印 张：20　字 数：306 千字

版　　次／2019 年 8 月第 1 版　2019 年 8 月第 1 次印刷

书　　号／ISBN 978－7－5201－5159－7

定　　价／128.00 元

主要编撰者简介

刘　珂　博士，郑州轻工业大学经济与管理学院院长、教授、硕士研究生导师。河南省企业联合会、企业家协会常务理事，河南省高校创新创业协会理事，河南省高校科技创新人才（人文社科类）。主要研究方向为产业经济（产业集群）、城市经济、战略管理。先后主持和参与承担完成各类课题30余项，其中主持及参与完成国家社会科学基金课题3项，发表论文60多篇；获河南省社会科学优秀成果奖二等奖1项，河南省发展研究奖二等奖3项；出版专著教材十余部。

易雪琴　河南省社会科学院城市与环境研究所助理研究员，主要从事城市经济、区域公共政策等研究，先后主持或参与国家、省级社会科学项目3项，在重要报刊发表论文20余篇，参与编写出版学术著作2部，有1项参与研究的课题获得省委领导的肯定性批示。

摘　要

改革开放以来，我国持续推进中国特色社会主义现代化建设进程，历经40年的艰辛探索和实践，在经济、政治、文化、社会等多个领域取得了举世瞩目的成就。而工业化和城镇化，这两个既影响经济发展又关乎民生大计的突出领域，无疑是改革开放进程中格外引人瞩目的重要推动力，为我国产业优化升级、城市建设发展和全面深化改革起到了关键作用。

党的十八大以来，国际国内经济形势发生了显著变化，全球经济权力逐步转移，经济增长速度持续放缓，经济发展方式面临转变，经济增长动力发生变化。以往依靠人口红利和物质要素驱动、粗放式快速推进、低成本出口导向的经济发展模式已经难以为继，结构失衡、产能过剩、创新驱动力不足、资源环境供给制约加剧、区域发展不协调、国家之间的贸易摩擦不断等经济发展的矛盾日益显现，我国经济亟须由“高速度”增长向“高质量”发展转变。

与此同时，长期以来我国实施粗放式的土地和空间城镇化，忽视了以人为核心的城镇化，导致产生了农业人口“转而不移”、产城不融合、大中小城镇发展不协调、城乡二元结构失衡等一系列突出的矛盾和问题，城镇化发展的速度和质量明显不匹配。国家明确提出，常住人口城镇化率和户籍人口城镇化率分别要在2020年提升到60%和45%。如何加快推动农业转移人口市民化进程，如何加快形成以城市群为主体构建大中小城市和小城镇协调发展的城镇格局，成为当前城镇化高质量发展的紧迫任务。

党的十九大报告明确提出：“推动新型工业化、信息化、城镇化、农业现代化同步发展。”在这样背景下，产业新城以一种既能把握经济和产业发展趋势又能契合新型城镇化发展要求的新型开发模式，被越来越多地应用于我国的改革实践中。产业新城秉承“以城带产、以产兴城、产城融合”的发展理念，以满足人的需求为根本导向，以产业为“立城之本”，以城市为“兴业之基”，通过导入现代产业体系、培育发展产业集群来强化城市发展的产业支撑，通过高标准建设基础设施和公共服务设施、优化公共服务供给体系和提供优质的城市运营服务来增强城市综合承载能力，有效实现了“产、城、人”的良性互动，进而推动地区健康可持续发展。可以说，产业新城在推动产业结构优化和经济转型、完善城市功能、打造大中小城镇协调发展格局、促进区域协同发展等多个方面发挥着越来越重要的作用。

《中国产业新城发展报告（2019）》以“推进产业新城高质量发展”为主题，把握发展趋势，立足新时代国家现代化建设的新要求，多维度、全方位探索研究产业新城高质量发展的问题。本书由河南省社会科学院和郑州轻工业大学相关专业的研究人员共同完成。其中，总报告《产业新城的高质量开发与运营》系统梳理了产业新城的概念演进与实践历程，深入分析了2018年产业新城发展的现状与问题，对2019年产业新城发展进行了展望，提出了推进产业新城高质量发展的对策建议。“建设篇”“运营篇”“辐射带动篇”“案例篇”“借鉴篇”主要围绕产业新城建设发展过程中的关键环节和难点问题，分别从理论与实践的视角提出了相应的思路和对策。

关键词： 产业新城　产城融合　新型城市　高质量发展

目　录

Ⅰ　总报告

Ⅱ　建设篇

Ⅲ　运营篇

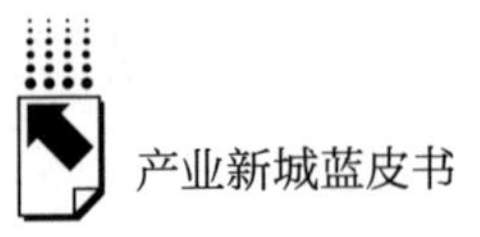

Ⅳ　辐射带动篇

Ⅴ　案例篇

Ⅳ　借鉴篇

总 报 告

General Report

B.1 产业新城的高质量开发与运营

——2018 年产业新城发展回顾与 2019 年展望

河南省社会科学院　郑州轻工业大学联合课题组*

摘　要： 随着新型城镇化、工业化的快速推进，产业新城已进入快速发展阶段，参与主体越发多元，开发运营模式日益成熟，园区城市化、城市现代化、产城一体化趋势更加明显。但由于产业带动力不够、设施支撑力不强、园区转型速度不快等因素影响，产业新城距高质量发展的要求还有一定差距，下一步面临着如何让产业新城具备内生增长动力，如何让产业新城成长为新型现代城市，如何让产业新城发挥区域城市体系支点作用等问题。因此，在未来发展中，要着重围绕提高产业

---

* 课题组组长：王建国、刘珂；课题组成员：王建国、刘珂、张云超、王新涛、符加林、郭志远、彭俊杰、易雪琴、李建华、左雯、韩鹏、陈昱、薛龙、张省、刘芳宇；执笔人：王建国、王新涛、郭志远、彭俊杰。

带动能力，加快融入都市圈，优化生产、生活、生态空间，塑造城市文化内核等方面入手，来推动产业新城的高质量发展。

关键词： 产业新城 产城融合 新型城市 都市圈

产业新城作为一种区域开发模式，有其深刻的经济社会根源、理论渊源和实践基础。我国产业新城经过近年来的发展，取得了一系列成绩，也凸显出一些问题。在以人为本推进新型城镇化的背景下，产业新城要顺应时代发展要求，满足人民群众期待，以产业发展为基础，以产城融合为路径，逐步向城市现代化目标迈进。

一 产业新城的概念演进与实践历程

“产业新城”是近几年兴起的一个概念，学术界对“产业新城”并没有统一的定义。产业新城是在以产带城、以城促产、双轮驱动等发展理念的驱动下形成的以人为核心、以产业发展为基石、以“产城融合”为标志的城市发展创新模式。产业新城的建设模式既包含了传统园区的优点，又弥补了其发展中存在的不足，是对工业园区或者开发区模式的转型升级。对产业新城内涵的理解主要有三个方面：一是核心在“产业”，一个成功的产业新城必须要有明确的支柱产业；二是关键在“新”，“新”不是指必须新建或新开发，而是强调要独立于主城区以外；三是根本在“城”，有别于传统产业园区，产业新城除了产业的基本配套，还要有完备的城市市政、生活、住宅、商业、教育医疗和休闲娱乐等配套功能，各类功能用地配比要科学合理，形成一个真正意义上的“城”。在西方国家，产业新城概念和实践主要经历了以理想国和田园城市为代表的起源阶段、以卫星城和新城运动为标志的发展阶段和以产业新城广泛实践为主要特征的成熟阶段。产业新城进入中国以后，其发展过程也打下了中国经济发展和城镇化过程的深深烙印。从演进过程来看，国内产业新城主要经历了改革开放前的工业卫星城粗放建设阶段、改革开放后的产业园区快速发展阶段以及目前的产业新城规范化建设三个主要阶段。

（一）国外产业新城概念的演进与实践

1. 起源阶段：从理想国到田园城市

早在16世纪初，就诞生了人们对理想城市向往的雏形——理想国。1516年，托马斯·莫尔在其著名作品《乌托邦》中以游记的形式向众人描述了一个由他自己创造的现实中并不存在的理想国。莫尔期望通过对当时不合理的社会制度进行变革，来塑造一个理想的社会形态，并描述了一个他理想中的建筑、社区和城市的乌托邦。可以说，“理想国”寄托了当时人们对理想城市生活的向往，在一定程度上引起后来人们对更加理想的城市模式探索的兴趣。这是资料可见最早与产业新城有关的记载，可以说《乌托邦》是产业新城理论最早的思想根源。

到了18世纪下半期和19世纪初，随着工业革命的迅猛发展，英国的一些地方，像伦敦、利物浦、曼彻斯特等城市较早地遇到由工业革命带来的城市灾难，而以欧文、圣西门、傅立叶等为代表的空想社会主义理论也日渐成熟。当时的城市规划师开始探索改善生活环境的建设模式，欧文也进行了工作社区和和谐新村的实践。这一时期，在英国涌现出了大量的“工业村”“公司城”，其中最具代表性的有格拉斯哥附近的新拉纳克、利兹附近的索尔泰尔、伯明翰附近的伯恩维尔、利物浦附近的阳光新村，这些新城都是依托工业而建，并与周边乡村环境融合在一起。

1902年，霍华德出版了世界城市发展史上具有重要影响的著作《明日的田园城市》。他在书中塑造的田园城市是“一个有完整社会和功能结构的城市，有足够的就业岗位维持自给自足，空间布局能保障阳光、空气和高尚的生活，绿带环绕，既可以提供农产品，又能有助于城市的更新和复苏”。关于田园城市概念，1919年田园城市协会对其进行了定义：“田园城市是为了安排健康的生活和工业而设计的城镇，其规模要满足各种社会生活，但不能太大；被乡村包围；全部土地归公众所有或托人为社区代管。”霍华德还

超越城市规划师的局限，对社会城市的收入来源、管理结构等进行了深入细致的论述，并在莱彻沃斯、韦林两个地方亲自领导了建设实践。实际上，霍华德自始至终所倡导的都是一种全面社会变革的思想，他更愿意使用“社会城市”而不是“田园城市”的概念来表达他的思想。在田园城市建设的后期，一些学者又开始对新城建设进行反思和总结，后来人们关注的只是“田园城市”的形式，并不是霍华德所倡导的“社会城市”的思想精髓。

在这之后的很长时间，国外的新城建设都是在“田园城市”思想指导下进行的。随着霍华德田园城市思想的广泛传播，在德国、法国、比利时、西班牙、美国等西方资本主义国家掀起了田园城市建设热潮，当时的田园城市主要有三种形式，即现代新村（阳光新村）、花园郊区（汉普斯蒂德花园郊区）和田园城市（莱奇沃思）。到了 1910 年，法国著名建筑大师戛纳尔提出了“工业城”概念，第一次把城市中的工业区、港口、铁路与居住区用地分离开来。直到今天，人们在进行新城建设或者城市新区建设，仍离不开霍华德田园城市思想的指引。田园城市的思想对后来人们进行工业区建设提供了生态理念。随着工业革命的继续发展，世界各地兴起了各种以工业生产为主的产业集聚区，工业生产的大规模集聚对周围环境造成了一定的破坏，于是，人们将霍华德田园城市中关于“绿化带”的理念引入工业区，探讨如何将生态系统理念运用到工业园区的规划设计和建设中，像新加坡的裕廊工业区就是按照这一理念建设的。

2. 发展阶段：特大城市的空间疏散和新城运动

从工业革命开始，特大城市空间结构优化就进入了城市规划思想家和设计者们的视野，到了二战后，随着经济的快速恢复和增长，欧洲和美国的一些大城市、特大城市快速膨胀，各种“大城市病”也随之而来，如何实现特大城市功能重组与空间优化变得尤为迫切和重要。这一时期，芬兰建筑师沙里宁的有机疏散理论应运而生，并成为指导特大城市空间优化的重要思想，“适度分散”成为当时城市设计者们的基本共识，“卫星城”成为西方发达国家解决特大城市城市病的重要手段之一。

“卫星城”概念是由霍华德当年的两位助手恩温和帕克在田园城市中分

散主义思想的基础上发展而来。1912 年恩温和帕克在其合作出版的《拥挤无益》一书中，对霍华德的田园城市思想做了进一步阐述，他们还在曼彻斯特附近的维森沙维进行了以城郊居住为主要功能的新城建设，进而将其总结为“卫星城”理论。1922 年，恩温出版了《卫星城市的建设》，正式提出了“卫星城”概念。1924 年，在荷兰阿姆斯特丹召开的国际城市会议上，“卫星城”正式成为国际上通用的一个概念，在当时被人们公认为是防止大城市过大和不断蔓延的一个重要方法，并广泛影响了欧洲、美国甚至亚洲后来对特大城市的规划和建设。

卫星城理论虽然在 20 世纪初已经就提出来了，但是真正在城市建设实践中得到大规模应用还是在二战以后，在伦敦、巴黎、东京等特大城市战后重建中得到广泛应用。为研究战后重建，英国任命阿伯克隆比、福尔肖等人编制大伦敦规划，1944 年，伦敦国土委员会采纳了由阿伯克隆比和福尔肖编制的大伦敦规划。这个著名的规划，吸收采纳了西方城市规划思想中的许多精髓，像霍华德田园城市理论中分散主义思想、恩温的“卫星城”理论，以及盖迪斯区域规划理念等。大伦敦规划提出的方案对当时控制伦敦蔓延、改善混乱的城市环境起到了一定作用，其中的一些做法成为经典案例，为后来的众多城市效仿。

第二次世界大战后，“新城运动”成为英国进行城市建设的一项重要国策，获得了国家行政、法律与经济方面的全力支持。英国政府专门颁布了《新城法》，这个法规是专门为新城建设而制定的，它的出现催生了一批新城的诞生。据粗略统计，在 1964 ~ 1978 年英国先后建设了 33 座卫星城，仅在伦敦周围就布局了 8 座卫星城。英国先后共经历了四代卫星城建设，英国设立卫星城主要是为了疏散伦敦过于集中的人口，后来的实践证明，卫星城对于疏散中心城区人口的作用并不明显，伦敦周围的 8 座卫星城在 30 年的时间里共吸引了 42 万人定居，主要是从外地迁入而不是从中心城市疏散而来，卫星城不但没有疏散人口，反而使伦敦周围地区人口增加了。此外，法国在大巴黎地区建立了 5 座卫星城；日本围绕东京设立了 10 座卫星城，在全国建立了 35 座卫星城。卫星城镇的类型，按其主要功能可分为卧城、工业城、科研城、大学城等。

发源于英国的新城运动，对西方国家随后到来的郊区化浪潮产生了广泛而深远的影响。卫星城（新城）成为特大城市进行空间结构优化、生态环境保护、城市功能协调的重要途径和手段。然而，后来的建设证明，卫星城并不是解决特大城市拥堵的完美方案，伦敦周围的卫星城不但没有减少人口，反而增加了人口，东京建的卧城不但没有有效控制中心城区人口，反而增加了交通的拥堵和人们的通勤时间。

3. 成熟阶段：产业新城的成功实践

虽然伦敦、巴黎和东京等地的卫星城建设并没有取得人们所预期的效果，但是在一定程度上推动了新城理论的进一步发展和成熟，人们开始思考城市和产业的融合发展，诞生了像英国道克兰产业新城、美国尔湾科技新城、日本筑波科技城、韩国仁川产业新城等一批成功的产业新城建设案例。

（1）英国道克兰商务新城。道克兰商务新城是公私合作开发的典范，也是全球最为成功的产业新城项目之一。道克兰位于伦敦市区向东 5 公里，占地面积 8.5 平方公里，其核心区是金丝雀码头。道克兰地区曾是全球最为繁忙的码头之一，到了 20 世纪中后期，随着英国海运衰落和港口工业外迁，道克兰地区的港口、码头和仓库开始被弃置，大块空白或半空白的废弃土地等待再开发。这些土地多数属于公有或“半公有”，当地市政部门虽然想开发，但受制于财政削减和公众反对而难以进行。到了 20 世纪 80 年代，英国政府开始关注到这一滨水区的独特魅力和巨大潜力，将这一地区划为自由经济区，委托奥林匹亚与约克公司进行开发。但是由于政府规划的地铁、轻轨等基础设施项目进展缓慢，造成奥林匹亚与约克公司一度陷入破产境地。1993 年，伦敦地铁延伸线开工建设，投资者信心开始恢复，码头和办公楼的出租率也开始上升，到了 2004 年，金丝雀码头的办公楼面积已经超过 100 万平方米，工作人口已经达到 6.3 万人。目前，道克兰地区集中了全球大约 1/3 的外汇交易，管理着全球涉外资本交易的 60%，以及超过 5000 亿英镑的外国投资。

（2）美国尔湾科技新城。尔湾市位于加利福尼亚州南部，归奥兰治管辖，该市通过精心的规划设计，已经成为美国产业新城的样板、高档居住社区和商业社区成功的典范。尔湾新城的主要推动者是由尔湾家族控制的“尔湾公司”。1959 年，尔湾公司应加州大学请求捐出 4.05 平方公里土地，加州政府也划出 2.025 平方公里土地作为配套，共同建设一个以加州大学尔湾分校为中心的能容纳 5 万人口的大学城。经过 10 年的建设发展，尔湾工业区和一些住宅陆续建成，1971 年尔湾市正式成立。在产业方面，尔湾市依托加州大学，形成了以高科技产业为主的特色产业结构，形成了包括软件、专业服务、生命科学、清洁技术、连锁特许、运动装备和先进制造业为主的七大产业集群，云集了包括福特、路虎、丰田、马自达、起亚、奔驰、林肯、川崎等世界汽车业巨头，现有的 1.7 万家企业多以高科技为主，尔湾也因此被称为“科技海岸”。此外，尔湾新城在建设过程中，尤为重视生态环境的保护，平衡了城市发展、生态环境和居住舒适度的关系，在美国宜居城市排行中长期名列前茅，成为全球产业新城项目的代表之作。

（3）筑波科学城在日本众多产业新城建设项目中堪称其中的典范。筑波位于东京东北方向 50 公里处，属于茨城县管辖，城区面积 280 平方公里，包括 27 平方公里的研究院核心区，主要集中了国家研究及教育机构区、都市商务区、住宅区和公园，周边还配套了 257 平方公里的开发区。筑波新城是由日本中央政府资助建立的第一个科学城。20 世纪 60 年代后期，日本将国家战略从贸易立国转向技术立国，从强调应用研究转向注重基础研究，并将科学城开发建设纳入日本“技术立国”的发展战略框架。通过几十年的发展，筑波科学城形成了以国家实验研究机构和大学为核心的综合性学术研究和高水平教育基地，拥有国家级研究与教育院所 48 个，集中了日本国家科研机构总预算 50% 以上的资金和资源，日本众多国家级科研机构及高校科研人员都在筑波新城居住和生活。

（二）国内产业新城发展历程

1. 改革开放前的工业卫星城建设阶段

从新中国成立初期到改革开放前，我国的产业新城建设主要表现为大规模兴建“工业卫星城”。新中国成立初期，国际上美、苏两大阵营对立，冷战阴云笼罩全球。在当时特殊的国内外形势下，我国城市发展受苏联计划经济模式影响较多，城市发展侧重于发展重工业和打造生产型城市，在较短的时间内，全国各地新设立了大量的工业卫星城。在“一五”计划时期，我国围绕苏联援建的156个工业项目，开始了轰轰烈烈的大规模社会主义工业建设和城市建设，从无到有开辟了很多新的工业基地，建设了像洛阳涧西、南京浦口等一批工业城区。

当时我国城市建设领域人才短缺、经验匮乏，新建的工业城市多数是照搬苏联模式，统一配建生产和生活设施，在城市外围地区大量建设工业区和工人新村。后来中苏关系恶化，国家制定了“三线”建设重大战略决策，按照“分散、靠山、隐蔽”的原则布局重大工业项目，城市建设受到重要影响，在边远山区建立了很多布局混乱、服务设施落后的工业城。这一时期的工业城建设具有强烈的工业主导特征，多是小而全的工业区和生活区。

在改革开放前，受国内外形势、苏联计划经济模式以及国家政策的影响，我国的城市建设走的是一条“工业主导的城市化道路”，涌现了众多新兴的工业城市、资源型城市、郊区卫星城、交通枢纽城市、军事型城市，对我国城镇化道路进行了很多开创性的探索，极大地丰富了我国城市的类型。但是，从城镇化发展历程来看，改革开放前的城市建设并不成功，许多卫星城建设半途而废。受制于产业单一、经济基础、基础设施等的影响，绝大多数工业卫星城从功能上看尚不健全，还不能摆脱对城市乃至周边农村地区的依赖，这一阶段的卫星城建设不能称为真正意义上的产业新城建设。

2. 从改革开放到2000年以前产业园区大规模建设阶段

这一阶段的主要特征是生产要素向产业园区快速聚集，各种各样的产业园区和开发区在全国如雨后春笋般涌现出来。1979年，随着中国第一个外向型工业园区——蛇口工业园的设立，在广东、浙江、江苏等沿海地区兴建了我国最早的一批产业园区，产业园区开始成为中国工业化和城镇化发展的重要载体。这些产业园区主要是通过行政手段划出一片专门的区域，由国家和地方政府出台各种优惠政策吸引外商投资，再加上我国丰富而廉价的劳动力资源和土地资源，换来了劳动力密集型产业的快速发展。以蛇口工业园区为代表的产业园区主要依靠特殊的优惠政策，并抓住了香港及国际产业向大陆转移的时机，快速发展成为劳动密集型的出口加工制造基地。这时的产业园区功能较为单一，以单纯的工业生产为主，无论是基础设施还是生活服务设施配套都很匮乏。

到了 20 世纪 90 年代，随着我国工业化进程不断提速，各地产业园区之间的竞争也开始加剧，倒逼产业园区产业开始升级换代，沿海地区一些产业园区的主导产业开始向技术密集型的高科技产业转变。特别是 1992 年邓小平同志南方谈话，掀起了我国新一轮对外开放和引进外资的热潮，各地产业园区建设也进入高速发展阶段。这一时期很多沿海地区的产业园区已经开始实现产品生产、研发的复合型发展，主导产业也已经由过去劳动密集型转变为高科技产业，并在此基础上带动一批具有前后关联的企业快速发展。在国家产业政策和市场规律条件的双重作用下，各产业园区积极完善产业链条，产业之间的协同发展成效初现，在一定程度上已经开始形成产业闭环。深圳科技园区就是典型的代表，深圳科技园区立足于深圳的地理、经贸和制度优势，与中国科学院合作，积极引进外资和国外先进技术，快速发展成为以电子信息、新型材料、精密机械、生物工程、光电子等高科技产业为主的产业高地。

这一时期，全国各地都处在产业园区建设的最初阶段，既缺乏建设资金，也没有管理经验，多数产业园区存在基础设施建设短缺、体制机制不完善、管理粗放等问题。各地园区之间的竞争主要是靠降低土地成本和包括税收在内的各种优惠政策，虽然在短期内对吸引外资产生了一定作用，但是也造成了粗放的建设模式，随着产业园区规模的迅速扩大，对土地资源也是一种极大的浪费。当然，随着产业和人口的快速聚集，产业园区配套设施建设也开始受到重视，从某种意义上来说，也刺激了产业园区向新城或新区的转型发展。此外，产业园区又多分布在城郊地带，形态上表现为单个或同类企业的聚集区，在功能上主要还是工业生产，相关的生活服务设施仍比较匮乏，园区内的就业人员还不能脱离中心城区的生活配套。随着城镇化进程的持续推进，土地资源短缺问题日益突出，土地粗放利用的弊端越来越明显，产业园区的选址、布局与建设也不得不注重工业建设用地的精细化管理，并开始注重基础设施和生活服务设施的完善配套。

这一时期的产业园区虽然仍以生产为主，与主城的融合度也非常有限，在宜居宜业的现代化产业新城建设方面仍不够完善。但是随着包括生活区、公共服务和管理机构等的配套建设，使产业园区在为城市提供经济增长的同时，也带来了大量人口的聚集以及社会服务功能的提升。这一阶段的产业园区得益于中国经济快速发展和转型升级，产业园区的形态也不断演进升级以适应经济社会发展的需要，从功能上看，也逐步从最初单纯的工业生产向综合的社会服务转变。

3. 2000年以来以产城融合发展为特征的产业新城建设阶段

这一阶段我国城镇化的一个重要特征是产业园区与城市开始融合发展，以固安产业新城、嘉善产业新城为代表的产业新城开始出现，并在全国得到快速复制和发展。随着经济的发展和城镇化的深入推进，这一时期的产业园区虽然仍比较关注产业发展，但是从功能上来看，已经越来越向多元化、综合化方向发展，产业园区逐渐发展成为集生产、生活、居住、休闲、娱乐等功能为一体的新型城市综合体，人们在园区内就能享受到与城市相当的生活娱乐等公共服务，产业和城市的关系在这里得到了很好的融合。

2001 年中国加入世界贸易组织，我国的改革开放进入新的历史阶段。随着各种贸易保护壁垒不断消除，国内市场与国际市场逐渐接轨，我国产业结构转型升级的压力越来越大。国内与国际、国内各地区之间、开发区之间、开发区与非开发区之间的竞争也更加剧烈，各地针对外资的各种优惠政策越来越趋于一致，产业园区建设呈现出向特大城市集中的趋势。同时，随着外商直接投资规模不断加大，以及国际知名企业陆续进驻，客观上带动了我国产业园区技术密集型产业的发展和产业结构的迭代升级。此外，中央和地方对创新的作用越来越重视，创新成为引领发展的第一动力，高校、科研机构、企业等各个创新行为主体的活力得到全面激发，同时积极加强与跨国公司、国际知名研发机构的合作来获取国际创新资源，抢占全球价值链分工的中高端位置。这一时期，产业园区的发展重点已经转向先进制造业和特色服务业，并伴随着生活配套设施的不断完善。特别是2009年金融危机以来，外向型经济的弊端逐渐暴露，通过新型城镇化释放内需成为重要的战略选择，各种产业集聚区、高新技术开发区、产业园区、产业新城的建设进一步拉开了城镇化发展的大框架。

在这一阶段，国家对产业园区建设的重心由过去重规模向提质增效、转型发展转变，对开发区数量开始进行控制，更加注重对战略性新兴产业的培育，以及园区综合服务功能的提升。产业园区已经不仅是产业的集聚区，也是宜居宜业的生活区，产业与城市的融合得到广泛关注。这一时期，出现了一批像张江高科、华夏幸福、中新集团等以开发运营产业新城为主要业务的产业新城运营商也应运而生。他们高度重视产业发展与城市生长之间的内在关系，通过市场化手段，依托专业化服务团队，努力将“产城融合”打造成为支撑区域经济社会发展的新增长点和亮点。

其中，由固安县人民政府与华夏幸福自2002年起合作开发的固安产业新城，2018年5月入选联合国欧洲经济委员会全球60个可持续发展的PPP案例。联合国欧经会PPP中心主任杰夫瑞·汉密尔顿在调研时指出，固安产业新城项目与联合国倡导的减轻贫困及实现共同繁荣的目标非常一致，符合联合国倡导的以人为本及可持续发展理念，具有较强的示范价值。

二　产业新城发展现状与问题

随着我国工业化、城镇化的快速推进，产业新城逐步从产业园区化向园区城市化、城市现代化、产城一体化趋势发展，呈现出质与量并重、运营模式更加多元的发展新特征。但是，由于产业支撑力不够、园区带动性不强、设施保障力不足等因素，产业新城离高质量发展的要求还有一定差距。

（一）产业新城的发展现状

当前，随着新型城镇化、工业化的快速推进，产业新城已进入快速发展阶段，众多新型市场主体急速涌入产业新城运营领域，行业参与主体越发多元，开发运营模式更加成熟，在基础设施、产业结构、科技创新、对外开放和生态宜居等发挥城市功能与作用方面取得了明显成效。

1. 产业新城的数量与规模不断增加

2015 年 7 月，国家发改委办公厅发布了《关于开展产城融合示范区建设有关工作的通知》（发改办地区〔2015〕1710 号），要求推进产城融合示范区建设。党的十九大报告也提出实施区域协调发展战略，以城市群为主体构建大中小城市和小城镇协调发展的城镇格局，加快农业转移人口市民化，这为产业新城扩容提质发展，并在全国范围内铺开提供了政策指导。财政部政府和社会资本合作中心 PPP 项目库公开数据显示：截至 2019 年 2 月底，我国重点产业新城 PPP 入库项目总数达到 35 个，规划建设面积总量为 930.05 平方公里，规划投资总额达 3950.8 亿元（见图 1）。其中，2015 ~2018 年达 31 个，2019 年新增 4 个；从项目区域分布来看，湖北省和浙江省各占 5 个，湖南省和四川省各占 4 个（见表 1）；从平均投资来看，我国重点产业新城 PPP 项目平均投资金额为 112.88 亿元。

2. 产业新城的整体竞争力不断增强

产业是城市发展的基础，是承接农业转移人口的前提条件，产业集聚和发展规模决定了城市整体竞争力和新型城镇化进程。经过近 70 年的城镇化建设，城镇人口规模由 1949 年的不足 6000 万人增加到 2018 年的 8.31 亿人，城市化率从 1982 年的 20.43% 升至 2018 年的 59.58%，以每年接近 1.1 个百分点的速度递增。产业新城是以“产城融合”为标志的城市发展创新模式，在区域经济发展中，以产业为先导、以城市为依托，通过引入战略合作方共同建设产业新城，极大地推动了地方产业的转型升级，为地方城市建设开启了加速模式，带动所在区域产业集群技术升级，实现政府、企业、居

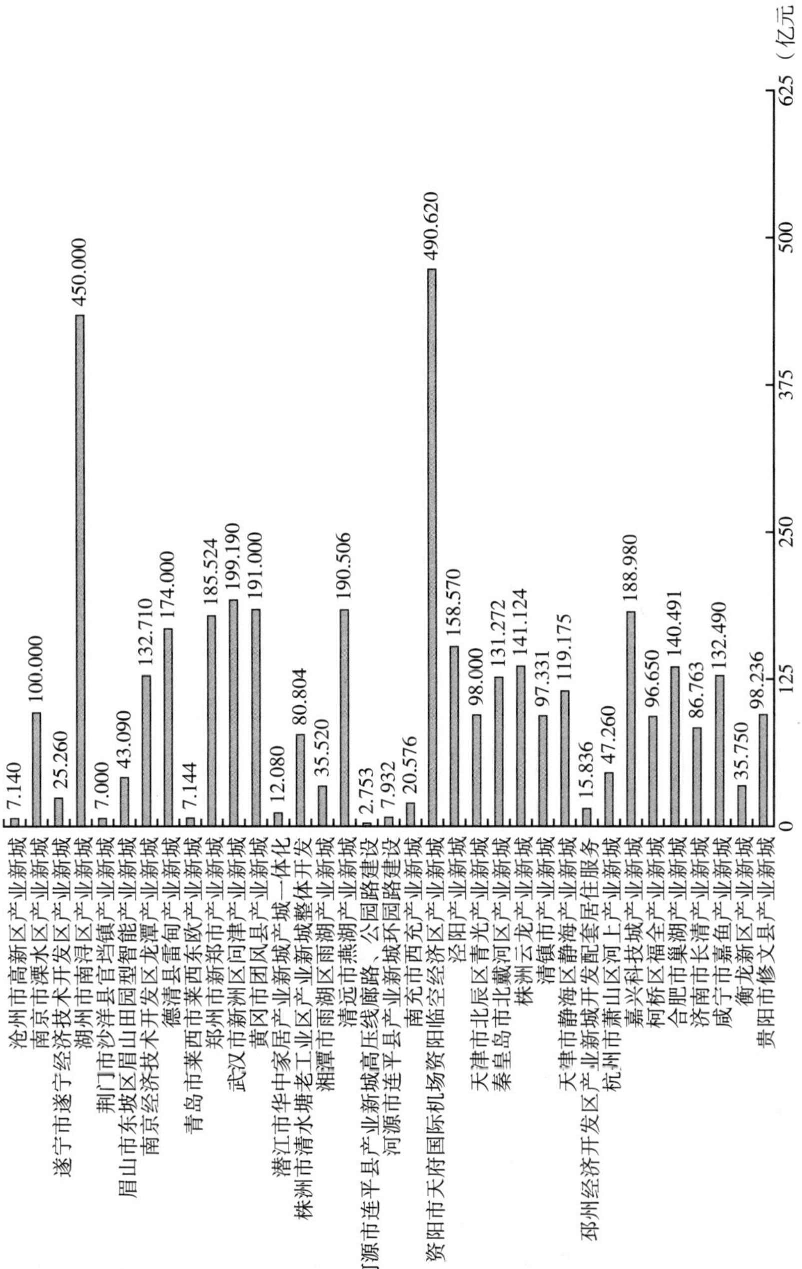

图 1　2015 年至 2019 年 2 月我国重点产业新城 PPP 项目及其投资规模

数据来源：财政部政府和社会资本合作中心 PPP 项目库。

表 1　2015 年至 2019 年 2 月我国重点产业新城区域分布情况

单位：个

省份	产业新城区	省份	产业新城区
湖北	5	天津	2
浙江	5	河北	2
四川	4	山东	2
湖南	4	安徽	1
广东	3	陕西	1
江苏	3	河南	1
贵州	2		

数据来源：财政部政府和社会资本合作中心 PPP 项目库。

民等各方面共赢。例如，华夏幸福在产业新城业务上的探索和战略布局与国家战略紧密契合，其依托京津冀协同发展、长江经济带、粤港澳大湾区、中原经济区等国家战略，推动区域经济发展和国家战略对接，推动区域拓展及产业新城模式的国际化、跨越式发展。天津滨海高新技术产业开发区于 2009 年确定的发展定位为我国自主创新和高新技术研发的高地，成为引领全球科技及新技术产业发展的龙头，支撑中国第三增长极的重要创新极。中关村科技园区于 2011 年确定的发展定位为深化改革先行区、开放创新引领区、高端要素聚合区、创新创业集聚地、战略产业策源地，这些产业新城都通过发展高新技术产业和服务业来提升自身的整体竞争力和区域影响力。

3. 产业新城的行业参与主体更加多元

从目前产业新城的行业参与主体分布来看，参与产业新城开发运营的主体较为多元，既包括专业的产业新城运营商，如华夏幸福、华南城集团等，也包括知名的房地产企业，如碧桂园、中国金茂等，还包括实业企业，如招商局蛇口工业区、武汉东湖高新集团等。区域分布在京津冀、长三角、长江中游、珠三角、中部等地区，是我国经济发展水平最高、人口最为密集的五大城市群（见表 2）。他们凭借市场化手段，依托专业化的服务平台，高度重视产业发展与城市扩张之间的内在关系，使产业新城成为支撑区域经济社会发展的一个突出亮点。

表 2　产业新城主要代表项目及参与主体

区域	代表项目名称	参与主体	区域	代表项目名称	参与主体
京津冀城市群	天津中加生态城	北京科技园建设股份有限公司	长三角城市群	萧山科技城	传化集团有限公司
	马坊高科技产业园	北京电子城投资开发集团股份有限公司		苏州高铁新城	亿达中国控股有限公司
	启迪南开科技城	启迪协信科技城集团有限公司		南通金融科技城	深圳科技工业园有限公司
	固安产业新城	华夏幸福基业股份有限公司		苏州金融小镇	招商局蛇口工业区控股股份有限公司
	高碑店东部新城	隆基泰和实业有限公司		五洲国际广场高铁新城	五洲国际控股有限公司
	盈时永清国际产业新城	盈时集团		南京青龙山国际生态新城	中国金茂控股集团有限公司
	龙河高新区	宏泰产业市镇发展有限公司		嘉兴智富城	北京科技园建设股份有限公司
	碧桂园恋乡小镇	碧桂园控股有限公司		无锡科技城	启迪协信科技城集团有限公司
	大厂影视小镇	华夏幸福基业股份有限公司		嘉善产业新城	华夏幸福基业股份有限公司
	廊坊万庄生态新城	廊坊投资控股		南京启迪科技城	启迪协信科技城集团有限公司
	北京台湖产业新城	招商局蛇口工业区控股股份有限公司		湖州碧桂园新城	碧桂园控股有限公司
长江中游城市群	武汉软件新城	亿达中国控股有限公司	珠三角城市群	江门高新产业新城	华夏幸福基业股份有限公司
	东湖高新科技创意城	武汉东湖高新集团股份公司		碧桂园潼湖创新小镇	碧桂园控股有限公司
	长沙梅溪湖国际新城	中国金茂控股集团有限公司		时代全球创客小镇	时代中国控股有限公司
	长沙科技新城	金科产业投资发展集团		合肥华南城	华南城股份有限公司
中原城市群	环郑州大都市区产业新城（武陟、新郑、长葛，获嘉，新密，祥符）	华夏幸福基业股份有限公司		深圳招商局智慧城	招商局蛇口工业区控股股份有限公司

数据来源：根据中指院中商产业研究院、2017 火花 S-Park 的《中国产业地产 30 强研究报告》、冯奎等主编的《中国新城新区发展报告（2015～2017）》等资料整理。

4. 产业新城的开发运营模式更加成熟

目前，国内产业新城的开发运营模式主要表现在市场主导模式、政府主导模式，以及政府与市场合作开发模式，参与主体逐渐由政府主导向市场化主导转型（见表3）。相关方式包括BOOT方式（建设－拥有－运营－移交），BOO方式（建设－拥有－运营），BLT方式（建设－租赁－移交），BOOST方式（建设－拥有－运营－补贴－移交），BTO方式（建设－移交－运营）等。其中，市场主导的产业开发模式，优势是符合市场规律，能够充分满足市场需求，能够形成良好的产业体系，但存在自发性和无序性，缺乏统一规划，缺乏统一的开发机制，开发建设较为分散。政府与市场协作，通过发挥两种机制的优势进行新城新区的开发建设，能够最大限度地化解问题，积累优势，但同时也存在着参与主体较多，管理难度较大的问题。政府与市场协作需要较好的制度环境与保障条件。随着深化投融资体制改革以及建立规范透明的市政债发行与监控机制，以及国家对PPP模式在产业新城建设中的大力倡导，民间资本参与产业新城建设的活力也在逐步得到激发，通过基础设施建设基金或PPP基金投向产业新城项目将成为产业新城主导模式。

表3 当前我国产业新城的开发运营模式及优势、劣势分析

模式		优势	劣势
市场主导模式	市场自发形成	符合市场规律，能够充分满足市场需求，形成良好的产业体系	存在自发性和无序性，缺乏统一规划和开发机制，开发建设较为分散
	政府规划＋市场融资	降低政府的开发成本，企业可以分担政府风险，提高了社会资本的参与度	市场风险可能影响规划意图，产业新城空间可能会无序发展，规模存在不确定性；开发目标过于短期化和盈利化
政府主导模式	政府规划与开发	布局合理，环境完善，招商目标明确，有利于形成优势集群	行政力量过于强大会阻碍产业新城发展，需要注重发挥市场机制作用，政府可能会出现开发资金不足的风险
	政府规划＋企业化运作	具有建设进度的可控性、建筑风格的延续性和协调性、基础设施比例的合理性优势，实现了政府、居民和投资者三方面的共赢	需要政府提供充足的行政资源，需要资金、政策等方面的强力支持

续表

模式		优势	劣势
政府与市场合作开发模式	自发形成＋后期政府规划	发展方向明确，发展风险小，整体结构和布局合理；配套和服务设施完善，发展环境良好	原有的自发模式存在各种不足，环境变化可能会导致产业存在外迁风险
	政府规划＋多主体参与开发	避免区域内部的竞争与牵制以及不同利益主体的冲突，能够有效整合区域各种资源，实现区域总体规划与各个子区域规划的有效衔接	参与主体较多，管理难度较大

（二）产业新城发展存在的问题

党的十九大报告提出，中国特色社会主义进入新时代，我国社会主要矛盾已经转化为人民日益增长的美好生活需要和不平衡不充分的发展之间的矛盾。实现产业园区化、园区城市化、城市现代化、产城一体化的产城融合发展是一项复杂的系统工程，也是一个逐步完善的过程。当前国内产业新城的发展刚刚起步，与中央的要求、人民的期盼和经济社会发展的需要相比，离城市高质量发展标准还有较大差距，在推进过程中还存在着一系列产城割裂的矛盾和问题。

1. 产业集聚人口能力不足

产业发达、人口集聚是产业新城发展最重要的两个方面。其中，产业是城市发展的基础，城市是产业发展的载体。只有产业发达，能够提供充足的就业岗位，才能大量吸纳农业人口就业，避免农村剩余劳动力的盲目流动。特别是很多产业新城在规划中，由于缺乏对城市发展规律和产业发展阶段的把握，缺乏对当地人口承载力和土地承载力的科学估算，过分拔高建设标准和建设规模，提出建设成为人口超过 20 万人、50 万人甚至 100 万人以上的大城市，而忽视了自身人口总量小、人口外流严重以及产业支撑能力不强的现实问题，从而出现了大量的只有产业没有城市的“孤岛”和没有产业支撑的“空城”等“有产无城”“有城无产”的现象，这就造成了资源严重

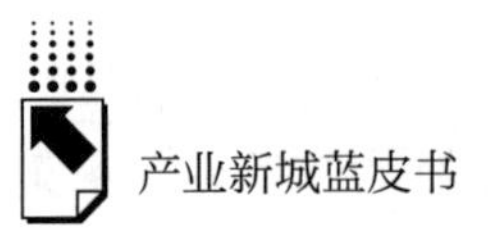

浪费，形成了集聚人口规模小—消费规模小—配套服务少—人口增长慢的恶性循环。

2. 产业带动城市发展能力不强

产业带动能力的强弱，直接影响产业新城发展的程度。从三次产业对城镇化的贡献来看，第一产业是城镇化发展的初始动力，第二产业是城镇化发展的根本动力，服务业也就是第三产业发展是推动城镇化发展的后续动力。并且，随着工业化率和城镇化率突破50%，进入中后期发展阶段，服务业对城市发展的贡献度越来越大，将会逐渐取代第一产业和第二产业，成为城镇化发展的主导产业。一般来说，服务业对城镇化，尤其是产业新城发展的后续推动作用主要表现在以下三个方面：一是为城市发展提供金融、保险、培训、咨询、广告等生产配套性服务；二是为城市人民生活提供餐饮、购物、住宿、文化旅游、休闲体育等生活消费性服务；三是服务业作为劳动密集型产业，还能够为城市人口提供更多的就业机会。就当前而言，随着我国大部分城市步入工业化和城镇化发展的中后期阶段，第三产业发展依然滞后，对城市整体发展的带动能力不强。而且现有的一些新城、新区，包括生态城、智慧城和大学城等，它们在发展过程中由于城市的迅速扩张、土地财政等因素而获得的土地开发项目，并非真正意义上的产城融合，甚至缺乏产业支撑，从而集聚不了人气，进而变成了“空城”或者“睡城”。由于缺乏产业支撑和产业带动，导致这些新城新区就业吸纳能力弱、文化内涵缺失，往往导致资本市场相对繁荣而城市面貌相对萧条的局面。

3. 配套服务功能不完善

基础设施和公共服务设施的共建共享是产业新城发展的关键和重要内容。只有基础设施和公共服务设施同步建设，才能使产业功能和城市功能互动良性循环发展，真正实现产城融合。小城市和小城镇基础设施建设严重缺项和滞后，特别是城镇燃气、污水处理、垃圾处理、集中供热等基础设施配套基本处于起步状态，难以满足集聚人口的需要。有一些产业新城和新城区在建设过程中，存在市政配套和生产性配套设施不完善、生活性配套设施滞后的情况，生活、文体和商业配套设施缺乏，学校、医疗、服务网点等社会服务配套体系和公共服务管理体系建设滞后，公共服务能力较低，制约了产城融合的速度。这类地区城市功能滞后，与主城区之间存在大量潮汐式、钟摆式交通，逐渐演变为主城边缘的“孤岛”，无法获得进一步发展。

4. 要素资源保障能力不够

产业园区、商务中心区和特色商业区、城市新区等是推进产业新城发展的重要载体，这些载体的建设和发展亟须土地、资金等要素支撑，然而要素资源的支撑和保障能力不够。一方面土地瓶颈制约突出。在耕地红线不得突破、基本农田不能减少、可开垦的宜农荒地已经不多的硬约束条件下，城市建设用地指标非常紧张，不能满足产业和城市发展所需的用地需求。另一方面资金缺口大。推进产业新城载体建设，需要投入大量资金进行基础设施和公共服务设施建设。特别是近年来经济下行压力加大，金融机构将资金投向企业的主观意愿不强，部分金融机构压减对县级城市的贷款规模，使企业贷款更加困难，甚至出现一些压贷、抽贷现象，严重影响了产业新城的建设进程。此外，县级城市产业转型中面临较高的融资风险。一些落后产能本就存在高额贷款，要推动县级城市落后产能逐步退出，影响面大，金融风险较高。目前，县级城市中还存在民间借贷、“影子银行”、P2P 等融资方式，这不仅增加了金融市场风险，也给当地产业转型带来了不利因素。

三　产业新城发展面临的环境分析

党的十九大报告明确提出，我国经济已由高速增长阶段转向高质量发展阶段。高质量发展能够很好地满足人民日益增长的美好生活的需要，是体现新理念的发展，是创新成为第一动力、协调成为内生特点、绿色成为普遍形态、开放成为必由之路、共享成为根本目的的发展，同时也是推进产业新城发展的必由之路和工作重心，面临着新的机遇和有利条件。

（一）统筹区域发展的协同效应逐步显现

党的十九大报告提出要建立更加有效的区域协调发展新机制。促进

区域协调、推动高质量发展成为2019年全国经济社会发展的重大战略部署。2018年11月18日，党中央国务院印发《中共中央国务院关于建立更加有效的区域协调发展新机制的意见》提出，建立更加有效的区域协调发展新机制，全面落实区域协调发展战略各项任务，促进区域协调发展向更高水平和更高质量迈进。2018年11月19～21日，中央经济工作会议要求2019年经济工作“坚持稳中求进工作总基调，坚持新发展理念，坚持推动高质量发展”，同时提出要统筹推进西部大开发、东北全面振兴、中部地区崛起、东部率先发展，促进区域协调发展。2019年2月，国家发改委《关于培育发展现代化都市圈的指导意见》提出，以促进中心城市与周边城市（镇）同城化发展为方向，以创新体制机制为抓手，以推动统一市场建设、基础设施一体高效、公共服务共建共享、产业专业化分工协作、生态环境共保共治、城乡融合发展为重点，培育发展一批现代化都市圈，形成区域竞争新优势。可以说，我国统筹区域协调、推动高质量发展进入了新的历史发展时期，这也为推进新产业新城发展提供了新的历史机遇，提出了新的发展要求。在此情况下，必须按照高质量发展的要求，遵循城镇化发展规律，顺应产业升级、人口流动和空间演进趋势，充分考虑不同地区现有基础和发展潜力的差异性，科学确定产业新城功能定位、发展目标和实现路径，强化城市间专业化分工协作，促进城市功能互补、产业错位布局、基础设施和公共服务共建共享，在深化合作中实现互利共赢。

（二）城镇化进入高质量发展新阶段

当前，我国经济已经迈向高质量发展的新阶段，城镇化是未来一个时期经济发展新的经济增长点和增长引擎，也是经济高质量发展的强大动力。因此，产业新城的发展也要顺应时代发展要求、人民追求美好生活的现实需要，推动城市发展的新旧动能转换和城市有机更新，进而实现城市的高质量发展。在城市高质量发展阶段，将会带来更多的高端要素流向城镇，进一步支撑城市的产业转型升级，从而为城镇化的人口发展创造新的就业岗位，为经济发展增添动力。当各种高端要素向城镇的流动和集聚时，还能够有效推动知识和技术传播进程，从而带来了观念的碰撞、思想的融合和思维的变革，对于推动创新创业具有重要作用。与此同时，城镇的各种消费要远远高于农村，当更多的人口进入城镇生活时，将进一步扩大内需，刺激消费，从而激发经济活力。当城市发展的新旧动能转变加快，乡村社会开始加速向城市社会转型，城乡关系从二元结构向加快融合发展演化，生活方式从传统生活向现代生活迈进，将带动农村社会结构、经济结构及生活方式等发生重大变革，并以此极大地弥补城镇的短板和不足，促进城镇平衡发展、充分发展。这就要求必须以打造一系列平台为载体和手段，通过平台建设拓展城镇化发展新空间。因此，以产业新城为主体，加快推动集聚创新要素、提升经济密度、增强高端服务功能，加快农业转移人口市民化。通过关键共性技术攻关、公共创新平台建设等方式，加快制造业转型升级，重塑产业竞争新优势，从而进一步稳步推动城镇化向更加开阔、更加广泛领域发展，实现城镇化的高质量发展。

（三）新型城镇化关键领域改革的政策红利不断释放

党的十八大对中国特色城镇化道路做出了总体战略部署，党的十八届三中全会明确提出，完善城镇化健康发展体制机制。党的十九大报告提出推动新型工业化、信息化、城镇化、农业现代化同步发展，主动参与和推动经济全球化进程。随着城镇化进程的推进，制约城镇化发展的各种深层次矛盾和问题不断暴露，社会各界对城镇化进行改革的呼声也越来越高，各级政府对城镇化改革的认识也越来越清晰，改革措施也越来越到位。近年来，国家对制约我国城镇化发展的主要障碍提出了相应的改革方向。在户籍改革方面提出："放开中等城市落户限制，合理确定大城市落户条件，严格控制特大城市人口规模。"在城市建设融资方面提出："建立透明规范的城市建设投融资机制，允许地方政府通过发债等多种方式拓宽城市建设融资渠道，允许社会资本通过特许经营等方式参与城市基础设施投资和运营。""增强金融服务实体经济能力，提高直接融资比重，促进多层次资本市场健康发展。"[①] 在加快农业人口市民化方面，为转移到城市的农民提供和城市居民同等的待遇，"稳步推进城镇基本公共服务常住人口全覆盖，把进城落户农民完全纳入城镇住房和社会保障体系，在农村参加的养老保险和医疗保险规范接入城镇社保体系"[②]。在土地方面，一方面解决城市发展用地问题，"建立城乡统一的建设用地市场"，批准农村集体建设用地参与流转；另一方面解决好农民的土地问题，"赋予农民更多财产权利"，"巩固和完善农村基本经营制度，深化农村土地制度改革，完善承包地'三权'分置制度，保持土地承包关系稳定并长久不变，第二轮土地承包到期后再延长三十年"[③]。关键领域改革的突破将逐步消除制约城镇化发展的制度性障碍，必将释放巨大的政策红利，为推进产业新城发展提供千载难逢的机遇和政策优势。

四 产业新城发展展望

产业新城是以产业发展带动城市建设的区域开发模式，体现"以产带城，以城促产、产城互动、产城融合"的理念，在产业新城发展初期，通过导入产业、建立基础设施和必要的公共服务设施体系，逐步推动产业园区化、园区城市化、城市现代化、产城一体化发展，实现产业与城市的匹配和融合。从目前国内产业新城的发展阶段看，下一步面临的是如何让产业新城具备内生增长动力，如何让产业新城成长为新型现代城市，如何让产业新城发挥区域城市体系支点作用等问题，这也是未来一个时期产业新城的发展方向。

---

① 《中共中央关于全面深化改革若干重大问题的决定》，党的十八届三中全会审议通过，2013；《决胜全面建成小康社会 夺取新时代中国特色社会主义伟大胜利》，党的十九大报告，2017。

② 《中共中央关于全面深化改革若干重大问题的决定》，党的十八届三中全会审议通过，2013。

③ 《决胜全面建成小康社会夺取新时代中国特色社会主义伟大胜利》，党的十九大报告，2017。

（一）以人为本：从产业集聚到人口集中

当前，我国大部分地区产业新城项目均处于开发建设的初期阶段，发展的重点是产业，依托的主体是企业，建设的重点是为生产提供服务的基础设施和公共服务平台，体现的形态主要是道路、通信、能源、生态、供水、供电、供气、排水以及污水、垃圾处理等项目。在这一发展阶段，大部分产业新城导入的人口主要是产业人口，并且由于生活类基础设施和公共服务设施的缺失，外来人口居住的规模一般不大，且很多人要么在主城区居住，要么在周边的村镇居住，只有在工作时间才到产业新城，成为主城区和产业新城之间、周边村镇和产业新城之间的通勤人员，由此产业新城内的常住人口相对较少，更多地呈现出单一功能的产业园区式的发展模式。

随着产业新城的进一步发展，特别是产业支撑能力不断增强，产业新城要加快从产业集聚向人口集中转变。一是持续扩大产业规模，增加产业工人数量。这是产业新城发展成为新兴城市的根本支撑。随着产业项目的增加，将吸纳大量本地人口就业，如产业工人和环卫、保洁、保安、住宿、餐饮等行业的从业人员。二是发展新兴产业，增加“新人口”数量。“新人口”和产业工人等群体不同，以外来人员为主，是产业新城集聚的一批既不同于传统城市人口，又不同于农村人口的新群体，包括知识员工、创意工作者、高技术人才等高水平人力资源在内的高质量型人员，具有高智力、高技能、高创新性、国际化、多元化的人口特征。这些“新人口”的集聚能够推动产业新城高端生产性服务业的发展，加快产业新城产业结构升级步伐，促进产业新城发展成为区域的产业创新中心。三是创造良好环境，积极留住人。良好环境包括软环境和硬环境。首先最重要的就是以业纳人，以业留人，积极发展优势、特色的产业，创造更加具有发展活力、具有发展潜力的工作机会，吸引各类人员到产业新城工作，让人们可以投身喜爱的工作并获得充足的回报而找到事业成就感，从而逐步成为产业新城的固定居民。

（二）产城融合：从产业园区到新型城区

在产业新城发展的早期，多数产业新城都更加重视产业的发展，特别是工业的发展，土地利用类型主要为工业用地，生产性服务业相对较少，生活性服务业仅仅满足于日常配套，基础设施也是为了服务生产，从而使企业对人才的吸引力受限。而随着产业新城的不断发展，入驻企业和就业人口的总量不断增加，对生产性服务业、生活性服务业和基础设施、公共服务设施的配套能力的要求都在不断升级。当前，多数产业新城仍以产业发展为主，在推进宜居宜业现代化新城方面仍然不够完善，与城市的融合度有限，产业新城体现更多的是与各类开发区，如高新区、经开区、综合保税区等相似的特点特征。未来一个时期，迫切需要推动产业新城从“单一的生产型园区经济”向多功能的“生产、服务、消费”等“多点支撑”城市型经济转型。

需要注意的是，城市功能从单一功能向多元功能发展，不仅能够推动城市由低级向高级发展，而且使城市诸功能构成一个统一的整体，极大地增强城市功能的能量，产生出倍增效应，从而进一步增强对区域发展的辐射带动和服务功能。推动产业新城向新型城市转型，要坚持把满足居民和就业人员的需求作为出发点和落脚点，坚持补齐城市的居住、就业、交通、游憩等基本功能的短板，以生活和服务设施为重点改善基础设施条件，针对不同生活圈内的就业人群提供差异化的酒店、餐饮、娱乐、购物、休闲、就医、就学、养老等配套设施，丰富就业人群的精神文化需求，满足其不同层次的服务需求，实现多层次差异化的精准对接；要围绕不同产业集群对生产性服务业的需求，加快会计、法律、金融、保险、设计、创意、研发、信息等生产性服务业业态的融合发展。

（三）内生动力：从招商项目到内生产业

我国产业新城在发展初期，就把产业发展作为产业新城的灵魂，把招商引资作为打造产业新城的根本途径。一些优秀的运营商围绕产业布局、产业链打造、产业集群构建进行系统科学研究，依托自身的产业优势及服务体系，实现更加专业化、精准化的招商。以华夏幸福为例，主要通过三个方面来做好招商工作，提高招商效率。一是与全球知名智库进行战略合作，组建内部专业产业研究团队，结合区域产业基础、产业发展趋势、地方发展需求进行科学研判，规划区域产业发展方向，统筹落实区域产业定位和发展规划，选取产业价值链核心环节作为招商方向。二是在全球高能级产业集聚地设立招商办公室，建立全球招商对接机制，与龙头企业结成战略联盟，以行业龙头企业为引领吸附带动中小企业入驻。三是从招商企业需求出发，为不同类别的产业匹配相应的承载平台，为企业和人才提供“标准化＋定制化＋特色化”产业载体建设服务及“全方位＋立体化”的产业服务。高效的招商模式在产业新城发展初期，能够让产业新城在短时间内成规模、出形象、上台阶，让产业新城运营商、政府、企业三方的合作共赢模式能够顺利启动实施。

随着产业新城的发展，单一依靠大规模招商引资的方式是不可持续的。这不仅违背了产业发展的规律，也会让运营商、政府和企业之间的合作模式受到挑战。从产业发展规律来看，在产业结构转型升级过程中，产业的发展将更多地依靠创新，特别是依赖于行业龙头企业实现上下游产业链的纵向延伸，围绕聚集产业链条上关系密切的企业实现产业横向拓展，释放产业链与产业集群的耦合效应，从而让产业具有更强的内生动力和持续发展能力。这就要求产业新城运营商也随之转变思路，把着力点放在营造良好创新环境和服务上来。通过自建、引入或收（并）购孵化器等打造良好的创新氛围，专注搭建创新创业生态系统网络，注重聚集各种科技创新资源，为创新企业和创业人才提供精准的产业链上下游商务对接服务，提供全方位科技服务，在推动产业创新发展的同时也实现自身收益的持续性。

（四）定位转换：从单个园区模式到城市体系模式

产业新城作为产业园区和城市新区功能叠加的一种发展业态，要经历一个从单个园区相对独立发展模式向融入城市体系、融入都市圈、融入城市群的融合发展模式转变。特别是在初期阶段，产业新城承担更多的是中心城市疏散出来的生产功能，且主要是制造业。这和中心城市所处的发展阶段有高度的相关性。中心城市在发展过程中，会经过“集聚”和“扩散”两个阶段，两个阶段对周边区域的影响有很大差异性。在集聚阶段，中心城市迅速扩张，从而需要大量吸引周边区域人口、资源等高端要素，同时低端要素逐步向外溢出。这一阶段，产业新城更多的是承载中心城市转移出来的产业和企业，更多的是产业功能，发展模式是园区式的发展模式。在扩散阶段，随着中心城市的人口规模、产业规模、建成区规模扩散到特大城市标准，所在自然资源环境的承受能力已经趋于饱和，周围区域向中心城市输送的人口、资源要素减慢或停止。“大城市病”带来的环境问题、交通问题等，迫使中心城市加快非核心功能向外疏散，进入大都市圈或大都市区发展模式，产业新城开始承接特大城市转移出来的部分职能，成为都市圈的重要节点，真正融入区域城市体系中，和特大城市一起，推动周边区域的经济社会发展。例如，新郑产业新城位于中原经济区、郑州航空港区的核心辐射圈，是郑州大都市区南部重点发展区域的重要组成部分，在面临重大经济辐射和产业配套发展机遇下，未来有望成为郑州大都市区南部发展的战略核心区域。

（五）空间优化：从生产空间到生产、生活、生态空间协调

国内外城市发展的实践表明，在经济社会发展不同阶段，由于居民对生产、生活和生态的需求侧重不同，城市的生产空间、生活空间、生态空间的地位与作用不完全一致，随着经济社会发展程度而逐步进行动态调整。在工业化阶段，生产空间将占据主导地位并呈现扩大趋势；在后工业化阶段，随着收入水平提高，人民对生活品质和生态环境的要求也不断提高，这时生态空间和生活空间将逐步占据主导地位，生产空间会有所下降。

产业新城在发展初期，虽然也考虑到基础设施、公共服务设施、生态建设、居住等空间，但是更多的是满足产业发展需要。随着产业新城逐步从偏重于生产性功能向兼具生产、生活、生态等复合性功能转变，产业新城就要按照现代化新型城市的要求，适时调整“三生”空间的组合布局，在城市

规划、设计与管理等方面要树立“三生”协调发展理念，统筹安排生产、生活、生态空间。一方面随着单一型产业园区逐步向复合型新型城市转变，要推动土地的集约节约利用，优化土地利用结构，适度压缩生产空间；另一方面为提高居民生活的舒适度和便利性，逐步扩大生活空间，协同扩大生态空间。

五　推进产业新城高质量发展的建议

习近平总书记在党的十九大报告中指出：“我国经济已由高速增长阶段转向高质量发展阶段。”这是根据国际国内环境变化，特别是我国发展条件和发展阶段变化所做出的重大判断。从“高速度”走向“高质量”的思路转变，意味着中国经济正在开启新时代。城镇化作为未来新的经济增长点和推动经济发展的最大引擎，作为推动质量、效率和动力三大变革的重要抓手，是迈向高质量发展的必由之路。产业新城的高质量发展，将为城镇化高质量发展提供支点和载体，为城乡融合发展提供桥梁和纽带。

（一）以提高产业支撑为导向推动产业链式和集群式发展

产业是产业新城的核心要素。推进产业新城高质量发展，首要任务就是打造形成质量高、竞争力强、可持续发展能力强的现代产业体系，为产业新城的发展提供原动力。

推进产业链式发展。坚持中高端发展的思路，坚持规划先行原则，精心编制产业链发展规划、行动方案和年度计划，确定产业发展目标、思路、任务，明晰产业布局园区，绘制产业链发展路线图、任务书，找准强链、补链、延链环节，深入开展产业链专题招商，引进产业链关键环节、核心企业、上下游配套企业，以链式布局推进产业集聚，以技术升级带动产品更新换代，努力适应市场需求的快速变化。

推进产业集群式发展。现代优势产业集群代表产业发展新趋势，有利于形成区域产业的竞争力优势，增强区域经济核心竞争力。产业集群式发展既是产业新城的竞争优势所在，也是顺应产业发展趋势的内在必然。推进产业集群式发展，要立足增强产业发展的整体性、协调性，着力打造龙头企业带动、骨干企业支撑、中小微企业配套协作的集群发展模式，努力形成产业高度集聚、产业链条完善、创新能力强劲和集约节约发展的现代化产业集群体系。要在培育壮大龙头企业上下功夫，打造带动产业进入市场的重要载体，形成拉动优势产业发展和形成产业集群的“火车头”。

推进产业创新发展。从创新到经济增长的传导路径，实质上就是创新、产业、经济之间的传导通道，要打通创新到产业这个关键环节。坚持创新发展，必须加大以云计算、物联网、大数据为代表的信息技术与现代制造业、生产性服务业的融合创新，努力实现以传统行业向“互联网 +”的融合发展转变，确保为产业发展创造新动力、新价值、新业态。对产业新城来讲，要把制造业发展战略主攻方向调整到数字化、网络化、智能化方面，尽快实现工业生产从规模批量到定制生产、从全能性生产到网络性生产、从制造业信息化到制造业互联网化的转变。要加速发展现代服务业，坚持生产性服务业和生活性服务业齐头并进，推动一、二、三产业融合发展。要推广新型孵化模式，大力发展众创、众包、众扶、众筹，集聚庞大的创客队伍，培育创新型企业。强化在职培训，坚持高端人才和高技能人才的引进相结合，积极构建集研发、孵化、融资、服务和园区承接、知识产权保护等于一体的创新生态。

（二）以提升承载能力为导向推动基础设施和公共服务设施完善

城市的整体发展规划及各类配套与功能，是产业新城发展的重要依托，基础设施和公共服务设施是产业新城从重产业发展到重城市发展转变的关键支撑。提高产城融合发展水平，也是产业新城运营商区别于传统开发商的重要特征之一。

产业新城基础设施和公共服务设施建设的质与量，要根据产业新城在大都市区、大都市圈、城市体系中的功能和定位，根据产业新城的发展潜力和发展趋势来确定。一般来讲，产业新城的基础设施和公共服务设施要立足新型城市发展的需要，满足居民生产、生活、生态的需求。目前国内产业新城对总体规划、控制性详细规划、修建性详细规划、重点地段城市设计等方面比较重视，给予的资金投入也比较多，水、电、气、暖、路等基础设施能够做到超前规划、超前建设，但是对于满足居民和就业人口需求的生活设施的考虑相对较少，投入相对较少。因此，提高产业新城承载能力的重点，要放在增强公共服务供给能力上。

要关注公众需求，对公众的需求做出回应，因此需要建构和优化公众公共服务需求的表达机制，就公共服务供给的内容、标准、程序和方式等与公众保持互动，重视横向沟通和纵向沟通，努力营造公共服务供给公开、透明的沟通环境，定期收集公众对公共服务供给质量的反馈信息，及时调整相关策略，推动城市就业、医疗卫生、交通运输、社会安全监管等城市居民最关心、最直接、最现实利益问题的解决，让广大人民群众享有更加优质均衡的公共服务。

（三）以融入都市圈为导向推动新型城市建设

打造现代化都市圈是发达国家城市的普遍做法。按照市场经济的一般规律，大城市一般由于具有更多的就业机会、更好的公共服务、更多样化的商品、更大的消费市场等，从而能够吸引大量劳动力、资本等进入，导致城市规模不断扩大。而随着大城市规模进一步扩大，人口拥挤、交通拥堵、房价飞涨、环境恶化、公共服务供给不足等“城市病”问题凸显，对城市治理形成了较高要求，从而引发资源向外分散。当前建设的产业新城基本上都位于都市圈范围内，其主要目的是更好地接受中心城市的辐射带动作用，承接中心城市转移出来的部分职能，从而真正融入都市圈，作为城市体系的重要节点城市。

在此背景下，一方面产业新城要明确自身职能定位。产业新城的职能定位要和所在都市圈相联系。在都市圈内部，中心城市究竟承担什么职能，发挥什么作用，保留什么产业，明确发展方向，确定非核心功能并向外疏散。产业新城的职能定位要围绕中心城市的职能定位，既要错位发展，又要衔接

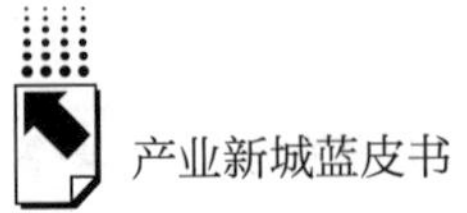

耦合。产业新城的职能定位，还要和都市圈内的其他产业新城、次一级中心城市实现错位发展、互补发展。以郑州大都市区为例，郑州建设国家中心城市的职能定位是国际综合枢纽、国际物流中心、国家重要的经济增长中心、国家极具活力的创新创业中心、国家内陆地区对外开放门户、华夏历史文明传承创新中心。郑州周边武陟、新密、新郑、长葛等产业新城的建设发展目标都要紧紧围绕郑州的核心功能确定。但是，这几个产业新城也要有所区别，比如新郑就要充分考虑航空港经济综合实验区的影响，在产业选择上倾向于临空产业；武陟则站位大都市区发展大势，依托本地优势及郑州产业外溢需求，发展高端装备、都市食品等。另一方面产业新城要融入大都市圈的交通通道。大都市圈的交通通道必须借助于城际轻轨、城际铁路、城际高速等快速交通方式来实现，且要尽可能缩短换乘时间。这些快速交通方式的运营速度平均速度要达到每小时 100 公里以上，其带来四种效应，既保证主要城市之间的交通畅达，又要为战略支点的南北交通联系提供支撑。一是时空收敛效应。快速便捷的交通运输方式，改变了时间和空间的关系，缩短了人们的心理距离，无论是中心城市、县级城市，还是战略支点、乡村腹地等都能够从时间缩短中汲取可达性提高的效益。二是职住平衡效应。居民在选择居住地时不再局限于对工作地的过度依赖。三是支点发展效应。快速交通线路不同于传统交通的特征体现在高通行速度、沿线的相对封闭、较高等级的道路衔接、间隔一定距离的场站布局，使由快速交通所承载的各种生产要素被有目的的积聚与释放，战略支点的人口和产业集聚的速度要快于其他地段，从而迅速发展壮大成为城市区域。四是轴线扩展效应。快速交通的发展，形成高速铁路、城际铁路、高速公路、城际快速公路组成的快速运输通道，且不断提高公交化运行程度，加快将产业新城与中心城区、次一级中心城市之间联系起来，推动都市圈内部轴线发展。

（四）以文化内核为导向推动文化建设

文化作为城市的灵魂，只有凸显城市文化特色，才能塑造城市个性，展现城市魅力。但是，产业新城在规划、建设过程中，对城市文化重视不够。

例如，河南是中华民族和华夏文明的重要发源地，文化灿烂，种类繁多，尤其历史文化资源非常丰富，地下文物居全国第一位，地上文物居全国第二位，素有“中国历史天然博物馆”之称。有的产业新城对当地的文化资源研究不够深入，对地域文化特色辨识不清，文化定位不明晰，文化资源碎片化，导致城市面貌趋同。

产业新城要形成自己的文化特色，就要全面盘点所在区域的文化资源家底，包括遗址遗存、建筑遗存、馆藏文物、古树名木、场馆设施等物质文化资源和传统工艺、表演艺术、民俗文化等非物质文化资源等，将城市文化定位、历史文化资源保护、城市设计、城市双修、城市特色风貌塑造等深度整合集成到总体规划中，确定城市形象标志，遴选城市文化符号，在城市的重大活动、城市宣传、城市窗口、公共建筑、公共设施、对外交往等领域，统一规范使用城市形象标志和文化符号，宣传推广城市形象，明晰城市文化内涵，彰显城市精神气质。要结合城市历史记忆、地域特色，打造一批文化地标项目，复制和承载城市的文化基因，以文化地标吸引异乡客、凝聚本地人。要补齐公共文化基础设施建设的短板，让文化设施“活”起来，以人民为中心，以群众需求为导向，着眼破解供需脱节不匹配、场馆闲置变“僵尸”的问题，提升公共文化服务设施管理和服务水平，提高文化场馆资源利用率，发挥好公共文化设施对市民群众的教化、涵养作用。

（五）以宜居、宜业、宜游为导向推动生态建设和环境改善

长期来看，宜居、宜业、宜游是城市发展的价值取向。产业新城比其他城市起步晚、起点高、理念新，更应该坚持按照集约节约、环境友好型城市的标准来打造宜居、宜业、宜游的新型城市。

一是提高空间资源配置效率。强化土地供应的产业导向，建立健全产业供地预申请制度，对不同产业用地供给方式和供地年限实行差别化管理。综合运用规划、土地、资金等多种手段，加快整备成片土地资源，保障和拓展产业发展空间。建立统一、公开、常设性的企业空间供需服务平台，开展区块土地集约利用评价机制，实现企业需求与空间资源供应信息的高效链接。

二是建立以总量控制、定额管理、节约保护为核心的水资源利用体系，推进工业节水、农业节水、城市节水工作，推广节水器具和设备，鼓励再生水、冷却水、工艺用水循环使用和再生利用，促进废水资源化。三是建设公园城市。通过腾退盘活存量建园、提高绿地景观品质增绿、加强河道综合治理扩水、城市美化香化添彩，实现绿不断线、景不断链、四季有绿、三季有花、生态循环，建成路在林中、林在城中、蓝绿交织、河湖连通、湿地环绕的生态城区。

参考文献

刘勇：《产业新城：县域经济转型发展的新探索》，《区域经济评论》2014 年第 6 期。

吕扬：《大城市空间扩展中的产业新城规划对策研究——以天津市武清新城为例》，天津大学硕士学位论文，2010。

何燎原、赵胤钘：《我国产业新城开发的融资模式比较及优化》，《财会研究》2012 年第 21 期。

王仁贵：《产业新城开创县域腾飞新模式》，《瞭望》2018 年第 11 期。

张忠国、夏川：《需求导向下的产业新城产城空间建构思路——环首都地区 4 个产业新城建设分析与思考》，《城市发展研究》2018 年第 3 期。

沈玉麟：《外国城市建设史》，中国建筑工业出版社，1989。

〔英〕彼得·霍尔：《城市与区域规划》，邹德慈等译，中国建筑工业出版社，1985。

建 设 篇

Construction Reports

B.2
我国产业新城规划发展研究

王新涛*

摘　要： 随着我国工业化、城镇化进程的推进，产业新城的功能定位逐步发生了变化，相应的产业新城规划也要随着经济社会发展和人民群众的新期待、新要求进行调整，更加注重人本化、网络化、智能化、集约化和复合化发展，为此要积极贯彻都市圈协调、空间整合等发展策略。

关键词： 产业新城　工业园区　产业集群

产业新城规划是对产业新城的功能定位、建设理念、产业发展、运营方

* 王新涛，河南省社会科学院城市与环境研究所副所长，副研究员。

式、空间布局、招商引资等全局性、战略性、长期性问题做出系统、全面的规划与部署，是在一个相当长的时期内指导产业新城发展的路线图和施工图，是产业新城发展的主要依据，决定了产业新城建设的规模、层次和方向。

一　我国产业新城的规划特征

从发展历程上看，早期我国的产业新城多是按照产业园区进行规划设计的，如1994年启动建设的苏州工业园，被定位为高科技工业园区和现代化、国际化、信息化的创新型生态型新城区，主要突出生产功能，配套建设基础设施和公共服务设施。随着我国新型城镇化加快发展，已经从以乡村型社会为主体的社会跨入以城市型社会为主体的社会，单一生产性功能的产业新城已经不再适应提高城市发展质量、满足居民生产生活需求等新的形势要求，近年来产业新城在规划上逐步加快向具有复合功能的新型城市转变。

（一）突出产业支撑

产业是产业新城能否持续发展的关键支撑。没有了产业，产业新城就失去了发展的动力和源泉，就无法推动一个产业园区向新型城市转型，产业新城发展就难以为继。产业新城在规划中，都将“以产兴城”作为产业新城发展起步的根本，着力推动产业发展壮大，提升产业对城市发展的支撑力和对人口流入的吸纳力。以张江高科技园区（简称张江高科）为例，从1992年至今，张江高科坚持做大做强信息技术、生物医药等产业集群，截至2018年已经汇聚各类企业1.8万余家，跨国公司地区总部53家，形成了两大世界级高科技产业集群，一是信息技术产业集群。信息技术产业集群现有300多家企业，包括国际上知名的集成电路设计、生产企业，全球芯片设计10强中有6家在张江高科设立了区域总部、研发中心；全国芯片设计10强中有3家总部位于张江高科。二是生物医药产业集群。张江高科生物医药领域形成新药研发、药物筛选、临床研究、中试放大、注册认证、量产上市完备的产业链和创新链，已经聚集了生物医药企业400余家、大型医药生产企业20余家、研发型科技中小企业300余家。全球排名前10位的制药企业中已有7家在张江设立了区域总部、研发中心。

（二）突出主城带动

产业新城的规划建设，基本位于大都市圈空间范围内，依托中心城市来发展。产业新城和中心城市的空间位置决定了产业新城规划发展时，就采取不同的规划思路和设计模式。依据产业新城所处的不同区位特征，将产业新城划分为主城包含型、主城边缘型、新城建设型。主城包含型是产业新城位于中心城区范围以内，产业新城在规划设计初期，就和中心城区紧密联系在一起，基础设施、公共服务设施、生态设施以及产业的定位和选择，都和中心城区紧密相连。例如张江高科在成立初期，与陆家嘴、金桥和外高桥开发区同为上海浦东新区四个重点开发区域，以借助浦东新区的基础设施和公共服务来发展。主城边缘型是我国当前多数产业新城进行选址时考虑的模式。产业新城建在城市边缘，一般在设计初期按照产业园区来进行设计，相应的配套设施也是为生产服务的，从中心城区到产业新城的就业人员，一般在早上和晚上形成潮汐式的交通高峰。在产业新城居住的人口相对较少。这类产业新城一般都在城市近郊地区，地租较低，农村人力和城市人力资源均较为丰富。前期投入成本比新城建设型较低，比主城包含型的区域发展空间更广。例如新郑产业新城，其位于郑州市区南部，距离郑州CBD最近距离20公里，距离郑州绕城高速最近距离2公里，紧邻航空港区，是郑州南部新城区重要组成部分。新城建设型在空间上与中心城市相距一段距离，大约在20~50公里范围内。产业新城在起步初期，主要立足于先行承接中心城市转移出来的产业。这种模式的优势在于地租低，规模往往很大，未来的发展受制少，处在城市外围可吸纳附近城市的人力资源、自然资源，打破了城市之间的行政区划限制，促进了城市之间经济合作，在不同城市之间的贸易的运输成本得以降低。例如武陟产业新城，其位于郑州都市圈核心圈层内，距郑州中心城区40余公里，与郑州交通联系便捷，通过郑云高速公路40~50分钟可达郑州市区，通过郑焦城际铁路20分钟直达郑州东站、40~50分钟可达新郑国际机场。依托便捷的交通，武陟产业新城正努力打造成为郑州、焦作融合发展的战略支点。

（三）突出绿色低碳

《国家新型城镇规划（2014～2020年）》明确提出“推动形成绿色低碳的生产生活方式和城市建设运营模式”，强调城市建设的绿色和低碳理念。以“生产空间集约高效、生活空间宜居适度、生态空间山清水秀”为核心的低碳发展观已成为中国城市发展和城市规划建设的共识，也是成为产业新城规划的行动准则。各地产业新城起步晚，起点高，更好地贯彻落实了这一准则。以苏州工业园为例，近年来牢固确立“环境立区”“生态立区”的发展思路，坚持生态优先，在大力推进经济高质量发展的同时，园区还大力发展生态工业、循环经济和节能低碳产业，探索构建以绿色、循环、低碳为特色的工业共生体系，探索出了一条生态与经济齐飞的路子。

（四）突出宜居主题

宜居城市建设是城市发展到后工业化阶段的产物，是指宜居性比较强的城市，是具有良好的居住环境、人文环境、社会环境、生态环境和就业环境。随着群众对美好生活的向往以及对居住环境质量的不断提高，宜居城市逐步成为城市发展的方向。产业新城在规划建设之初，都充分考虑向功能完备、环境优美、产业发达的宜居城市发展，既要建设服务于工业生产的路、水、电、气、暖、通信等基础设施和设计研发、中介服务、文化创意、会议会展等生产性服务业，也要加快发展住宿餐饮、休闲娱乐、体育健身等生活性服务业和住宅、学校、医院、养老等基础设施和公共服务设施。通过构建这些软硬件设施的发展，一方面有利于分流中心城区的人口，缓解中心城区交通拥堵、环境恶化等“城市病”的压力，有效改善人居环境；另一方面有利于吸收城镇化进程中由农村转移到城市的新增人口，为农业转移人口提供就业、居住、教育及医疗等公共服务供给，提高整个区域的综合承载能力。例如，华夏幸福嘉善产业新城注重打造生态环境优美、人文底蕴浓厚、城市配套同步上海、全域皆可畅游的宜居模式。在教育资源上，嘉善产业新城注重提供多层次、高水平的教育资源，覆盖从幼儿园到中学的优质教育资源，满足了精英人才对教育配套的渴求，增强了城市附着力。在生活资源上，投资建设社区中心精品项目，成熟运营新西塘越里项目，满足城内外人们休闲娱乐需求。在生态环境上，注重营造“绿、美、亮、净、序”的城市环境，建设出一座崭新的智慧生态、宜居宜业的公园城市。

二　产业新城规划发展的趋势

经过近年来的发展，各地产业新城在强化产业支撑、完善基础设施和公共服务设施、改善生态环境等方面都取得较大的进展，一些产业新城已经成长为具备生产、生态、生活复合功能的新型城市，但是随着我国城镇化率超过50%，进入城镇化高质量发展的新阶段，产业新城在规划动态调整过程中，要更加重视人本化、网络化、智能化、集约化和复合化发展。

（一）顺应人本化发展

党的十九大报告指出，我国社会主要矛盾已经转化为人民日益增长的美好生活需要和不平衡不充分的发展之间的矛盾。从某种意义上讲，产业新城既是区域经济增长的引擎，也是人们追求美好生活的重要载体。产业新城的规划、管理以及管理中的新理念、新举措都指向使人民有获得感、幸福感、安全感，指向更加充实、更有保障、更可持续的“人的城镇化”。因此，产业新城的发展要努力转变传统的以产业为中心、以物质为中心的规划起点，把以人为本作为规划的出发点和落脚点，把产业新城看作成为满足市民美好生活需要的场所，以市民感受为导向，努力使发展更有温度、更有温情；不仅提供更加完善的基础设施，也要提供更好的医疗、教育、养老、文化等公共服务，提供天蓝地绿水清的生态环境、营造文明和谐有序的社会氛围等，让群众看到真真切切的变化，给老百姓带来实实在在的好处，切实增强广大市民的归属感、获得感、幸福感。

（二）顺应网络化发展

在经济全球化、城镇化、工业化加速发展的今天，一个城市不积极扩大开放、不积极参与城镇体系分工、不主动融入城市群发展的模式将难以为继。从起步初期，产业新城就立足于中心城市的关系来进行规划建设，积极承接中心城市的产业和人口。但是，随着都市圈或都市区发展的兴起，中心城市和周边的产业新区、次一级中心城市、特色小镇等，都将成为都市圈的重要网络化节点，其功能定位和发展方向既要着眼于中心城市的非核心功能疏散，又要强调与周边次一级中心城市、其他新城、特色小镇的互补错位发展。因此，产业新城规划的动态调整，要以更好地推动与都市圈的协同发展，更好融入区域经济大循环为目标，做好优势、弱势、机遇与限制因素分析，准确进行自身定位，积极完善自身功能，加快融入都市圈，实现与都市圈协同发展；突出错位互补，积极融入产业链和产业集群，推进产业高端化发展；坚持基础设施和公共服务设施共建共享，以实现互联互通为目标，推进基础设施与周边城市、区域的无缝衔接；突出便民惠民，着力补齐民生短板，推进公共服务一体化均等发展。通过产业新城建设，推动传统产业转型升级，引入高端产业，集聚人口，推动城市体系新节点的崛起，进而提升都市圈的硬实力。

（三）顺应智能化发展

随着物联网、云计算、大数据等技术的普及，智慧城市越来越被人们所接受，全面展现在人们的眼前。产业新城作为高起点规划、高标准建设、高质量管理的新型城市，在从以产业为中心向以人为中心的转型发展过程中，要把城市智慧化改造作为方向和重点，借助当前最前沿的云计算、大数据、物联网等技术，打通信息壁垒，同时也对城市进行赋能，进一步促进公共资源配置和公共服务更合理更高效地配置，为市民更好地享受智慧城市带来的成果，享受更加高效优质的公共服务资源。市民可以通过“城市智慧中心”系统，上传自己发现的问题，追踪事件后续处理进程，发表对某些问题的看法，能极大地提升市民城市治理的参与感，真正实现城市的共享共治。

（四）顺应集约化发展

在发展初期，产业新城以产业为发展重点，特别是以工业为主导，集约化发展程度相对较低。随着产业新城逐步向新型城市转型发展，迫切需要以城市双修为手段推进产业新城的集约化发展。主要是突出布局集约、配套集约、土地集约、发展集约，用足城市存量空间，减少盲目扩张，包括有机更新，生活、就业相对就近，住宅更加紧凑，等等。通过探索混合型用地模式，紧凑布局各项城市功能设施，着力打造多功能楼宇，建设“垂直城市”，发展混合功能区，推进城市土地复合利用。通过提高土地开发强度，促进土地集约利用，通过扩大土地利用空间，积极探索城市地下空间的综合开发利用。把规划建设一批综合体建设作为城市功能集约化的重要抓手，合理规划布局，实现教育、医疗、购物、文化、娱乐休闲等设施的均衡配置。

（五）顺应复合化发展

当前社会对城市发展的要求逐渐改变，功能单一的城市发展已经不能满足社会发展的要求，城市功能开始从以自身发展为主逐渐转变为中心点能力的扩张。如何应对当前社会对城市发展的要求，提高城市的自身竞争力，已经成为当前城市规划及建设过程中重要的出发点，而提高城市功能复合化无疑能够较好地解决当前城市发展的困境。产业新城要以绿色生态空间为基础，以土地和自然资源集约节约利用为前提，以多中心、组团式、网络化为主要空间发展模式，以服务经济发展和提高人民生活质量为核心目标，建成第一、第二、第三产业协同发展，生产、生活、生态等多种功能有机组合的新型城市。

三　产业新城规划发展策略

产业新城的规划发展，要以城市为基础承载产业空间和发展产业经济，

以产业为保障驱动城市更新和完善服务配套，以达到产业、城市与人之间有活力，持续向上发展的模式，就要围绕人本化、网络化、智能化、集约化和复合化，加快实施都市圈协同发展、交通优化发展等策略。

（一）都市圈协同发展策略

产业新城规划要积极融入都市圈发展策略，一方面积极承接中心城市转移出来的产业，加快吸纳中心城区转移的人口和周边农村区域转移出来的劳动力，加快完善公共服务设施，推进产业新城向新兴城区转型；另一方面加快注入创新性要素，依托区位交通、生态景观、人文氛围、产业基础等禀赋要素方面的优势，培育新的经济增长点，发展战略性新兴产业，提升产业内生发展能力，从而提高产业新城量级。在功能内涵上，既是对中心城市主要功能的有力补充，又具备自身主导的功能特色；在等级规模上，要努力打造成为仅次于中心城市的综合性城市区域，既要承接中心城市功能疏解，又要建立功能完备、品质优良的公共服务体系和基础设施体系，以吸引外迁就业人口的居住，建设成为集“公共行政、现代商务、文化休闲、医疗教育、生态宜居”于一体的功能完备的现代化、国际化都市圈内重要城市节点。同时，要持续强化产业支撑，立足都市圈的产业分工与功能互补，通过多元化的上下游产业同步导入，提升产城融合核心竞争力，在关注第二产业发展的同时，注重生产性服务业的配套，通过发展微笑曲线两端环节，提升产业附加值；在新城内仍需均衡配置居住区和商业区，除满足产业人口的居住需求外，还要丰富产业人口的业余生活，最终增进凝聚力与活力。

（二）空间整合策略

产业新城要以调整空间结构，促进生产空间集约高效、生活空间宜居适度、生态空间山清水秀为目标，从空间优化起步，重塑产业新城的空间结构，统筹好产、城、人三大关系。产业空间调整以土地资源节约集约利用为重点，把产业发展规划与土地利用总体规划、城市总体规划统筹考虑，做好产业布局同交通、水利、通信、生态环保等规划的衔接配套，产业功能与城市功能的互相支持，注重进行地下空间开发，提高产业空间利用程度。生活空间以功能复合为导向，一方面加强对核心功能的支撑和保障，另一方面重点研究与老百姓“衣食住行、生老病死、安居乐业”紧密相关的各类设施建设情况，确定亟须补充的短板功能，制定以街区为单元的修补方案。通过充分挖潜和整合各类空间资源，积极调动社区和居民参与规划实施，逐步推动街区修补方案的落实，重点完善学校、养老、社区服务、公共绿地、活动广场、市政基础设施和公共安全设施建设，逐步打开已建成的封闭住宅小区和单位大院，完善次支路建设，提升城市通透性和微循环能力，推动发展开放便捷、尺度适宜、配套完善、邻里和谐的生活街区。在交通空间上，秉承以公交为导向（TOD）的发展理念，在轨道交通干线沿线及轨道站点适度进行高强度开发，提高轨道站点周边公共服务功能混合率，集中城市与社区级的公共功能于轨道站点周边；借助网络化街道布置串联的公共空间，加强社区与站点的联通性，引导城市精明紧凑型开发，提高步行出行频率，促进节能环保和秩序可控发展，并且要求公共交通线周边保留弹性用地，为公交线路周边用地的进一步发展提供余地。

（三）生态优先发展策略

加强产业新城自然山水格局保护，与生态保护红线对接，合理布局绿心、绿楔、绿环、绿廊等结构性绿地，构建绿色空间体系。加强道路绿化隔离带、道路分车带和林荫路建设，合理配置乔灌草（地被），提升道路绿地滞尘、降噪、遮阴、防护等生态功能。加强公园绿地建设，逐步建成类型丰富、特色鲜明、设施齐备、服务覆盖全面的城市公园系统。推动近郊发展建设郊野公园，构建满足城市居民需求和社会发展需要的休闲游憩体系。加快棚户区和老旧街区改造，通过拆迁建绿、拆违还绿、破硬增绿、立体绿化等措施，积极拓展老旧城区、中心城区的绿色空间。加快生活垃圾处理设施建设，完善收运系统，提高生活垃圾无害化处理率。健全再生资源回收利用网络，加强生活垃圾分类回收与再生资源回收的衔接。推广废旧商品回收利用、焚烧发电、生物处理等生活垃圾资源化利用方式。统筹餐厨垃圾、园林垃圾等无害化处理和资源化利用。全面推动海绵城市建设，提高城市应对环境变化和自然灾害的能力。

（四）以文化城策略

文化是城市的灵魂。产业新城在制定和调整城市规划时，要加强对城市的空间立体性、平面协调性、风貌整体性、文脉延续性等方面的规划和管控，留住城市特有的地域环境、文化特色、建筑风格等“基因”。既要不断融入现代先进元素，也必须保护和弘扬优秀传统文化，通过深入挖掘与弘扬厚重的历史积淀，在城市特色培育、文化品牌打造、城市风格设计等方面突出特色，发展有历史记忆、中原特色、民俗特点的美丽城市，历史渊源、城市精神、历史文化与现代城市发展浓缩成一条主线——以文化人、以文化城，人以文名、城以人兴，坚持做好“以文化城、城以文兴”这篇大文章，把文化融入城区每个角落，让一砖一瓦、一草一木都浸润着文化符号，每一幢楼、每一座桥、每一条街都成为文化的标记，促进自然与人文、现代与传统交融，避免千城一面、万楼一貌。同时，还要注重城市公共文化体系和公共文化空间建设，建设一批文化广场、历史建筑、人文景观、公园、自然景观、美术馆、图书馆、科技馆、影剧院、博物馆、体育馆、艺术中心和市民活动中心等，提高公共文化服务能力。

（五）交通优化策略

坚持全通勤时间的理念，加强与中心城区及周边区域的道路衔接，达到整个城区交通体系多层次便捷发展，包括快速路、主干道、轨道系统、公交系统等，构筑多通道、高保障的一体化交通网络。完善慢行系统，构筑活力街区。根据不同主题及长度设置自行车环线系统，设置专用自行车绿道，串联轨道交通站点、公建、居住社区、商业区及各类开放空间，同时结合共享单车模式，按照服务半径结合公共开放空间和公共交通换乘点设置自行车停放服务站。

参考文献

刘勇：《产业新城：县域经济转型发展的新探索》，《区域经济评论》2014 年第 6 期。

魏宗财、甄峰、席广亮：《全球化、柔性化、复合化、差异化：信息时代城市功能演变研究》，《经济地理》2013 年第 6 期。

吕扬：《大城市空间扩展中的产业新城规划对策研究——以天津市武清新城为例》，天津大学硕士学位论文，2010。

张慧娟：《“复合型城市”理念的探索与运用》，《城市建设理论研究》2011 年第 22 期

王仁贵：《产业新城开创县域腾飞新模式》，《瞭望》2018 年第 11 期。

张忠国、夏川：《需求导向下的产业新城产城空间建构思路——环首都地区 4 个产业新城建设分析与思考》，《城市发展研究》2018 年第 3 期。

高京燕、仝凤鸣、吴中兵：《产业新城发展模式机理分析》，《河南工业大学学报（社会科学版）》2018 年第 1 期。

关博：《城市新区产城融合发展模式与实施路径》，《中国集体经济》2018 年第 17 期。

罗维嘉：《现代城市新区规划的分析与探讨》，《现代园艺》2016 年第 18 期。

杨雪锋、徐周芳：《基于空间关系的产业新城产城融合模式形成与选择——以杭州为例》，《中国名城》2017 年第 3 期。

B.3
产业新城建设模式

刘芳宇*

摘　要： 从建设主体上看，产业新城的建设模式有三种，即以政府为主导、以市场为主导、政府—市场协作，不同模式分别具有不同的优势和劣势。随着产业新城相关国家政策和工业用地政策的发布，各级政府将会以更积极的态度参与产业新城的建设中，这也将进一步点燃产业地产商的开发热情，优化产业新城的产业服务配套，实现产业与人居、生态保护与城市建设互融共生的“生态圈”。对此，可以积极发挥政府—市场协作模式的优势，重视“产城融合”的建设理念，并进一步创新产业新城建设模式。

关键词： 产业新城　产城融合　建设模式

产业新城是在新型城镇化背景下，以人为核心、以产业发展为基石、以“产城融合”为理念的城市发展创新模式。以“产城融合”为理念的产业新城是我国未来城镇化及县域经济发展的重要方向，也是中国新型城镇化最有效的路径之一。如何选择适当的产业新城建设模式，对城镇化及经济发展至关重要。本文从产业新城的开发运营主体性质视角，总结了三种产业新城的建设模式，并结合相关国家及土地政策，给出产业新城建设模式进一步发展的建议。

---

* 刘芳宇，博士，郑州轻工业大学经济与管学院讲师。

一　产业新城的建设模式

从整体来看，我国产业新城的开发建设的主体有以下三种，即政府、市场、政府—市场协作。在不同的建设主体下，各参与方扮演的角色和实现的功能会有所差异，这种差异将贯穿于产业新城的规划、建设、运营和管理的整个过程。

（一）政府主导模式

政府主导模式是指政府在产业新城的开发建设中起主导作用，市场中的组织和个人被动地参与产业新城开发的模式（见图1）。政府通过创造产业支持政策、税收优惠政策，提供完善的基础设施、高端人才储备，营造开放公平的经商环境等，使产业新城具备独特的优势；通过招商引资等方式，按照区域整体规划将土地出让给企业开发建设，引导区域发展集群产业。经济开发区、高新技术开发区、综合保税区等均属于政府主导模式。其中，比较典型的产业新城（园区）包括郑东新区、上海自由贸易试验区、大连高新技术产业园区等。

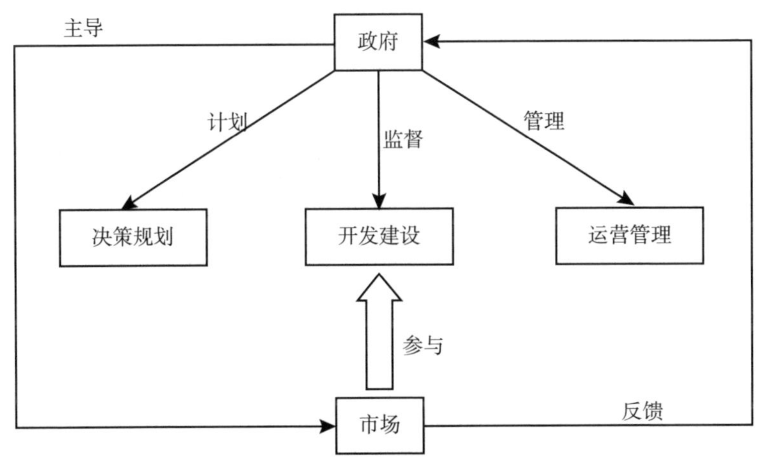

图1　政府主导模式开发流程

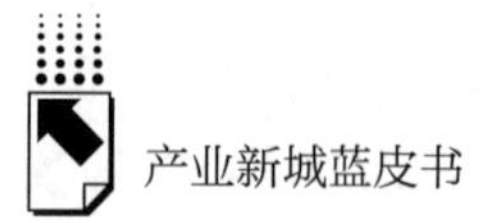

截至2018年，国务院共批准设立经济技术开发区、高新技术开发区、综合保税区、边境经济合作区、出口加工区、旅游度假区等500多个，其中包括国家级经济技术开发区219个，国家级高新技术开发区168个，国家级保税区19个，国家级自由贸易试验区11个。此外，各类升级的产业园区约1600个，较大规模的市合计有产业园区1000多个，县以下的各类产业园区数以万计。

在政府主导模式下，行政化管理主要采用政府管委会管理体制，对产业新城开发建设实施统一规划、组织开发，统一管理。产业新城管委会作为一级管理政府，承担经济与社会的双重功能。一是制定新城建设的总体战略部署，确定产业集群规划；二是协调开发建设过程中的重大决策和问题，组织征地拆迁、规划设计、基础设施和配套设施的建设等；三是为入驻企业提供一条龙服务，包括从企业落地、工厂建设、员工招聘到企业运行等各个环节的行政管理和服务。

政府主导型产业新城既有优势，又有不足。

优势体现如下。一是政府能够全面深入地考虑社会因素及各类居民的不同需求进行统筹规划，可以形成大规模的产业新城，并实现长期可持续发展；二是政府具有协调各方资源的优势和强制的行政力量，在基础设施建设、招商公信力、政策、税收等方面具有一定优势；三是政府自身的威信有利于降低开发过程中的各种成本，有利于对建设过程中的违规问题进行监督和管理，使产业新城的建设目标得以达成，提升产业新城的整体形象及建设的整体协调性。

不足有以下三个方面：一是一旦政府在规划引导政策导向方面出现失误，会导致产业新城的供给和需求不匹配，造成社会资源的大量浪费；二是政府投入大量资金在短期内难以获得收益和回报，给政府造成沉重的财政负担；三是市场参与程度不高，社会活力有限，容易出现效率低下、发展不均衡的问题。

（二）市场主导

市场主导模式是以大企业、产业地产等运营商为代表的市场主体在产业新城开发运营中扮演更为重要的角色（见图2）。

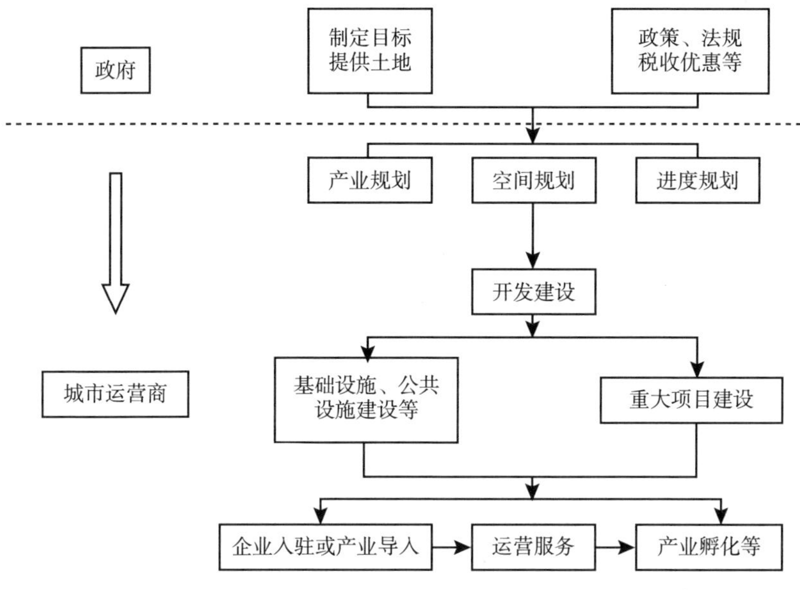

图2　市场主导模式开发流程

以大企业为主导时，其利用自身在全产业或某个细分产业链环节领域具有的综合实力，包括资本运作能力、市场开拓能力、规范管理能力，在自身项目投资的同时，获取超过自身项目所需的土地资源，营建开发一个相对独立的产业园区。该企业入驻产业园并且占据主导地位，借助其在行业内的影响力，通过项目租售、土地出让等方式引入产业链相关企业的聚集，实现整个产业链的实现及完善。值得注意的是，在该模式下，政府需要在土地出让、招商引资、产业发展等方面出台一系列优惠政策，使该企业在建设和开发产业园区时，有更大动力进行关联产业的开发。以大企业为主导的典型园区有京东云智慧产业园以及许多制造业企业为自身服务的产业园区等。

产业地产运营商兼具房地产开发和产业开发的双重属性，有很多产业地产运营商是由传统的房地产开发商转型而来。以产业地产运营商为主导时，依照政府的总体规划，进一步细化并给出支撑该目标规划的详细方案。而后通过土地招、拍、挂流程，获取所需的土地资源（包括工业用地及商住配套用地）及政策资源（主要是产业扶持政策及投资补助政策）。借助自身的

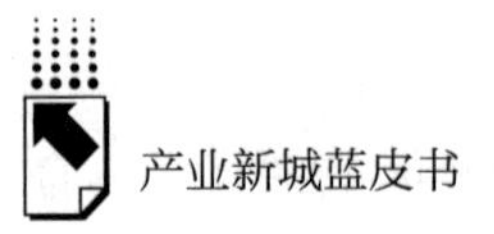

资金优势和开发建设优势，进行项目所需的基础设施建设，并介入产业新城开发、建设、运营、管理等各个环节，然后以租赁、转让或合资、合作经营的方式管理和经营项目，从而获取合理的投资回报。以产业地产运营商为主导的典型园区有亿达中国的大连软件园等。

市场主导型产业新城既有优势，又有不足。

优势体现如下。一是产业地产商、实体产业企业拥有对产业新城统筹、规划、决策的权利，通过市场化的手段推动产业新城的发展，思路灵活；二是可以降低政府开发成本，减轻财政负担，提高社会闲散资金的利用率。

不足之处有以下两点：一是商业资本参与过多，易导致过分看重短期效益，而忽视城市空间的有序扩展及建设的整体性；二是政府的公信力及支持力度比政府主导型弱，会给产业新城运营带来一定的挑战和困难。

（三）政府—市场协作模式

基于“产城融合”理念的产业新城往往至少由园区、产业发展服务中心、市政道路、地下管网、公园、学校及医院等公共服务设施组成，产业新城的开发对资金需求量大、开发运营周期长、涉及领域广。若由政府主导模式建设，容易出现资金缺口，进而导致区域开发进程停滞并影响城镇化建设的进度；而由市场主导模式建设，则对社会资本方的开发建设能力与综合水平有较高的要求，同时容易忽视城市的整体规划。因此，建设运营一座产业新城，除了地区本身所具备的一系列经济、资本要素的优势符合开发要求之外，当地公共部门的合作意愿和其所能提供的政策扶持也是重要的考量因素。在上述情况下，对政府主导模式和市场主导模式进行混合运用的模式应运而生，即政府—市场协作模式。

财政部于2014年下发的《关于推广运用政府和社会资本合作模式有关问题的通知》指出，“为贯彻落实党的十八届三中全会关于‘允许社会资本通过特许经营等方式参与城市基础设施投资和运营’精神，拓宽城镇化建设融资渠道，促进政府职能加快转变，完善财政投入及管理方式，尽快形成有利于促进政府和社会资本合作模式（Public-Private Partnership，PPP）发展的制度体系”。2016 年，国家发改委联合住建部等印发了《关于展开特色小镇培育工作的通知》，同科技部、工信部、国土部和国开行联合制定印发了《关于支持老工业城市和资源型城市产业转型升级的实施意见》等相关文件，为促进各地区向产城融合的发展方向迈进提供了指引。随着国家发改委及相关部委的大力推进，政企协作模式（PPP 模式）将可能成为未来产业新城项目的主流建设模式。

PPP 模式是指政府和社会资本合作模式，是在基础设施及公共服务领域建立的一种长期合作关系。通常 PPP 模式是由社会资本承担基础设施及公共服务的设计、建设、运营和维护的大部分工作，并通过“使用者”付费及必要的政府付费以获得合理的投资回报；政府部门负责基础设施的质量及公共服务的价格监管，以保证公共利益最大化（见图 3）。在该模式下，政府、企业两者将建立起“利益共享、风险共担、全程合作”的共赢关系，在基础设施和公共服务等领域长期合作，互利共赢。

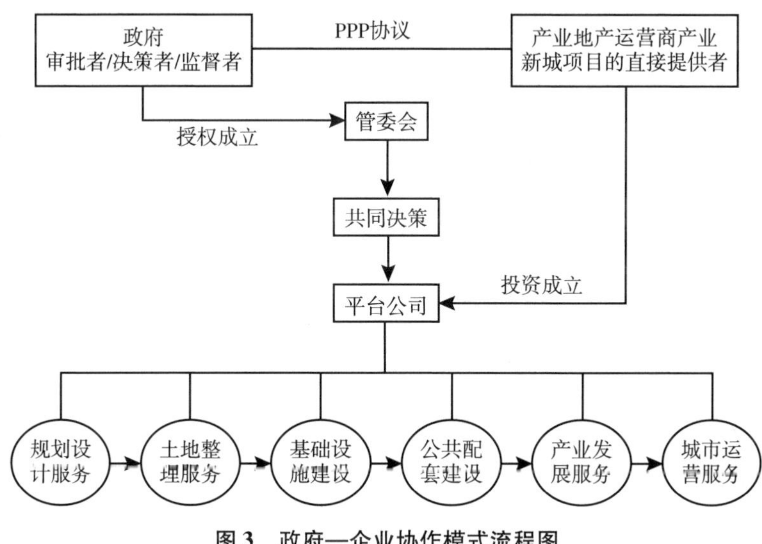

图 3　政府—企业协作模式流程图

华夏幸福是应用 PPP 模式与地方政府协作开发产业新城的典型企业，华夏幸福开发性 PPP 模式是一种创新性的政企合作模式，基于“政府主导、企业运作、合作共赢”的核心原则，充分尊重政府在合作过程中的主导地位，并发挥市场化效应，把“伙伴关系、长期合作、利益共享、风险分担”等公私合作理念融入产业新城的协作开发和建设运营之中。合作期间，政府是产业新城规划的审批者、产业项目的决策者和服务质量的监督者；华夏幸福是产业新城项目规划、设计、建设、运营服务的直接提供者。双方各司其职，通力合作，实现“1+1>2”的效果。该模式具有四个特点。

1. 一个完整的公共产品

产业新城PPP模式开发运营是一个完整的公共产品。在合作过程中，政府将经济发展与社会服务等方面的非行政功能整体委托给华夏幸福，通过设立管委会确保项目的公共属性以及供给效率。华夏幸福则遵循整个区域的城市开发规划和产业政策，从全生命周期角度，为合作区域顶层设计产业发展方向，规划幸福宜居城市蓝图，并有效统筹产业和城市关系，提供一个完整的公共产品——产业新城。它既不是单一的、孤立的PPP项目，也不是简单的单体项目累加，有效地克服了单体项目短期效应的弊端，确保了整体效益和长期运营的效果。

2. 全生命周期的可持续运营

“运营性”是华夏幸福产业新城PPP模式最突出的特点。产业是城市发展的动力之源，华夏幸福坚持以产业发展为核心运营产业新城。多年来，构建了功能强大的招商网络、遍布全球的孵化网络、全程服务的培育网络和丰富的产业资本投资驱动支持体系，在合作区域打造先进产业集群，促进区域产业转型升级。同时，通过产业发展服务将基础设施和产业发展有机融合起来，让基础设施充分发挥作用，不断提升城市运营水平和可持续发展能力，形成了以产兴城、以城带产、产城融合的良性循环。

3. 更为有效的公共服务

华夏幸福提供一揽子更为有效甚至物超所值的公共服务，有效提升公共服务供给效率。根据政府和市场的需求，华夏幸福采取完全市场化运作机制，依托专业规划设计团队，为区域制定前瞻性的战略发展规划；依托科技、创新和资本驱动，构建全球化的产业招商网络；凭借专业化的运营服务团队，为入园企业提供一揽子配套服务；等等。

4. 企业与政府的互利共赢

华夏幸福创造性地引入了一套互利共赢、政府没有任何财政风险的合作机制。在产业新城建设运营过程中，地方政府和华夏幸福的利益高度一致。双方在物有所值评价和财政承受能力评价的基础上，约定具体合作细节，最终实现合作共赢。对政府而言，如果当年财政没有增量，则不需要支付服务费用；财政增量到期仍支付不清的，按合同予以豁免。华夏幸福则充分运用市场化手段，形成多元化、可持续的资金投入机制，完成实际投资且产生效益，使地方财政收入明显增加，公司按约定获取相应报酬。企业与政府利益高度一致，实现共赢。

从财政部于 2018 年 2 月 1 日公布的第四批政府和社会资本合作示范项目名单可以看出，在 396 个项目中，涉及产业新城、特色小镇、产业园区的 PPP 项目约占 10%。目前，我国中央政府和各地方政府均加大了采用 PPP 模式进行公共基础设施领域开发的推进力度，PPP 模式的应用不仅有利于减轻财政负担，合理分配风险，提高公共服务的质量和效率，还有利于政企分开、政事分开，加快政府职能转变。在建设产业新城时，应结合自身资金实力、资源等各个方面，充分发挥自身优势，合理规划布局，综合考虑三种模式的利弊，选择适合自身的建设模式。

二　产业新城建设相关政策变化

（一）国家政策推动产业新城建设的发展

国家颁布了一系列政策推进产业结构升级与调整以实现更高层次的城镇化。这些政策包括《国家新型城镇化规划（2014～2020 年）》、党的十九大报告《决胜全面建成小康社会　夺取新时代中国特色社会主义伟大胜利》及《“十三五”国家战略性新兴产业发展规划》等。

《国家新型城镇化规划（2014～2020 年）》指明：要强化城市产业就业支撑、优化城市空间结构和管理格局、提升城市基本公共服务水平。这就要

求推动城市产业结构升级，推动先进制造业和服务业发展，尤其是推动资源与资本密集型产业向知识与技术密集型产业转变。在新型城镇化趋势下，产业新城正在成为承载工业信息化发展的新空间，成为产业集聚、打造产业链的载体和平台，也是工业化和城镇化有机结合的一种城市发展的新方式。

《决胜全面建成小康社会　夺取新时代中国特色社会主义伟大胜利》明确提出："推动新型工业化、信息化、城镇化、农业现代化同步发展，主动参与和推动经济全球化进程，发展更高层次的开放型经济，不断壮大我国经济实力和综合国力。"同时提出："以城市群为主体构建大中小城市和小城镇协调发展的城镇格局，加快农业转移人口市民化。"区域协调发展的总要求就需要通过在产业结构升级与产业集聚过程中实现更高层次的城镇化，使产业新城健康发展，避免"空城"和"被城镇化"在未来的城镇化建设过程中出现。

《"十三五"国家战略性新兴产业发展规划》指出："战略性新兴产业代表新一轮科技革命和产业变革的方向，是培育发展新动能、获取未来竞争新优势的关键领域。"遵循战略性新兴产业发展的基本规律，突出优势和特色，以产业链和创新链协同发展为途径，培育新业态、新模式，发展特色产业集群，带动区域经济转型，形成创新经济集聚发展新格局。目前，在"工业 4.0"的时代背景下，以智能制造为特征的先进制造业正在成为推进城市发展和产业发展的关键力量。在产业细分、产业链竞争及大规模定制的背景和模块化开发的前提下，城市"去中心化"呈现必然趋势，多模块组合使先进制造业在地理位置上"去中心化"、在产业结构上"中心化"，形成城市发展和产业发展的双重体系。

（二）产业新城建设用地政策改革

产业新城是以"产城融合"为目标，以人为核心，通过合理布局产业集聚区及产业链，发展创新经济和战略性新兴产业的宜居新区。在产业新城中，不仅有产业园、酒店、会议中心，还有医院、学校及住宅等，以保证"产城融合"目标的实现。建设单位接受政府规划委托后，全面统筹规划工业用地、商业用地及城镇住宅用地等。新城规划在征得政府同意后，建设单位再按照我国《城市用地分类与规划建设用地标准》，需要通过网上公开的招、拍、挂方式，按规范流程获取土地使用权。在此过程中，受现有用地类型的局限，极大地限制了产业新城的规划和建设的灵活性。

从产业视角来看，随着产业转型升级的深入推进和城市内一些创新资源的加速外溢，新业态、新产业在各个城市迅猛发展，成为推动社会经济进一步发展的重要力量。而新业态、新产业与传统工业厂房不同，其用地具有研发用途比例高、用地类型混合成分高、用地需求多元化等特征，现行部分土地供应和管理政策已无法满足新业态、新产业的发展需求。

从企业视角来看，2016 年国土部发布的《全国土地整治规划（2016～2020 年）》明确要求加强土地调控、严格新增建设用地审查报批，合理确定城镇低效用地再开发范围，“工改工”项目成为城市更新的主体。当前，传统“工改工”项目利润微薄，且风险系数高，企业的参与热情不高；同时，传统工业用地略显粗放含混的土地供应和管理政策已无法满足新型产业的发展需求，单一的土地功能也不利于城市的产城融合发展。对此，深圳走出了第一步。2014 年 1 月 1 日，深圳市发布《深圳市城市规划与标准与准则》（2013 版），在工业用地类别中新增了“新型产业用地（M0）”门类。随着深圳新兴产业用地的提出，包括北京、天津、南京、杭州、东莞、威海等城市在内，越来越多的大中型城市开始积极探索创新型产业用地，Mx（南京）、M4（北京）、M 创（杭州）、M +（惠州）等一系列新类型的工业用地相继出现。尽管形式不一，但内容上大同小异，基本具有开发强度高、土地功能复合等一些特点。2018 年 9 月 11 日，东莞市政府正式印发了《东莞市新型产业用地（M0）管理暂行办法》，这是国内第一份明确针对 M0 的市级政策；随后，2018 年 12 月 19 日，郑州市政府正式印发《关于高新技术产业开发区新型产业用地试点的实施意见》；2019 年 1 月 3 日，广州市国土规划委草拟了《广州市提高工业用地利用效率实施办法》，公开征求意见；2019 年 1 月 14 日，济南市国土资源局草拟了《支持新型产业用地（M0）的意见（暂行）》，公开征求意见。

（三）产业新城建设相关政策变化的意义

从产业新城相关的国家政策来看，产业新城将是中国新型城镇化最有效的路径之一。因此，“产城融合”的新城新区是未来我国城镇化及县域经济发展的重要方向，各级政府将会以更积极的态度参与产业新城的建设，成为有力的推手，提供税收、土地优先开发权等部分政策支持。

从产业新城的土地政策可以看出，越来越多的地市不仅相继在工业用地类别中新增新类型的工业用地，并进一步出台细化 M0 新型产业用地政策，这势必会给中国带来城市工业用地的全面改革，助力优化和升级现有产业结构，促进产城融合，实现更高层次的城镇化，进一步释放产业新城规划与建设活力，这也将进一步点燃产业地产商的开发热情，优化产业新城的产业服务配套，实现产业与人居、生态保护与城市建设互融共生的“生态圈”。

三　产业新城建设模式进一步发展的对策与建议

（一）积极发挥政府—市场协作模式的优势

产业新城项目所提供的产品和服务多具有公共性，采用政府—市场协作模式可以有效缓解当地政府财政紧张的问题，由社会资本承担基础设施和公共服务的设计、建设、运营及维护的大部分工作，并通过“使用者”付费获得合理的投资回报。在产业新城的建设过程中，政府应聚焦战略引领与规划，项目审批与监管，而具体的投资运营活动移交给企业，政府从负债者转变为掌舵人、考核者。在该模式下，政府和企业将建立起“利益共享、风险共担、全程合作”的共赢关系，在基础设施和公共服务等领域长期合作，互利共赢。因此，在产业新城的建设中，应积极发挥政府—市场协作模式的优势，政府做好考核者、监督者和决策者，而将产业新城的运营交给产业地产商，释放市场的活力，不断创新运营模式，在做好产业服务的同时，优化产业服务配套，打造高水准的“产城融合”的产业新城。

（二）重视“产城融合”的建设理念

产业新城在以政府或市场为主导时，容易出现注重产业发展，而忽视城市商业和居住配套建设，容易出现产业新城内居住、商业、休闲环境不佳、就业人群潮汐现象等产城脱节的问题，从而使企业对人才的吸引力受限。因此，要在产业新城的建设中，产业发展、城市建设、公共服务等方面也要配套跟进，不断完善，打造出职住平衡、环境优美的产业社区，提升产业新城的综合承载力，形成产业、人口和城市配套之间良性循环，建设生态、宜居、智慧的高质量产业新城。同时，在引进主导产业时，应结合区域特色有针对性地引进创新资源，为区域打造定制化的创新性产业集群，如信息通信、互联网、金融类企业以及高校、科研机构等，推动智慧新城、智慧产业的双向融合。另外，还要注意旅游和农业的带动作用，这两者是最贴近我国绝大部分县域经济发展的：以政府或者各类经济组织为主导，基于市场化运作机制，政府充分放权，调动企业的积极性，不干涉市场行为；主导有条件的乡村在建设过程中以农民合作社为主要载体，让农民充分参与并受益，建设集循环农业、创意农业、绿色农业和农事体验于一体的田园综合体，通过农业综合开发以及农村电商开展建立示范试点，以建设产业新城。

（三）进一步创新产业新城建设模式

随着我国产业新城相关的国家政策及土地政策的先后出台，产业新城的建设模式将会得到进一步优化和调整，应结合我国不同地域不同行政级别的特色和特点，有针对性地创新产业新城建设模式。利用政府较强的行政管理能力和综合调节能力来指引产业新城建设，提高企业的主动性和积极性，激发企业的经营活力，进一步促使政府和市场在产业新城建设中发挥各自的长处。同时，合理配置社会资源，增强社会闲散资金的利用率，分担政府的财政负担，提高社会资本的参与度，充分发挥市场的竞争机制。另外，要加强政府和企业抵御各类风险的能力，通过营造良好的政治法律环境，加快基础

设施建设步伐，缩短产业新城的建设周期，构建绿色生态系统，最大限度地实现经济效益和社会效益的统一。

参考文献

梁宏志：《城市新区建设开发模式研究》，武汉理工大学博士学位论文，2010。

马一田：《浅析 PPP 模式在产业新城建设中的应用》，《农村经济与科技》2017 年第 18 期。

《引领我国城镇化健康发展的纲领性文件——专家谈〈国家新型城镇化规划（2014 ~ 2020 年）〉》，《小城镇建设》2014 年第 4 期。

《国务院关于印发“十三五”国家战略性新兴产业发展规划的通知》，2016 年 11 月。

前瞻产业研究院：《我国产业新城未来前景分析》，百度文库，https：//wenku.baidu.com/view/9648abc4d5d8d15abe23482fb4daa58da0111cdf.html，2018 年 6 月 30 日。

王雯慧：《田园综合体能否成为乡村振兴新引擎?》，《中国农村科技》2018 年第 3 期。

B.4

产业新城基础设施建设投融资问题研究

郭志远*

摘　要： 作为一种新兴的建设模式，产业新城在一定程度上代表了技术与产业融合、产业与城市融合、环境与人融合的理念，是中国新型城镇化未来的一面镜子。随着各地产业新城项目的大量建设，必然带来巨大的投融资需求。本文在对我国产业新城基础设施投融资的特点、渠道以及存在的主要问题进行分析的基础上，从财税政策支持、规范投融资平台、鼓励PPP模式、改革土地储备制度、改善投融资环境五个方面提出破解产业新城基础设施建设投融资难题的对策建议。

关键词： 产业新城　基础设施建设　投融资

基础设施建设是一项巨大而复杂的系统性工程，涵盖了道路、供电、供水、供气、垃圾处理、环境卫生和安全防灾等方方面面。基础设施建设是人们生活的保障，是城市运行的基础条件，完善的基础设施是产业新城生存和发展的基础支撑和必需保障。从目前国内产业新城发展情况来看，多数产业新城基础设施建设处于空白或薄弱的状况，所需资金量非常巨大，但是又面临着各种各样的投融资难题，基础设施建设的投融资问题已经成为我国产业新城基础设施建设的最大瓶颈。

---

* 郭志远，博士，河南省社会科学院城市与环境研究所助理研究员。

一　产业新城基础设施建设的特点及主要投融资渠道分析

从经济学的角度来看，基础设施属于典型的公共产品，为整个社会提供服务，具有消费的非排他性特点，其覆盖面和辐射面较为宽广，服务对象既不能单独为某个人或者某个机构服务，也不会仅限于本地区的居民或者企业。与其他项目相比，基础设施建设具有规模大、投资金额巨大、施工周期长、回收资金难等特点，必须有足够长的营运时间才能实现收益。

（一）产业新城基础设施的特点

1. 消费的非排他性和竞争性

基础设施属于典型的公共产品，具有消费的非排他性和竞争性。在一个城市或地区，虽然每个人都可以享受基础设施带来的便捷和舒适，但是过度使用也会影响到每个人的消费体验。同时由于“搭便车”问题的存在，决定了基础设施建设很难单独由私人提供，必须要发挥政府作用。

2. 规模效益明显

当基础设施的用户达到一定规模以后，多为一个用户提供服务所需要的边际成本近乎为零。以供水管网建设为例，由一家提供可以避免重复建设，节约大量的建设成本。一旦管网建成以后，可以达到不增加成本而为非常多的客户提供服务，即使引入市场竞争也只会带来重复建设而不是提升服务质量，造成不必要的资源浪费。

3. 正外部性

正外部性的存在是基础设施另外一个重要特征，除了运营本身所具有的经济效益外，基础设施还会产生广泛的社会效益。比如，绿水青山的建设不仅能够改善居住环境，提升住宅价格，还能为每个人提供享受生态环境改善带来的身体健康和精神愉悦；交通路网的改善不仅能够为人们出行提供便利，还能显著降低企业运输成本。这些无法由市场手段来衡量的收益，需要通过政府“有形之手”来协调。

（二）产业新城基础设施投融资的特点

1. 投资规模大，回收周期长

产业新城道路、电力、供水、供气等基础设施建设项目所需资金量巨大，而且建设周期和投资回收期较长，单靠企业来投资建设和运营难以实现，必需要发挥政府支持作用。

2. 投融资方式多样化

基础设施既有生态环保建设这样的纯公共产品，也有道路、公园这样的准公共产品，还有供水、供电这样的收费产品。不同类型的基础设施所具有的特点不尽相同，所需要的投融资方式也不相同，既可以由政府财政投资，也可以由企业投资，还可以通过公私合营的 PPP 模式融资。

3. 政府调控不可或缺

基础设施建设往往需要对当地经济社会发展进行全局和长远考虑，再加上较长的建设周期，政府宏观层面的计划统筹就显得很有必要。同时，其公共产品属性又决定了单靠市场机制很难满足城市发展和居民生产生活需求，必须通过政府调控来弥补市场调节的不足。

（三）产业新城基础设施建设投融资的主要渠道

1. 体制内融资

体制内融资主要是指由财政预算安排的融资行为，产业新城多数在县级政府管辖范围内，由于我国现行财税体制的制约和产业新城前期经济基础薄弱的现状，产业新城基础设施建设所能获得的财政资金支持非常有限，土地出让金就不可避免地在产业新城基础设施建设和运营维护中发挥着重要作用，土地出让金成为重要的资金来源。随着各地产业新城建设的快速展开，体制内融资渠道已经越来越难以满足巨大的建设资金需求。产业新城的基础设施融资模式也必然要经历从“以财政投入为主、银行信贷为辅”到“土地财政为主，财政投入、银行信贷为辅”，进而到“打包信贷为主导的多元化融资”的路径。

2. 体制外融资

体制外融资是指以政府信用为保障，以地方政府融资平台为载体的政府信用融资，主要包括基金融资、银行贷款、信托融资、公司债、公私合营（PPP）等方式。在PPP模式出现之前，地方政府主要是通过注入各种资产作为抵押来向金融机构申请贷款来获得资金，后期再通过财政收入、基础设施建设维护税等收入来偿还。公私合营是地方政府通过签订长期协议的方式，授权某一家或几家企业代替政府进行基础设施建设、运营和管理，在实际操作中，又以建设—经营—转让（BOT）、移交—经营—移交（TOT）、PPP为常见模式。公私合营的好处是由投资企业与政府共担项目风险，可以有效化解地方政府债务压力。目前国内在这方面做得相对较好的是轨道交通和产业新城两个领域。以固安产业新城、嘉善产业产业新城为代表的一批产业新城PPP项目取得了成功，得到了国家财政部的高度认可，并在全国推广。

二　当前我国产业新城基础设施建设投融资存在的主要问题

产业新城由于其所处的地理位置和发展阶段，决定了基础设施建设需求较大，目前国内产业新城在基础设施建设过程中普遍存在融资难题，面临投融资主体单一、融资渠道不畅、政府债务负担重、土地财政难以持续等问题，投融资问题已经成为我国产业新城基础设施建设的最大瓶颈。

（一）建设资金需求缺口大

当前，各地产业新城项目如雨后春笋一般冒出，投入其中的企业越来越多，项目数量更是快速增长。著名的“产业新城运营商”华夏幸福仅在郑州大都市区周边就布局了包括武陟、获嘉、新郑、长葛、祥符和新密6个产业新城，在全国布局了几十个产业新城。产业新城多数位于大城市周边的“空白”地区，有些地区经济发展有待提速，基础设施底子薄弱。随着产业新城项目的启动，区域内的产业将会快速发展，人口也会快速聚集，对基础设施的需求也越来越大，为满足不断增长的基础设施需求，必然要投入大量的资金。随着各地产业新城建设的快速推进，基础设施建设将面临巨大的资金缺口。

（二）融资来源渠道单一

产业新城多数布局在城郊，归县或者区一级行政部门管辖，基于现在的财政管理体制，市级以下政府的财政实力相对较弱，再加上产业新城所在地区经济发展相对滞后，单靠体制内融资难以满足产业新城迅猛发展的资金需求。从融资主体来看，由于基础设施的公共产品属性，人们普遍认为政府应是基础设施建设的投资主体，这也造成长期以来基础设施主要依靠财政投入，而社会投资占比较小的局面。从融资方式来看，一些产业新城基础设施建设资金还主要依靠政府搭建各类投融资平台进行贷款融资，BOT、PPP 等融资方式尚未得到广泛应用，通过政府发行市政债券的融资方式也很少。从融资渠道来看，产业新城建设的融资渠道不畅，建设资金筹措难度日益加大。究其原因，一是随着国家对地方融资平台的规范整顿，地方融资平台筹措资金出现困难，通过地方举债进行城镇化建设也受到一定的影响。二是尽管近年来国家逐渐放宽了民间资本进入城镇化建设市场的准入范围，但是由于土地制度的制约，以及政策落地难等原因，社会资本进入产业新城基础设施领域门槛仍然较高，障碍依然存在。对于社会资本方，PPP 模式不仅能够为其提供分享建设基础设施项目利润的机会，在项目开展过程中，私人部门还能够通过发挥自身优势，将充足资金、先进技术应用到建设中去并获得额外收益。

（三）融资渠道相对不畅

许多产业新城基础设施投融资渠道尚未通畅，项目建设资金筹措难度较大。主要表现在以下三个方面，一是针对近年来地方政府债务负担偏高的风险，国家开始对各种地方性融资平台加强监管，金融机构也开始收紧地方融资平台贷款，产业新城基础设施建设通过地方政府平台进行融资必然受到一定影响。二是民间资本进入产业新城基础设施领域的渠道仍不畅通。虽然近年来各地方政府不断放宽投资领域限制，鼓励社会资本投资基础设施建设，但是受长期以来计划经济的影响及相关政策落实难以一步到位的制约，各路民间资本进入产业新城基础设施建设领域的障碍依然存在。三是现有制度体系还没有从法律层面解决地方政府发行债券问题，很多产业新城基础设施建设项目不在地方债发行试点范围中，通过地方债融资还存在法律和政策障碍。此外，我国已经成为全球最大的 PPP 市场，PPP 模式出现“过于应用”“运动式发展”苗头，国家也开始对 PPP 项目加强管理，通过 PPP 进行融资也受到限制。

（四）地方政府债务风险不断加大

随着城镇化的快速推进，基础设施建设规模不断扩大，地方政府债务风险不断累积。在过去很长一段时间，金融监管政策比较宽松，融资平台成为重要的运作模式，城镇化的快速发展，融资平台的作用功不可没，产业新城基础设施建设所需资金大多数来自地方政府融资平台，债务风险也不容忽视。一些地方政府为了追求经济快速增长和城镇化率的提升，大量上马基础设施建设项目，对资金的需求量远超过财政承担范畴，不能不进行各种形式的融资；再加上地方政府本来就承担着的教育、医疗、养老等民生项目支出，通过发行债务才能完成目标任务。为解决城镇化建设中的资金需求，各地纷纷设立建投、城投公司，融资规模急剧膨胀。地方融资平台大多由地方政府经营，容易忽视风险控制。地方政府各种融资平台贷款虽然名义上是公司贷款，但实质上仍是地方政府负债。由于融资平台监管缺位，虽然总体上风险可控，但是隐性债务规模仍在不断累积，一些产业新城所在地的政府债务规模仍有扩大的风险。

（五）土地财政的弊端越来越显现

在过去很长时间里，不少地区基础设施建设中的资金需求是依靠土地出让金来筹集，虽然在一定程度上缓解了地方政府基础设施建设资金严重不足的困难，但是土地作为一种稀缺资源，只会越用越少，仅靠一次性的土地出让来解决基础设施建设资金需求问题，显然是不可持续的，从国际城镇化发展经验来看，从来没有哪个国家或地区的城镇化进程是靠土地财政来完成的。当前，地方政府对土地财政依赖所带来的负面影响也在日渐显现。过高的地价和房价会对外来投资和人才引进形成阻碍，在一定程度上透支了产业新城的健康可持续发展，也必然会削弱产业新城的竞争力。随着国家房地产调控力度的不断加大，一些地方住房库存量过大，房价出现了回落，土地也出现流拍，再像过去那样通过土地财政进行大规模的基础设施建设“难以为继。

三 破解产业新城基础设施建设投融资难题的对策建议

未来一个时期，我国新型城镇化战略将会继续快速推进，产业新城也将迎来发展的黄金阶段和关键时期，各地产业新城基础设施建设必然需要大量的资金投入。为此，必须加快完善投融资体制机制，为产业新城基础设施建设、为产业新城的快速发展提供强有力的资金支持和保障。

（一）加强财税政策对基础设施建设的支持力度

基础设施的公共产品属性，决定了产业新城基础设施建设离不开财税资金支持。面向未来，需要继续发挥财政资金的引导作用，加强财税政策对产业新城基础设施建设的支持力度。一是加大财政资金对产业新城基础设施建设的支持力度。坚持规划先行，加强规划引领作用，从制定规划时就要对产业新城基础设施项目优先立项，财政部门要优先安排资金支持产业新城基础设施建设，确保建设资金足额落实。二是对产业新城基础设施中的准公共产品项目要加快制定优惠政策，对社会资本投资者予以合理补偿，充分激发民间资本投资产业新城基础设施建设的积极性。三是加强和规范城建税的征收和清缴。加强城建税的收缴力度，能够切实增强产业新城基础设施建设的资金保障。此外，还应全面加强产业新城的水、电、气、暖等准公共产品的价格改革，尽快形成科学合理的价格形成机制和可持续运行机制。

（二）推动地方政府投融资平台规范化发展

继续深化投融资体制机制改革和创新，推动地方政府融资平台规范化发展。一是加快投融资管理体制改革，按照“政企分开、政资分开”的原则，理清融资平台与地方政府的关系。政府只是作为规则制定者出现，将发展的主动权和自主权归还给融资平台，发挥市场机制决定性作用，激发融资平台活力。二是加强对融资平台的监管，推动省、市、县级政府融资平台规范发展。三是按照专业金融机构的标准加快融资平台公司制改造，完善公司治理结构和内部控制制度，聘请金融专业人才担任经营管理者，实现科学化管理、规范化运作，降低融资风险，充分发挥投融资平台在产业新城建设中的作用。

（三）鼓励政府与社会资本合作（PPP）规范有序运行

加快制定政策，针对不同类型 PPP 项目，采取多种方式支持社会资本参与，充分发挥民营资本的活力。通过税收、补贴等措施，鼓励社会资本以多种形式投资交通、供水、供电、燃气、暖气等城市基础设施建设项目。在产业新城 PPP 项目运作过程中，既要引导民营企业规范运作，也要保证地方政府依法履约。加强对参与 PPP 项目民营企业的信用评级工作，引导机构根据信用评级结果对民营企业进行融资支持。

（四）改革完善土地储备制度

依据城市规划编制产业新城基础设施建设规划和融资规划。增强规划的权威性和引导性，并以此作为各类开发建设、招商引资的纲领，吸引金融机构及社会资本进入产业新城基础设施建设领域。各地方政府尽快出台并完善产业新城《土地出让收支管理办法》，将国有土地使用权出让总价款全额纳入地方预算，缴入地方国库，实行收支两条线管理。将有一定回报的项目推向市场，吸引社会各类投资主体进入，进行商业化操作和产业化经营。通过适当补贴和相关政策进行投资补偿，以保障投资者的合理收益。由发改、财政等相关部门制定相关的配套收费政策和建立经营收益补偿机制，吸引外来投资者参与建设。将有价值的资源和建设同基础设施项目捆绑在一起运作，最大限度吸引金融资本、社会资本投入产业新城基础设施建设。

（五）创造民间资本参与产业新城 PPP 项目的良好环境

各级政府尽快出台相关政策，促进产业新城基础设施领域进一步向民间资本开放，除国家法律法规明确禁止准入的行业和领域外，都可以采用 PPP 形式运作。在制定产业新城基础设施建设相关政策、规划和方案时，注重听取民营企业的意见，充分吸收采纳民营企业的合理建议，消除社会资本进入产业新城 PPP 项目的后顾之忧。加快构建“亲”“清”新型政商关系，为社会资本参与产业新城 PPP 项目创造公开、公平、公正的市场环境。建立健全产业新城 PPP 项目守信践诺机制，客观评价准确记录地方政府和民营企业履约情况。将严重失信的地方政府和企业纳入黑名单，并进行联合惩戒。

参考文献

杨志勇：《我国城镇化融资方式分析》，《中国金融》2011 年第 17 期。

王朝阳、谢晨、何德旭：《规范地方政府融资平台的若干建议》，《中国发展观察》2010 年第 9 期。

胡朝晖：《建立适应我国城镇化发展要求的地方公债制度》，《宏观经济管理》2011 年第 7 期。

张文龙：《市域城镇化建设的投融资体制机制创新研究》，《科技日报》2011 年 7 月 15 日。

石亚东、李传永：《我国城市基础设施投融资体制改革的难点分析》，《中央财经大学学报》2010 年第 7 期。

唐晓旺：《河南省城镇化建设投融资问题研究》，载《河南城市发展报告（2012）》，社会科学文献出版社，2012。

郭小燕：《多元化的城镇化投融资机制创新研究》，载《河南城市发展报告（2015）》，社会科学文献出版社，2015。

B.5
产业新城人居环境研究

刘丽丽*

摘　要： 产业新城是一种产业园区的高级形态，注重产业和城市的并行发展。推动产业新城人居环境的优化对产业新城健康、可持续发展和满足居民对美好生活的需要而言具有重要意义。目前，我国产业新城在社会环境、生态环境、经济环境方面取得一定进展，但仍然面临一些突出问题。例如，城市的生活服务配套不完善、职住不平衡等。未来，我国产业新城在发展和建设过程中，将着重从产业新城规划引领、提高城市公共服务水平、建设公共交通体系等方面着手，采取有效措施，逐步优化我国产业新城的人居环境。

关键词： 产业新城　人居环境　可持续发展

改革开放以来，随着我国城市化进程日益迅速，城市人口规模急剧增加，生态空间过度占用，随之带来能源紧缺、大气污染、垃圾污染、水污染、土壤污染、噪声污染等一系列生态环境压力。人居生态环境问题也逐渐受到国家的重视，党的十九大提出，坚持人与自然和谐共生是新时代坚持和发展中国特色社会主义基本方略的重要内容，建设美丽中国成为全面建设中国特色社会主义现代化强国的重大目标。特别是在新常态背景下，中国经济增长方式发生转变，从要素驱动、投资驱动转向了创新驱动，经济朝向绿

* 刘丽丽，博士，郑州轻工业大学经济与管理学院讲师。

色、低碳和循环方向发展。产业新城作为一种新型开发模式，是在新型城镇化和城乡一体化背景下，以人为核心，以产业发展为基石，以“绿色、低碳、可持续”为发展要求，以“产城融合”为标志的城市发展创新模式。因此，产业新城在开发、建设过程中，只有以人为核心，将产业集中于良好的生态环境中，将居民聚集在优良的人居环境中，才能实现产业新城的可持续发展。

一　人居环境的内涵

1968 年，希腊学者道萨迪亚斯在《人类聚居学》中提出了人类聚居科学的理论。他将人居环境形容为一个空间现象，包含由人、社会、自然、建筑和网络五种本质元素，并提出应将乡村、城镇和城市等所有人类聚居区作为整体进行系统研究。道萨迪亚斯的人类聚居理论的提出主要是根据西方国家的现象和经验，对人口稠密、经济发展迅速的发展中国家涉及不多。

改革开放以来，我国的城市化快速发展，由此产生的人口、资源、交通和住房等城市问题日益凸显。然而，面对这些问题，现有的城市规划等学科难以提出有效的对策。在此背景下，以吴良镛院士为代表的中国学者在道氏人类聚居理论的基础上结合我国的社会实际情况提出并构建了我国的人居环境科学体系。该体系认为，人居环境分为自然系统、人类系统、居住系统、社会系统和支撑系统五大系统。其中，自然系统主要是指与人居环境相关的由气候、土地、水文等构成的自然系统，侧重于自然体系的运行原理和机制；人类系统更侧重于人的心理、生理及行为；居住系统主要指人类系统和社会系统等需要的居住物质环境及艺术特征；社会系统是指人类聚居过程中产生的社会关系、法律等；支撑系统主要是指服务于人类生活的基础设施，包括公共服务系统、交通系统和通信系统等。在这五大系统中，人类系统与自然系统是两个基本系统，居住系统与支撑系统是由人工创造和建设的。根据人类聚居的类型和规模，人居环境科学范围分为全球、区域（国家）、城市、社区（村镇）和建筑五大层次。其中，城市这一层次的人居环境问题出现的最多，也最为集中。随后，吴良镛院士又提出了人居环境建设的五大原则：生态原则，正视生态的困境，增强生态意识；经济原则，人居环境建设与经济发展良性互动；技术原则，发展科学技术，推动经济发展和社会繁荣；社会原则，关怀广大人民群众，重视社会发展整体利益；文化原则，科学追求与艺术创造相结合。

二　重视产业新城人居环境的重要意义

（一）满足人民日益增长的美好生活需求的基础

改革开放40年来，中国特色社会主义进入新时代，社会主要矛盾转化为人民日益增长的美好生活需要和不平衡、不充分的发展之间的矛盾。人民群众对美好生活的需要不仅提高了对物质文化生活的要求，并且在民主、法治、正义、公平、安全、环境等方面的要求日益增长。这些对城市建设和发展提出了更新更高的要求。

在人居环境的五大系统中，自然系统是基础，人的生产、生活等活动都离不开自然背景。然而，我国经济的高速发展，城镇化的“赶超式”发展，使自然生态环境遭到了严重破坏，城市空气污染、土壤重金属化、水质量下降等生态失衡事件频频发生，这些都严重影响了城市居民的正常工作和生活。以大气污染为例，根据郑州空气质量指数等级的月变化趋势分析，每年冬季空气污染最为严重，如2013冬季郑州市污染天数占比为69.93%，2014冬季为84.60%，后随着大气污染防治工作的进行，污染天数有所下降，但在2018年冬仍有近一半的天数为污染天气。雾霾天气的持续爆发对居民的身体健康、日常生活和工作造成了较大的影响。

产业新城作为大量人口聚集进行生产生活的新城，提高优化产业新城的人居环境就是立足于增进民生福祉这一出发点和落脚点。完善基础设施和公共服务体系，优化生态环境，为居民提供好的教育、更稳定的工作、更满意的收入、更可靠的社会保障、更高水平的医疗卫生服务、更舒适的居住条

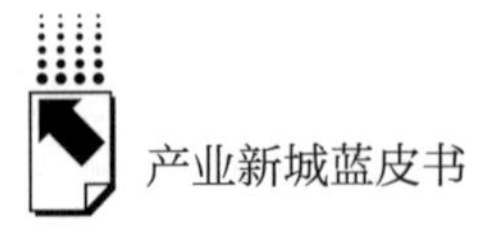

件、更优美的环境和更丰富的精神文化生活，从而更好地满足人民群众对美好生活向往的期待。

（二）实现产业新城可持续发展的必要条件

纵观城市发展史，古代城市是以军事和政治为目的的“政治城市”，现代城市则是以工业和商业为核心功能的“经济城市”。追求经济增长是城市发展的中心，但到了20世纪中叶，环境污染日益加重，特别是伦敦烟雾事件、洛杉矶光化学污染事件等公害事件不断发生，让人们意识到单纯经济发展，忽略生态环境是行不通的。在此背景下，1980年国际自然保护同盟在《世界自然资源保护大纲》中，首次提出可持续发展（Sustainable Development）这一概念。1987年在《我们共同的未来》研究报告中，将可持续发展定义为“既满足当代人的需求，又不对后代人满足其自身需求的能力构成危害的发展”。资源与环境、经济和社会的协调发展是可持续发展的基础。

20世纪城市规划理论家刘易斯·芒福德在《城市发展史：起源、演变和前景》一书中指出：“城市不只是建筑物的集群，它更是各种密切相关并经常相互影响的各个功能的复合体。”城市的经济发展和人居环境之间存在相互制约、相互促进的关系。一方面城市经济的发展是良好人居环境前提和基础。经济发展为城市人居环境优化建设提供财政和技术支持，推动城市功能完善；与此同时，经济发展引发空气污染、交通拥堵、房价虚高、自然资源破坏等问题。另一方面城市人居环境是城市发展经济的保障。生态宜居的人居环境能够吸引并留住人才，为城市发展提供充足良好的人力资源；不良的城市人居环境则会造成人才、资金以及技术的流失，势必影响经济社会的健康发展。尤其在经济新常态的背景下，城市经济的发展程度取决城市拥有的智力资源优势。宜居的人居环境吸引优秀人才，优秀人才带动高新技术产业，产业的经济收益又进一步优化城市人居环境，从而形成良性循环。例如，位于苏州城东的江苏工业园区，自1994年获批启动建设开始，始终坚持“无规划、不开发”的理念，服务业增加值占GDP比重达44%，区域环境质量综合指数达97.4，获得“国家商务旅游示范区”“国家生态工业示范园区”等称号；园区构建了有特色的社区为民服务模式，即“一口受理＋一门办结＋全科社工＋全天服务”；仅2018年落实民生实事项目26项，涉及就业、教育、健康、空气、水质、居住、社会保障、城市功能等诸多与生活息息相关的内容。在经济发展方面，2018年苏州工业园区实现地区生产总值2570亿元，同比增长7.1%；一般公共预算收入350.02亿元，税收收入329.54亿元，占一般公共预算收入的94.15%；城镇居民可支配收入71191元，同比增长7.8%。

三　产业新城人居环境现状分析

随着我国城镇化进程和经济发展，我国工业园区形态也不断演变。从传统的以产业为主导的园区，发展到现在“产城一体”的综合性产业新城。产业新城的根本在于“城”，它有别于传统工业园区便是具有完整的城市功能，城市功能结构更为全面、复合，既要满足产业的基本配套，还要有完善的住宅、生活、商业、休闲娱乐和教育医疗等生活功能配套。

对城市人居环境优劣的分析，国内外学者和政府部门的研究具有多样性，其评价标准和角度不尽相同。李雪铭和晋培育在参考前人研究的基础上，构建了中国地级及以上城市人居环境综合评价指标体系。该综合评价指标体系共有四个部分构成，分别是社会经济环境、居住环境、基础设施和公共服务环境以及生态环境。王淼和李雪铭从经济、社会、生态和自然环境四个方面构建城市人居环境适宜度评价系统对大连市其中4个区的人居环境进行评价。中国城市科学研究会于2007年正式公布了《宜居城市科学评价标准》，该标准从社会、经济、资源、环境、安全和生活六个方面对城市宜居性进行评分。综合研究学者和各组织机构的评价标准，结合《生态文明建设目标评价考核办法》，本文选取了可以反映经济新常态要求的三个角度，即社会环境、生态环境、经济环境，对我国产业新城的人居环境现状进行分析。

（一）社会环境日趋完善

2014年发布的《国家新型城镇化规划（2014～2020年）》提出，要统筹办公区、生产区、商业区和生活区等城市功能区的规划建设，促进产城融合。因此，产业新城的建设应重视城市功能均衡，注重城区居住、商业、办公、休闲、公共设施等方面的均衡协调发展，为新城区居民提供多元化的城市服务。例如，位于北京天安门正南50公里的固安产业新城，在建设之初就已经明确了科学合理规划的重要性，诚邀9个国家40多位规划大师进行城市规划设计。目前在交通方面，固安产业新城累计完工道路170条共194公里，并有4条公交线路；在教育方面，通过北京八中固安分校、5个幸福幼儿园、4个幸福学校和1所职业教育学院等，覆盖了从幼儿园到大学的教育，构建全龄教育体系；在医疗方面，固安新城构建三甲医院、社区医院和社区诊所多层次医疗体系；在住宅方面，固安新城建设了高层公寓、联排别墅、独栋别墅等多层次住房体系，住宅绿化率达到35%，满足不同人群的住房需要。再如，作为国家级高新科技产业园区，张江高科技园区强调引入技术人才和高端产业。为此，张江高科技园依靠政府资源引进名牌高校和科研院所近20家；在企业服务上，张江高科技园区建立了专利、咨询、评估、会计、审计、律师等完备的中介服务体系，并建立了张江行政服务中心，采用“一口受理、一门办结”的业务模式。截至2017年，张江高科技园中从业人员大专以上学历达56%，拥有硕士约4万人，博士5500余人，有中央“千人计划”人才96人。2017年武汉东湖新技术开发区民生事业加速发展，建成投用3所学校，改扩建完工5所学校，新增学位5500个；新增社会资本举办的医疗机构24家；“四水共治”市级考核投资目标超额完成，左岭污水处理厂一厂二期扩容项目竣工；快速公交系统东延线示范段、雄楚大街改造竣工通车，有轨电车T1、T2线全线试运行；中国光谷科技会展中心投入使用等。

（二）生态环境不断改善

党的十八大将生态文明写入党章，党的十九大提出要加快生态文明体制改革，建设美丽中国。产业新城作为一种新型综合开发模式，只有以人为核心，将产业集中于良好的生态环境中，才能实现产业新城的可持续发展。例如，亿达中国武汉软件新城被称为武汉最美园区，始终坚持100%的绿色建筑比例、50%的绿化覆盖率，并拥有11.3万亩的绿色廊道与森林、湖景相融合，3600棵原生森林树种保护，最终形成“生产、生活、生态”三生融合的产业新城。截至2016年底，固安产业新城已建设200万平方米的城市环线绿廊、14万平方米的中央公园、13万平方米孔雀大湖、50万平方米大广带状公园、100万平方米自行车运动公园等，城区绿地面积为600万平方米，绿化率达到44.8%。浙江嘉善拥有丰富的水资源，在新城规划建设中秉承“善”文化和自然特点建设成以水为带系的生态景观。截至2018年建设并整治8条河道，完成景观绿化面积约30万平方米，构建起集生态涵养、文艺体验、休闲交流为一体的“蓝+绿”生态底板。

（三）经济环境不断提高

经济是产业新城产城融合的基础，也是城市发展的基础。我国产业新城根据自身独特的资源和优势，确定不同的产业定位，并随着形势的改变而进行调整，经济增长迅速。1994年，江苏省人民政府批准将娄葑乡和跨塘镇、斜塘镇、唯亭镇、胜浦镇一乡四镇成建制划归苏州市人民政府直接管辖，由苏州工业园区管委会使行政管理职能，园区行政区域基本形成。25年来，苏州工业园区一直保持着持续、健康、快速的发展态势，构建起特色产业体系和创新生态。电子信息、机械制造两大主导产业正在迈向中高端；人工智能、生物医药、纳米技术应用三大特色新兴产业快速崛起，年均增速30%左右。如今，园区经过多年培育已实现上市企业23家，新三板累计挂牌企业111家（因并购及转板等摘牌35家、现挂牌企业76家），为加快建设世界一流高科技产业园区助力。2018年，园区实现全口径财政收入652.8亿元，较1994年3937万元增长了1657倍，年均增长36.2%；其中一般公共预算收入350.0亿元，较1994年2150万元增长了1627倍，年均增长36.1%；在财政支出中，民生支出占比不断提高，2018年一般公共预算支出中民生支出占比达74.2%，较2013年的64.0%大幅提高了10.2个百分点。再如，上海张

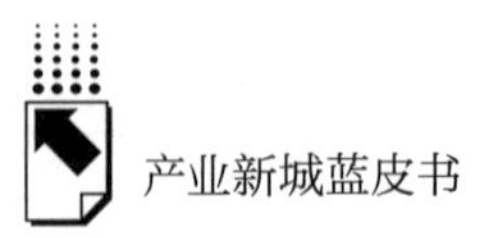

江高科技园区成立于1992年，目前已经形成以生物医药产业、信息技术产业和文化创意产业三大产业集群。2017年园区完成生物医药产业总产值633亿元，信息技术产业总产值2845亿元，文化创意产业1563亿元，并获得“中国文化产业园区100强”第一名。全年地区生产总值增长7.6%；完成规模以上工业总产值2350.81亿元，同比增长9.8%。固定资产投资975.56亿元，同比增长12.1%；其中工业投资360.08亿元，同比增长17.9%。外贸出口705.60亿元，同比增长2.9%。一般公共预算总收入231.60亿元，同比增长20.2%。全年新增企业14640家，平均每个工作日新增59家。培育瞪羚企业320家，新增高新技术企业455家、总数达1848家，居全国高新区第4位，新增独角兽企业2家、总数达4家，为中西部地区最多。

四　产业新城建设发展过程中面临人居环境方面的主要问题

目前，我国经济增长放缓，进入发展新常态的阶段，产业新城是大城市边缘区域经济发展最为迅速的地区，在城市人居环境建设和优化方面也取得一定进展，但仍然面临一些突出问题。

（一）生活服务配套有待提高

完善的公共配套是产业新城持续发展的重要条件。产业新城15分钟范围内的公共交通、文娱、商业、学校、医院等配套的完善程度体现了新城的公共服务能力。但是在我国产业新城建设过程中，特别是建设初期，生活配套落后于产业发展。随着产业新城经济的发展，居民的生活方式、需求水平都会发生变化，而其未来公共交通等公共服务的升级换代也会对居民日常生活产生影响。因此，产业新城在设计之初就应留有余地，以便未来能够合理调整城市规划，以适应新的社会变化。同时，产业新城在医疗设施和教育资源方面是公共配套的主要短板。目前，多数产业新城优质的医疗、教育需求仍然依靠外部城市资源解决。在文化建设方面，现行的产业新城多数缺乏文化生活建设，没有组织丰富的、系统的居民日常文化生活活动。在能够满足新城居民基本生活需要的基础上，产业新城应积极进行文化生活配套建设，丰富居民文化生活，提高居民幸福感。

（二）职住不平衡有待改善

产业新城的生活宜居不仅在于生态环境的优化和居住品质的提升，更在于生活和工作的平衡上。职住平衡即是产业新城内所居住的居民人数和提供的就业岗位在数量上大致相当，并且大部分居民能够实现就近工作，通勤距离和时间都在一个合理的范围内。目前，我国产业新城多位于大城市边缘的区域或非核心城区，发挥着主城区产业结构调整和产业转移的重要职能。但是，现在我国产业新城的职住平衡度较差，大多数城区的就业者在本地的居住率低于30%，通勤时间超过40分钟。例如，苏州工业园区娄江快速路、东环路、独墅湖大道等与主城区相连的交通干道在上下班高峰期间流量较高，存在交通拥堵现象。

总体来看，产业新城在建设初期对新城各个功能区都应有科学划分，但是新城建设体量较大，一般需要分期开发建设，城市配套发展和产业引入难免发生不同步情况。城市配套建设存在滞后性，园区从业人员往往采取城外居住城内工作的方式，常住人口较少，形成了大运量的钟摆式通勤，人口导入能力弱。另外，产业新城提供的住宅与就业者的购买力不比配，也是造成职住不平衡的一个原因。例如，新城若提供大量的高端住宅，但未能提供足够多的高薪水就业岗位，就造成了高收入人群的职住分离。未来产业新城应合理规划各功能分区，协调新城建设中的开发时序，实现产业新城的功能融合，提高新城的职住平衡度。

只有不断提升产业新城生活服务配套设施，提高产业新城的城市承载能力，才能有效引入居住人口，最终实现“以产兴城、以城带产、产城融合”。

五　产业新城提升人居环境的对策建议

（一）城市规划要有合理性和预见性

产业新城规划是城市建设和发展的蓝图，是未来新城居民生活和工作的场所，应根据新城的地理环境、产业定位、人文条件等客观情况制定整体发展计划，对新城区的空间布局、土地布局和公共基础设施建设等进行统筹安排，协调城市各方面的发展，最终实现“产业高度集聚、城市功能完善、人居环境幸福”的目标。

产业新城的城市规划应与产业规划、土地利用和生态建设多个规划相融合，实现“多规合一”。产业新城项目在确立之初，运营主体对区域经济发展战略、产业基础、资源禀赋、人力情况等方面进行研究，选定最合适的主导产业和培育产业，确定产业新城的产业定位。在此基础上，制定产业新城的空间战略规划，控制开发时序，以及各类空间和功能的融合。另外，产业新城有别于一般城市，其城市人口构成是从单一的从业人口转变成复杂的居住人口。在不同阶段，产业新城的居民对住房以及公共服务设施的功能及建设水平要求完全不同。因此，产业新城的城市规划应具有前瞻性，预留用地以便城市规划的调整。

（二）不断提高产业新城的公共服务水平

产业新城公共配套设施主要体现在医疗、教育、环境、商业、公共交通等的建设水平。以人为核心的产业新城建造理念，必须重视“人的问题”，逐步打造高品质的生态环境以及方便快捷的社区服务，并提高产业新城医疗资源、教育资源、休闲娱乐设施资源。在生活区打造方面，应配套建设多层次的住房体系，满足不同居民的需要；在商业配套方面，超市、银行、休闲娱乐中心、酒店等满足企业和居民日常商务和生活的需要；在教育、医疗方面，引入品牌幼儿园、中小学、教育培训机构，以及优质医院、医保定点机构等，提高教育和医疗水平。以人为核心的产业新城，其经济的发展最终结果应服务于人本身。只有完备的城市功能才能做到“筑巢引凤”，吸引高端人才和外来资金。

在建设产业新城各类生活所需的服务配套以外，还应该注重文化建设。由特定历史或地域环境形成的具有地方特色的地方文化或民俗是多样化人居环境的重要部分，产业新城应继承本地的传统文化特点。

（三）逐步建立高效、综合、完善的公共交通体系

公共交通是一个城市最重要的基础设施之一，完善的交通体系不仅有利于招商引资也有利于就业，是产业新城基础建设中最重要的一个方面。一是产业新城应根据特有的区位特点，合理编制公共交通发展规划，这是打造新型、完善公共交通体系的重要前提。少数产业新城位于中心城市边缘，可有效利用中心城市的交通资源，在此基础上进行完善。还有一些地理位置距离中心城市较远的产业新城，运营单位应对新城的地理特点合理布局。二是建立多层次的公共交通体系。目前，我国产业新城的公共交通体系层次相对较为单一，需进一步完善公共交通体系，建立以轨道交通为骨干，以地面公交为主体，以共享单车为延伸，以出租汽车为个性化补充的公共交通体系，以满足不同人群、不同距离的出行需求。三是提高公共交通（特别是轨道交通和公交车）覆盖率和运行效率。产业新城应增加住宅、学校、商场等区域之间的公交站点覆盖，消除运营间隔时间，确保运营发车时间的灵活性，全面提高人们出行的便利性和舒适性。建立多层次的公共交通体系，提高公共交通覆盖率和出行效率能够促进居民选择公共交通出行，减少私家车出行比例，缓解上下班高峰期主干道的交通拥堵。

参考文献

李雪铭：《晋培育中国城市人居环境质量特征与时空差异分析》，《地理科学》2012年第5期。

吴良镛：《人居环境科学导论》，中国建筑工业出版社，2001。

王淼、李雪铭：《城市人居环境适宜度评价——以大连市内四区为例》，《西部人居环境学刊》2018 年第 4 期。

吕文青、李业锦：《新常态背景下北京市城市人居生态环境质量评价》，《环境与发展》2018 年第 11 期。

B.6
产业新城承载能力的提升路径及对策建议

王元亮*

摘　要： 提升城市综合承载能力是实现产业新城可持续发展的重要基础。本文在分析产业新城承载能力研究进展、基本特征的基础上，提出了持续优化空间格局，提高新城职住平衡度；加快产城融合发展，塑造双轮驱动发展格局；加强基础设施建设，提升新城的功能和品位；探索绿色集约发展模式，提高经济发展质量和弹性适应等提升产业新城承载能力的主要路径，并提出了把城市规划工作放在首位，开展土地利用综合区划，加强生态环境综合治理，不断创新城市管理等的对策建议。

关键词： 产业新城　空间格局　职住平衡

当前，我国正处于经济由高速增长阶段转向高质量发展阶段。与此同时，一系列城市问题不断涌现，严重制约着城市的健康可持续发展。国家为此提出研究城市综合承载能力，以解决新型城镇化进程中出现的诸多问题。随着我国经济转型升级、产业结构不断优化，城乡经济社会一体化新格局逐渐形成，产业新城逐渐成为推动我国经济转型升级的一种新型城市组织形式和新型城镇化模式。因此，研究产业新城承载能力对缓解资源有限性与产业

* 王元亮，河南省社会科学院科研处助理研究员。

发展需求持续增长之间的矛盾，推进区域经济发展和新型城镇化，实现产业新城高质量、可持续发展，具有重要的现实意义。

一　城市承载能力的研究进展

（一）国外相关研究成果

1. 城市承载能力概念的研究

关于城市承载能力概念的研究，古希腊人最先考虑了城市规模问题，这是城市承载能力研究的雏形。韩国学者 Oh K.（2002）定义了严格的城市承载能力概念，即是一种人类活动、人口增长、土地利用和物质发展水平能使城市人居环境系统可持续发展，同时不引起其退化和不可逆的破坏。

2. 城市组成要素承载能力的研究

城市组成要素承载能力的研究主要包括环境容纳能力（Malthus，1826；Hawden、Palmer，1922）、资源（土地）承载能力（Francois Quesnay，1758；Allan、William Vogot，1949）、生态环境承载能力（Park、Burgess，1921；Bishop，1974）。

3. 城市承载能力对策的研究

在研究城市承载能力对策方面 Onishi（1994）基于市民利用城市基础设施和服务，对东京市中心区的承载能力进行检验，发现就业人口已经超过舒适生活的极限，提出了分散化的政策主张；Greg O'Hare（1998）、Yok-Shiu（1998）、Vinit Mukhija（2002）等从提高居住条件、完善基础设施、更新城市等方面提出了贫民窟治理对策。

（二）国内相关研究成果

1. 城市承载能力内涵研究

在承载对象上，一类以评价要素为基体，人口规模为承载对象（郭志伟，2008）；一类以资源环境为基体，评价要素规模为承载对象（冯晓华，

2009）。在组成要素上，吕斌（2005）、罗亚蒙（2006）、叶裕民（2007）分别从土地、环境资源、就业，战略意义、技术层面以及资源禀赋、生态环境、基础设施和公共服务等综合角度进行阐释。

2. 城市承载力结构模型研究

城市承载力结构模型具代表性的有压力模型（王宇峰，2005）、弓弦箭模型（李东序等，2006）、承载递阶模型（谭文垦，2008）、容器模型（张辽，2010）等。

3. 城市承载能力危机管理研究

在城市承载能力危机管理的研究方面，中国科学技术协会（2008）从城市承载能力的状态、压力和响应的角度，通过预警指标对土地、水资源、交通和环境的承载状态进行评价，并对未来发展的情景调控。

4. 城市群承载能力评价及时空分异研究

在城市群承载能力评价及时空分异的研究方面，刘惠敏（2011）对长三角城市群 16 个大中小城市的土地、水、交通和环境等单要素承载能力进行了评价，认为水资源和土地资源承载能力是制约其经济社会发展的关键因素；贺灿飞（2012）以我国 16 个城市群为研究对象，从资源、环境、生态三个维度构建了基于国土开发压力的城市群承载能力评价体系。

（三）研究述评

综上可见，目前在研究对象尺度上，对城市综合承载力的研究主要集中在城市和城市群层面，而对城市内部层面的研究鲜为少见，尤其是对产业新城层面承载能力的研究比较缺乏，也相应地缺乏提升产业新城承载能力的路径和对策研究。随着产业新城逐渐成为我国新型城镇化可借鉴的模式样本，研究产业新城承载能力对促进区域新型城镇化和产业转型升级，最终实现产业与城市的融合互动发展具有重要的现实价值和意义。

二　产业新城承载能力的基本特征

产业新城作为应对大都市中人口和经济活动过分集中、平衡人口、就

业、居住空间等问题而规划的新的空间单元，与一般城市相比，其承载能力的承载主体、承载客体及其在互动关系上不仅具有一般城市承载能力的共性特征，而且具有显著的个性特征。

（一）共性特征

1. 系统性

与一般城市综合承载能力相比，产业新城通过以产带城、以城促产实现产城融合，其综合承载能力也是由资源、社会、经济、生态环境等多种要素相互影响的复合系统。

2. 阈值性

由于城市资源的有限性、生态系统的脆弱性，城市综合承载能力的大小并不是无限制的，而是具有一定的区间，超过该限制范围，就会超越城市综合承载能力的极限，显著影响城市的可持续发展。

3. 阶段性

由于组成城市综合承载能力要素处在动态的不断变化过程中，在城市不同发展阶段，其综合承载能力的大小也会处在不断变化过程中。

（二）个性特征

1. 人口因素限制突出

产业新城发展不成熟时，难以形成对人口的吸引力。当多数项目人口导入不及预期，产业新城大部分就业人员会采取“主城区居住—园区工作”的方式，产业新城常住人口就相对较少，综合承载能力往往处于盈余状态。

2. 承载机制不完善

在产业新城发展中，如何在区域内吸引更多的产业入驻，促进产业集群发展，激发产业新城承载机制的运行，与一般城市负载运作具有不同的状况。

三　提升产业新城承载能力的路径

从产业新城承载能力的内涵和特征出发，秉持“以产兴城、以城带产、产城融合、城乡一体”的发展理念，从空间布局、产城融合、发展模式和保障支撑四个方面提出提升产业新城承载能力的路径。

（一）持续优化空间格局，提高新城职住平衡度

统筹优化生产空间、生活空间和生态空间三大空间布局，依靠合理规划和适度控制开发时序，实现空间内部功能复合，空间之间分工协作，达到各类空间功能融合，实现生产空间集约高效、生活空间适度宜居、生态空间山清水秀，满足就业人群的生产、生活需求，践行 20 分钟社区理念，采取“职住混合”的布局模式，从根本上提高产业新城内的职住平衡度，最终实现产业、人口及配套等要素的集聚和良性互动。

（二）加快产城融合发展，塑造双轮驱动发展格局

坚持产业优先，产城融合，以产业创新为驱动，以产业升级为导向，优化营商环境，明确产业定位，按照“孵化器—加速器专业园区—产业新城”的产业培植链条进行产业集群构建，科学谋划产业布局，着力推动打造产业新城的产业核心竞争力。重点培育主导产业和区域特色优势产业，形成支撑产业新城发展的现代化产业体系。坚持依靠龙头项目引领，带动产业链上下游聚集，加快发展现代服务业，提升第三产业整体发展质量水平，推动形成产业升级与城市提升双轮驱动、良性互动的发展格局。

（三）加强基础设施建设，提升新城的功能和品位

按照适度超前、功能完善、配套协调的要求，加快推进基础设施建设，提高基础设施的服务保障能力，进一步提升产业新城的功能和品位。一是树立大交通理念，坚持高起点规划、高标准建设、高水平管理，完善畅通毛细血管式的细密路网，形成内部之间高效便捷的交通网络，提高城市交通运行效率。二是实现新城与主城之间基础设施无缝链接。加快完善给排水、电力、通信、燃气、环卫等设施，为新城产业发展和人口提供便利的市政保障。三是进一步健全公共服务设施，针对教育、医疗、商业服务、文体、市

政交通、管理服务，全面建设公共服务配套设施，打造方便快捷生活圈，增强群众的获得感、幸福感和安全感。四是加强地下综合管廊等的基础设施建设，解决反复开挖路面，架空线网密集、管线事故频发等问题，保障城市安全，促进城市集约高效平稳发展。

（四）探索绿色集约发展模式，提高经济发展的质量和弹性

贯彻创新、协调、绿色、开放、共享的新发展理念，把绿色发展和集约节约发展作为持续提高产业新城承载能力的突破口和着力点。做好绿色发展的顶层设计和总体规划，发展循环经济，完善环境管理机制，实施清洁生产和污染物排放总量控制。坚守生态底线，实现生态空间的保育、修复和拓展。推进集约节约用地和功能适度混合，提升土地、水、能源、矿产等自然资源的利用效率，不断提高经济发展的质量和弹性。

四　提升产业新城承载能力的对策建议

（一）把城市规划工作放在首位

根据产业新城承载能力的实际，重点突出资源节约型和环境友好型目标，对标国际范式，契合区域优势，高起点构建城市空间规划体系和产业发展规划，以规划统筹城市形态和产业布局，指导产业新城高起点、高品位建设，形成布局合理、特色鲜明、功能互补、相得益彰的发展格局。

（二）开展土地利用综合区划

根据土地资源禀赋、土地利用现状、经济社会发展阶段、区域发展战略定位的差异进行产业新城内部土地利用综合区划分，确定土地利用模式，引导土地利用空间结构、布局的调整，明确土地利用管理重点，加强土地利用调控，提高土地开发利用率。

（三）加强生态环境综合治理

加强环境执法监管，开展环保专项行动，重点实施重污染企业专项整治，交通干道黑烟污染专项整治，河流沿岸企业违法排污专项整治，对于污染严重超标、污染治理能力差的企业实施停产治理。增加环保投入，进一步加快城市污水处理厂建设规模和速度，对重点流域和区域持续开展环境综合整治。此外，倡导"绿色消费"，形成绿色消费理念，减少生活污染。

（四）不断加强城市管理

一个城市，三分建设，七分管理。产业新城建设是一个逐步推进的过程，但城市管理更是一个常态化、精细化的过程。一是创新管理方式。进一步转变管理理念，在加强政府管理的同时，采用经济手段，引入市场机制，同时借助社会力量，让社会公众积极参与产业新城的管理，保留社会公众一定的参与权。二是提高管理效率。增强城市规划的主动性和前瞻性，更加重视新城发展的质量和效益、重视民生和环保。三是控制管理成本。注重量化管理、科学决策、法制化管理，减少管理中的浪费。

参考文献

石忆邵、尹昌：《应等城市综合承载力的研究进展及展望》，《地理研究》2013 年第 1 期。

谭文垦、石忆邵、孙莉：《关于城市综合承载能力若干理论问题的认识》，《中国人口·资源与环境》2008 年第 1 期。

高京燕、仝凤鸣、吴中兵、邓运：《产业新城发展模式机理分析》，《河南工业大学学报（社会科学版）》2018 年第 1 期。

王丹、陈爽：《城市承载力分区方法研究》，《地理科学进展》2011 年第 5 期。

曾树鑫：《产业新城、特色小镇开发运营模式》，《城市开发》2016 年第 23 期。

郭志伟：《北京市土地资源承载力综合评价研究》，《城市发展研究》2008 年第 5 期。

国土资源部：《资源环境承载力评价重点实验室资源环境承载力评价监测与预警思

路设计》，《中国国土资源经济》2014 年第 4 期。

中国科学技术协会：《中国城市承载力及其危机管理研究报告》，中国科学技术出版社，2008。

叶一剑、宋彦成：《华夏幸福的新选择与产业新城的新价值》，《中国房地产》2018 年第 8 期。

焦永利、于洋：《城市作为一类“特殊产品”的供给模型及其合约结构改进——产业新城开发模式研究》，《城市发展研究》2018 年第 11 期。

王宇彤、张京祥、陈浩：《从产业新城 PPP 透视城市治理结构的变迁——基于增长联盟的视角》，《规划师》2018 年第 12 期。

肖拥军、唐嘉耀：《潜江市华中产业新城田园文旅开发战略解析及功能定位》，《湖北农业科学》2018 年第 21 期。

王启友：《以 PPP 模式打造产业新城　推进成都产业生态圈建设》，《现代商业》2018 年第 26 期。

郑天：《新型城镇化背景下产业新城与特色小镇建设》，《工程建设与设计》2018 年第 13 期。

张建华：《产业新城为县域经济注入新动能》，《智慧中国》2018 年第 4 期。

B.7
提高产业新城土地利用效率研究

陈　昱*

摘　要： 产业新城是我国稳增长、调结构的重要引擎和促进区域协调发展的重要抓手。在高质量发展背景下，产业新城内存在的低效用地，会让创新经济失去落脚点。借鉴瑞典、新加坡、都柏林等发达国家和地区的具体做法，从积极调整城市建设和土地利用的理念和方式、实施更加细化的密度分区管控、充分发挥容积率激励的杠杆手段、大力推进土地混合复合利用、优化土地利用全生命周期监管等方面提出产业新城土地利用效率提升的具体措施。

关键词： 产业新城　土地利用效率　密度分区管控

近年来，我国经济转型升级、产业结构不断优化调整，新型城镇化建设稳步推进，城乡经济社会一体化新格局逐渐形成，产业新城发展模式侧重“以产兴城、以城带产、产城融合、城乡一体”的系统化发展理念，对我国新型城镇化发展起到重要的加速作用，为产业转型升级提供了重要载体，迎合了我国经济转型升级以及新型城镇化快速发展的需要。产业新城的出现已经成为稳增长、调结构的重要引擎和促进区域协调发展的重要抓手。加之国家对产城融合发展、产业创新发展支持力度不断加大，均为产业新城发展提供了重要契机。不可否认，产业新城在为区域经济发展提

---

* 陈昱，博士，郑州轻工业大学经济与管理学院副教授。

供重要内推力的同时，也存在不同程度的土地利用效率低下或闲置现象，不仅违背了国家所倡导的经济高质量发展理念，还会使区域经济发展失去承载空间，影响产业新城内经济快速持续健康发展，失去新城所应有的示范带动效应。

一　产业新城土地利用存在的问题

（一）产业层次有待进一步提升

产业结构是指区域内各产业的构成及各产业之间的联系和比例关系。虽然产业新城内用地类型不同但关联性极强，处理好它们的关系有利于进一步拉伸产业链，形成优势互补的格局，进一步提高土地利用效率，增强新城的综合优势和竞争力。在产业新城内形成合理的产业结构并非一蹴而就，需要综合考虑各产业的优势，经过一定时期的探索逐步形成。尽管大部分产业新城在发展初期就定位较高，但个别产业新城仍然沿袭相对滞后的发展理念，新城规划只重视传统的第二产业以及“三通一平”“七通一平”等基础设施建设，“产城一体”发展理念贯彻不到位，教育、医疗、体育、文化等公共服务设施及运输、物流等与产业新城健康发展和居民生活息息相关的服务业明显不足，在一定程度上影响了新城内企业和居民的生产生活要求；城市基础设施信息化、标准化、精细化、智慧化程度有待进一步提升，其已影响到产业新城内企业转型升级及整体品质的提升。

（二）土地规划不尽合理

在部分产业新城内过多地关注工业、商业用地，对教育、医疗、卫生等用地缺乏前瞻性和全局性规划，导致用地功能分区不显著，配套不合理，资源不能共享。配套设施集聚程度不高、互补性不强造成了重复建设，不仅浪费了大量物力、财力，还使有限的土地资源严重浪费。各个项目用地布局科学统筹不足，布局不集中，盲目追求各种用地类型齐全，忽视了资源的共享性，影响产业新城内企业有效聚集和整体发展，距离产业集聚、规模集中、用地集约的良好局面还有一定的差距。

（三）存在土地闲置现象

地方政府对于产业新城多具有一定的扶持政策，多将区位较优，发展潜力较大的土地用于产业新城开发。新城内土地出让价格相对优惠，发展潜力较优，具有较大的升值潜力和升值空间，有些企业出于盈利目的，在缺乏产业发展总体规划的情况下，盲目圈地拿地不及时投资，个别企业甚至尝试改变土地用途进行房地产开发，使产业新城内不少土地长期处于占而不用状态。随着国家和区域产业政策变化以及市场前景的影响，赢利预期下降，企业项目通过审批立项并获得土地使用权后不再进行投资建设，导致土地闲置浪费严重。

二　国际大都市土地利用效率提升经验

发达国家和地区如瑞典、新加坡、都柏林等，由于经济发展水平高，人地矛盾突出，在城市建设过程中根据发展需要，不断摸索并适时调整区域土地利用效率，形成了一系列可供借鉴的效率提升措施。产业新城属于城市发展的高级阶段，和发达国家、地区相比，在人地关系紧张性、投入产出高效性等方面具有较强的可比性，借鉴其土地利用具体做法，对于提升产业新城土地利用效率具有较强的意义。

（一）优化土地利用重视发挥城市生态和社会效益

城市低碳、生态、绿色发展是解决能源危机、缓解雾霾等生态环境恶化问题的重要途径，国外不少国家和地区都把生态环境保护作为公共政策来引导城市建设与发展。瑞典斯德哥尔摩等城市 20 世纪中后期便逐步利用电力加热等技术逐步取代燃煤加热方式为商业楼宇供热，并对新建建筑物能源一次使用量有明确的硬性规定，要求城市能源利用中可再生能源的使用量不能低于 60%。新加坡要求每一个城镇中必须修建一个不低于 10 公顷的公园，

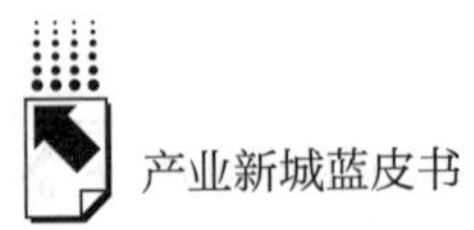

密集住宅区周边1公里内必须有一个面积不小于15公顷的公园，以改善城市生态环境，提升居民居住的舒适感。国际城市与区域规划师协会以荷兰、迪拜、都柏林等为案例进行城市特点分析，认为良好的城市环境应该注重城市文化的塑造，以知识经济和文化多样性来创造愉悦的城市环境，建设学习型社会。

（二）根据不同土地用途实行密度分区管理机制

发达国家和地区特别重视容积率对城市土地利用效率提升的重要管控作用，根据不同的土地利用方式确定其容积率，通过对容积率实施精细化管理，促进城市形成“疏密有致”的城市空间格局。我国香港将居住用地分为甲、乙、丙、丁、戊等不同用途带，每种用途带设置为不同的密度分区，每种密度带对应不同的容积率，低密度分区容积率和高密度分区容积率的上限差达59个百分点；工业用途分为工业（丁类）用途地带、其他指定用途（工业村、商贸等）地带所允许的容积率在0.5%～10%不等，差异达20倍。日本东京根据用途及容积率等的不同，将土地利用类型划分为中低层住宅、商业中心、工业用地等12种类型，各类型用地的容积率由城市规划和相邻道路的宽度而定，当两种规则确定的容积率不同时，取最小值。

（三）实施容积率激励机制

在不宜采用政府财政手段、金融手段、法律手段或这些作用有限时，对开发商进行容积率补偿，通过市场机制促使开发商完成对事关居民整体福祉的诸如城市绿地、开放空间等的建设，这称为容积率激励机制。作为传统调控手段的改良和补充，其具体操作方式分为四种。一是建立容积率银行，当土地市场较为低迷时，政府将不同区域不同用地类型的容积率进行存储，待需求量增加时再对容积率进行有步骤释放。二是将欲开发土地容积率放宽至该土地利用类型容积率上限，提升开发商的利润空间，促使开发商有动力对城市绿地等公共设施进行开发。三是将某些限制开发区或保护性开发区内资源用地的容积率转移至市区内其他鼓励性开发区内，不仅保证了保护性开发区不被破坏，同时也提高了其他开发区的土地利用率，这一做法在美国等西方发达国家较为普遍，被称为开发权转让制度。四是将容积率在开发区内空间上进行转移，但不能改变总体容积率，也不能发生容积率交易现象。上述四种方式中，采用最为普遍的是容积率红利，如美国纽约和日本东京均规定，开发商如果能在高密度建筑区提供一定数量的可供居民休闲娱乐的公共空间，政府将会对其进行约 2∶1 的建筑面积奖励。而在实际操作中，政府根据不同城市的不同特点，对不同类型用地因地制宜采用综合化的调控方式，从而提升有限土地资源的综合利用率。

（四）实施“法律 +社会监管”双重控制体系

发达国家和地区在城市开发中均制定明确的条例规定，开发商在土地开发中必须严格按照条例要求进行，容积率激励等措施的实施必须符合一定的要求而不能随便使用。例如，美国旧金山规定，实施容积率激励计划必须通过修改中心区划条例才能够顺利实现。同时，为防止寻租行为产生，避免这一条例被无限制使用，政府均建立了完善的公众参与制度，允许市民通过正当渠道对规划过程及实施结果发表意见，对合理的意见积极采纳，从而有效缓解不同利益主体之间的利益冲突。

（五）鼓励土地混合利用，推进城市空间功能复合化

英国伦敦出台了相关规划，明确提出鼓励城市土地混合开发利用。美国纽约相关政策规定，除了关系居民休闲娱乐的城市公园等服务用地外，允许其他商业用地和住宅用地混合建设。同时为适应城市发展工业轻型化、创意化的特点，提高城市品位和生产生活便捷度，允许在部分工业用地内部兼容商业和服务业。我国香港在城市规划中除明确列出工业和商业用地外，还将商业用地的使用条件做明确规定，即无污染、低能耗，对符合规划要求的土地开发利用，直接简化土地利用行政审批手续等方式，提高开发商开发效率。美国法律明确规定，对城市土地利用综合开发项目，从建筑物密度或高度、容积率提升等方面给予一定的奖励，对事关城市发展及居民生活福利的

道路、绿地、娱乐健身等城市设施开发，进行容积率补偿或减免。个别成员州甚至通过直接性的财政资金奖励，如税费减免等，鼓励开发商进行城市土地综合开发。

（六）强化全过程监管，重视税费调节

首先，充分发挥政府在土地利用过程中的监督管理作用，对土地开发利用的全过程进行严格监管。对此，新加坡采用的是全程链条式监管，这种方式可以将国有土地利用从企业用地准入到退出的全过程纳入监管范围。一是设立审核制度和标准，从符合产业发展规划等方面谨慎选取入驻企业，新引进的项目要充分考虑其与已有项目的关联性和互补性。二是强化土地利用绩效评估，从企业入驻至开发完成正常运营，每间隔一定时间即从资本投资额、容积率提升情况、企业盈利情况等进行查验，对不符合入园承诺的企业督促其及时进行整改。三是建立合理的企业淘汰机制，在对入驻工业园区的企业实行合同管理的基础上，将未达到土地利用绩效考核要求的企业清退出园区。

其次，重视税费调节作用。英国对长期占用不开发的土地征收高额闲置税，对不符合容积率承诺的土地开发，实施惩罚性征税，以此提升土地资源利用效率。美国对新开发区域开征影响费，不仅可以提升土地利用效率，还可筹措资金奖励给其他企业。新加坡通过调整租金及租赁期满不再续期等方式，将不符合区域产业发展要求的企业进行清理。我国香港要求企业与政府签订土地契约，契约对土地利用方式等有严格的规定，政府依据契约对开发商进行监督，对不符合契约规定者依法收回土地。

三　产业新城土地利用效率提升建议

（一）积极调整城市发展理念，促进城市高质量发展

部分产业新城在开发过程中只重视开发速度，而忽视发展质量，使新城

内部发展呈现出不平衡、不充分的态势。对此，在未来发展过程中可以吸收借鉴国内外其他城市的先进经验，重视发挥城市生态和社会效益。首先，综合运用生态学原则、价值和观念对产业新城发展进行科学规划和保护，做好城市绿化、废水废气废物处理工作，构建和谐的人城关系。政府应充分发挥其在规划决策中的主导作用，积极倡导环保理念，提升环保意识，严格按照生态环境规律建设产业新城；制定并完善相关法律法规，对破坏城市生态环境者，要坚决予以惩罚。其次，加强对新城发展过程中经济、人文、社会科学的综合研究，如城市文化塑造、城市自我价值体系的培育、城市科学教学事业的发展等，调整产业新城发展中人、自然、经济、社会之间的相互关系，将以人为本的理念纳入新城规划设计中，促进新城内人与自然和谐共生，力争实现人与自然、人与社会和谐相处。

（二）实施更加细化的密度分区管控，提高土地配置效率

部分产业新城内容积率偏低不仅会阻碍城乡风貌的体现，还极易导致城市空间形态呈现“扁平化”的发展态势。未来可采用密度分区管控的方式，依据新城所处的位置、不同性质及不同区位条件，因地制宜将城市用地进行更加细化的密度分区，以此来拉大容积率的高低限差异，还可以划定重点地区并制定实施特别容积率制度，以促使土地配置效率提高。与此同时，考虑到现阶段工业正处于快速发展时期，在密度分区的基础上，要实现“立体”用地、分批供地、盘活存地和改造集体土地，提高土地配置效率。一是严格保障符合新城发展方向的工业用地发展空间，可以由实力较强的地产开发企业对统一规划的标准厂房建设用地进行开发建设、对外招商和运营管理；对确实需要大面积用地的工业项目可实行分期供地制度，通过统一规划或分期供地等措施来确保企业的发展需要，最大限度发挥土地效益。二是通过出台相关政策，从企业类型等方面设置严格的项目“入园”条件，从而保证落实最严格的节约用地制度和资源节约优先战略，提高土地利用率和土地利用效益。

（三）充分用好容积率激励杠杆手段，发挥市场在配置资源中的决定性作用

在市场经济条件下，政府的硬性规定并非时时有效，有时会使新城处于被动建设中，而容积率激励政策可以兼顾这个问题，在维护社会公平的同时还可以保证在市场主导建设下的经济效益。但相较于发达国家和地区，我国在容积率奖励政策实施方面还处于起步期，缺乏较为完善的机制设计。未来产业新城可充分借鉴发达国家和地区的成熟做法，同时结合自身实际进行细化，设计明确可行的容积率实施方案。如针对不同的用地类型设置明确的容积率奖励标准，根据不同情况设置不同的容积率奖励上下限；在不损害市民权益的情况下，制定符合法律规定的容积率激励政策以增加市场主体参与提高土地利用效率的积极性；建立相对完善的容积率违章调整机制，鼓励公众和开发商参与决策制定的全过程，充分保障市民知情权和决策参与权。

（四）大力推进土地混合复合利用，推动土地资源集约节约利用

当前城市规划用途管控普遍存在刚性过强而柔性不足的问题，无法适应不断发展变化的市场经济大环境，致使规划时效性一直受到质疑。产业新城发展建设要充分考虑产业配套功能的完善性，不断调整并推进土地混合复合利用。应借鉴发达国家和地区的具体做法，进一步增强规划的弹性和灵活性。例如，从容积率等方面给予城市土地混合复合利用更多的弹性支持；根据区域经济发展的需求，对土地利用总体规划进行适时调整，为城市土地利用效率提升提供指引；出台相应的政策为其提供支持，多管齐下促进土地利用最优化和利用价值最大化。需要注意的是，经济发展水平的差异会导致地区内部开发区土地集约利用水平产生较大差异，可以采用构建用地性质适建范围表来破解这一土地开发利用的瓶颈，作为连接土地利用规划和建设规划管理之间的“桥梁”和建立土地混合使用规则的基础工具，可以帮助拓宽单一土地用途适建范围，提升土地利用效率。通过严格把控项目用地的准入

门槛，建立健全相应的项目审查机制和细化用地标准，规范节约集约用地具体标准制度，可以定期对开发园区的土地节约集约利用开展评价工作，达到严格控制和提高土地利用效率的效果。

（五）优化土地利用全生命周期监管，倒逼企业提高土地利用效率

实施土地利用的全过程监管可以对保护土地资源及提高土地利用效率起到直接的作用。可综合借鉴发达国家和地区的经验，实行涵盖事前、事中、事后全过程监管的"'亩产论英雄'土地综合评价+要素差别化配置"等模式，有效促进企业提升土地利用效率。同时，定期组织开展闲置低效用地的专项清理行动，对产业新城内圈大建小、建而不产、产而低效等问题进行梳理，督促入园企业按照规划要求完成投资运营工作，倒逼土地使用权利人提高土地利用效率，强化对土地利用的事中和事后监管力度，建立多部门、各级政府共同监管机制，将经济、行政、法律等综合手段应用于监管。

（六）调整经济结构转变增长方式，提高土地产出效益

产业新城中的部分企业存在投资不足、容积率低、产出率和财税贡献率不高及土地闲置等现象。要解决这一问题，促使企业节约集约利用土地并提高土地产出效益，需要从源头上抓起。一是政府政策的扶持。对此，不能简单地从某一方面入手，而是要对企业进行包括生产、销售、税收、财政、技术改造等多方面的扶持，减少企业的后顾之忧，将抓生产、促销售作为重点。二是进一步提升企业引进门槛，严格限制高污染、高能耗等不符合国家和区域产业发展政策的企业进入新城，强化对综合实力强、信誉良好、科技含量高、占地面积小、发展潜力大的企业引进力度，从税收等方面给予一定的扶持。三是进入新城的企业要签署土地利用开发协议，从资金投入强度、容积率、用地类型面积等方面严格加以限制，明确相关的奖惩政策，督促企业重视土地利用效率的提升。

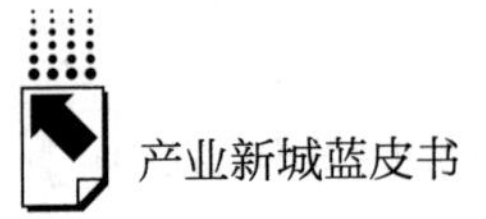

参考文献

李庆：《关于产业新城区域战略布局的若干思考》，《中国市场》2018 年第 30 期。

萧明、丛海彬、邹德玲：《推动我国产城融合发展的国际经验与启示》，《科技与经济》2018 年第 3 期。

王芳婷：《新加坡产城新镇模式对我国产业新城建设的启示——以山东省潍坊市高新区国际化城市设计方案为例》，《中外建筑》2018 年第 3 期。

周九锡：《新常态下产业新城发展与新型城镇化相关性分析》，《中华建设》2016 年第 11 期。

彭颖、陈雪瑶：《国际大都市提高土地利用效率的经验与启示》，《科学发展》2018 年第 7 期。

王楚焊：《发达国家城市土地集约利用经验与启示》，《城市观察》2016 年第 4 期。

张学勇、沈体雁：《产业新城土地利用现状评价——以营口为例》，《城市问题》2013 年第 2 期。

周萌：《高新技术开发区发展中土地问题简析——以郑州高新区为例》，《资源导刊》2017 年第 8 期。

运　营　篇

Operational Chapter

B.8

产业新城的形成与特点

张　省*

摘　要： 在新型城镇化背景下，为推进地区城乡一体化进程，产业新城作为新城运动的一种创新模式，在多个国家和地区被推广运用。本文在梳理产业新城国内外发展历程的基础上，总结其形成的一般规律及内在机理，对其内涵进行界定，阐释典型特征，并与相关概念进行对比，全面厘清多种概念之间的区别，以期为中国的新型城镇化决策参考提供可借鉴的模式样本。

关键词： 产业新城　新型城镇化　产城融合

* 张省，博士，郑州轻工业大学经济与管理学院副教授。

目前，随着经济结构战略性调整，我国传统的以“产业”为主导的产业（工业）园区正在向“产城一体化”的综合性产业新城转变，其区域功能结构更为复合、全面，对产业服务的配套要求也更为精细化、多元化。本文在梳理产业新城国内外发展历程的基础上，总结其形成的一般规律及内在机理，对其内涵进行界定，阐释典型特征，并与相关概念进行对比，全面厘清多种概念之间的区别，以期为中国的新型城镇化决策参考提供可借鉴的模式样本。

一　产业新城的形成

（一）国外发展历程

19 世纪后期，工业发展推动城市产生重大变革：城市涌入大量人口及多种产业，城市规模逐渐扩大，快速集聚下的城市中心区域开始出现人口和经济压力。因此，城市再造思潮逐步兴起，中心城市产业园区化在世界范围内迅速发展。

从最初卫星城市建设萌生了产业园区化的概念雏形，到为疏解日益膨胀的城市人口和产业发展而建立的新城，成为一个城市乃至国家的经济支柱。其发展历程大致可以分为三个阶段（见图 1）。

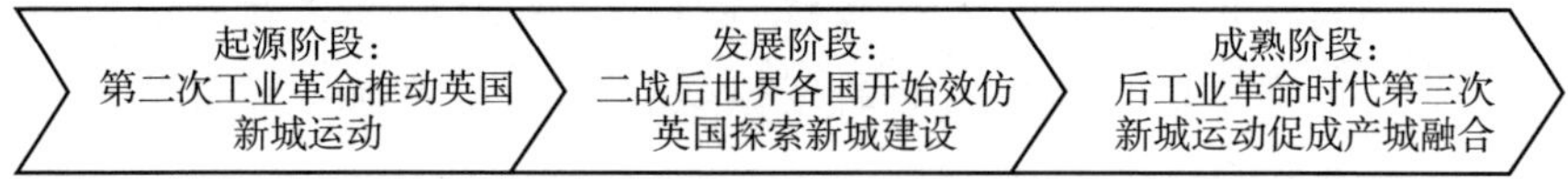

图 1　国外产业新城发展历程

1. 起源阶段：第二次工业革命推动英国新城运动

产业新城的起源可追溯至 20 世纪的英国。作为工业发源地的英国在第二次产业革命浪潮中工业化快速扩张，19 世纪初伦敦成为世界上最大的城市，已有近 100 万人口，城市的密集一方面达到不可控制的灾难性程度，另一方面又表现出一种不寻常的活力。第二次世界大战爆发后，战争对伦敦造成了史无前例的摧毁，在战后重建问题上，受霍华德“田园城市”理论影响英国政府实施了“新城运动”。新城运动是继卫星城建设后进行的一项城市建设运动，其与卫星城的出发点如出一辙，同样是为了解决大城市问题、发展中小城市，企图在解决城市人口过度集中和农业区落后问题的同时也对城市产业结构进行调整。

产业新城的起源涵盖了第一代、第二代新城运动，1946～1950年，在第一代新城运动中小城镇兴起，人口规模不超过6万人，第三代卫星城属于第一代新城，伦敦外围建了8个卫星城，如哈罗新城等。第一代的新城建设规模较小，功能分区严格，居住按邻里单位建设，强调独立、自足和平衡，但在地区平衡、经济开发等问题上考虑欠妥。1950～1964年是第二代新城运动，新开发的城区中心人口不超过10万人，以英国利文斯顿·斯蒂文奇新城为代表。第二代新城运动规模较前一次有明显扩张，功能分区虽不及第一代严格，但密度高，注重景观设计；由于私人轿车的发展，新城建设重视交通规划，并且还考虑了地区经济开发。

2. 发展阶段：二战后世界各国开始效仿英国探索新城建设

第二次世界大战以后，西方发达国家的城市人口和产业高度聚集，形成了单一中心高度聚集的城市形态，承担了全国经济中心、文化教育中心、科技中心等城市功能，与此同时城市问题日益凸显：生态环境质量下降、交通压力急剧上升、住房供给紧张、房价和地价快速攀升，这无疑给城市可持续发展带来诸多不利的影响。

在这种背景下，新城在英国出现给西欧发达国家带来缓解城市问题的曙光，世界上有越来越多的国家或地区开始效仿英国的做法，为了疏解城市功能维持城市经济增长的持续性和社会的稳定性，各国政府进行了大规模卫星城建设。最初，建设卫星城的主要目的是吸纳来自中心城区的人口，为城市人口和产业发展提供必要的空间及相应的设施，以维持其增长的可持续性，这种卫星城是早期新城发展的主流方向。伴随城市化的发展，新城运动几乎发展成为一个全球性的运动。

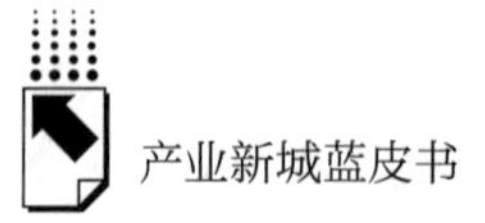

3. 成熟阶段：后工业革命时代第三次新城运动促成产城融合

后工业革命时代，老牌资本主义国家逐渐走向成熟，出现了人口老龄化、逆城市化、中心城区空心化等现象。随着战后经济的不断恢复，人们对生活质量的要求逐步提高，仅接纳大都市过剩人口的卫星城市开始暴露出诸多缺点，如在空间联系上过分依赖新城中心区、密度太低、人口规模小，难以提供充足的文娱或其他服务设施，新城中心不够繁华，缺乏生气和活力等。因此，20 世纪 70 年代，以英国为首的西方国家再次掀起新城建设和扩张高潮，试图吸引来自城市中心区的就业和产业，使新城既要作为大城市过剩人口的疏散点，又要成为区域发展中心，第三代新城运动就此开始(见表 1)。

表 1　英国三代新城运动变迁

时间	规模	目的
1946～1950 年	14 个新城	疏解中心城市过分拥挤的人口;促进区域经济发展
1950～1964 年	新城建设数量快速增加	使用最新的建筑技术建设特色新城,促使城市功能多样化
1964～1970 年	新城建设规模逐步扩大	新城功能配套完善,提供完善的生活服务和文化娱乐设施

第三代新城运动在政府主导下，以发展新兴产业和缩小地区差距为出发点，选择合适的区位集中开发，建设产业园区和居民区，壮大重点支持产业，能够在较短时间内吸纳大量就业人口，促进城市与产业互融，形成带动区域发展和实现国家战略意图的新增长极。于是，核心城市周边形成了一些产城融合、宜居宜业的产业新城。例如英国的米尔顿·凯恩斯新城，最初是作为接纳从伦敦地区疏散出来的过剩人口和工业的卫星城镇，在当地政府全面科学的规划和有序开发下，已发展成为以一种或多种产业为驱动力从而带动整个城市发展的产业新城，是英国新城镇建设的成功典范。

米尔顿·凯恩斯新城在建设之初就充分考虑了城镇建设和居民生活诸如居住、环境、消费、教育、发展、交通等各个方面，并在建设伊始就按照市场规律来运作，并充分利用地理位置、交通优势以及完善的基础设施建设，大力兴办零售、信息、咨询、保险、科研和教育培训等服务业，吸引大型跨国公司前来投资。

另外凯恩斯新城的建设十分重视环保，各种花园、自然公园、人造湖泊、环城森林的布局不仅为当地增加绿色空间，而且为居民提供了娱乐休闲场所；小镇的购物中心，便捷的公共交通系统使其成为商业中心，市政厅、图书馆、电影院、餐厅、健身房等配套设施一应俱全，且布局合理，至今仍能满足人们的日常生活和休闲娱乐的需求。在第三代新城运功中，以米尔顿·凯恩斯为代表的产业新城不仅仅是大城市过剩人口的疏解点，更是区域经济发展的子中心。产业新城出现后，作为一种相对大都市而具有吸引力的“反磁力”城市，完美诠释了“产业铸就新城发展的原动力”的意义。

（二）国内产业新城发展历程

在我国，产业园区作为经济社会发展的产物，早期得益于世界产业转移分工。目前，随着经济结构的战略性调整，我国传统的以“产业”为主导的产业（工业）园区正在向“产城一体化”的综合性产业新城转变，区域功能结构更为复合、全面，对产业服务的配套要求也更为精细化、多元化。分阶段来看，我国从最初传统的产业（工业）园区发展到目前的产业新城，共经历了四段发展历程（见图2）。

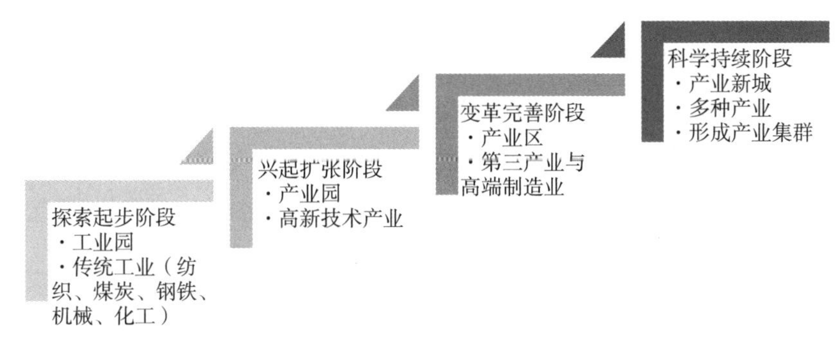

图2　我国产业新城发展四阶段

1. 探索起步阶段（1978～1991年）

国内在产业新城领域的实践最早可以追溯到改革开放初期，中国在珠海、深圳等沿海地区建立经济特区，由政府通过行政手段划出一片区域，依靠国家或地方出台的优惠政策，抓住香港出口加工基地转移的良好契机吸引外资。与此同时，低廉的土地和劳动力成本使各种生产要素聚集起来，制造工业向园区集中，以港资企业为主的低端制造业加工基地开始兴建。中国第一个对外开放的工业园区——蛇口工业园创立，标志着产业园区成为中国经济创新和发展的重要载体。

这一阶段中国处于兴办产业园区的初期，既缺乏资金，又缺乏建设管理经验，因此大部分园区都存在基础设施建设不完善、行政管理体制较为落后的问题，园区一般分布在城镇边缘，基本还是纯粹的工业园区，多为单个或同类企业的聚集区，相关生活配套设施极度匮乏，工业区就业人员的居住及生活配套还需依托中心城区来完善。

2. 兴起扩张阶段（1992～2001年）

从 20 世纪 90 年代开始，工业开发区之间的竞争逐步加剧，以技术密集型的高科技产业成为主导力量，城市配套逐步受重视。但此时产业园区仍以产业建设为主，在推进宜居宜业的现代化新城方面仍然不够完善，与城市的融合度有限。

此时，园区已经开始重视控制生产性建设用地，扩大非生产性用地的面积，并强调建设有比较完善的城市生活设施和配套的社会服务体系，使园区发展在获得经济效益的同时，社会效益也能得以集聚。

3. 变革完善阶段（2002～2008年）

中国加入世贸组织后，开发区优惠政策越来越规范化、透明化，产业园区向特大城市集中趋势明显。该阶段以“创新”为突破，以先进制造业和特色服务业为主，不断完善城市生活配套设施。

在这一阶段，虽然园区仍然比较关注产业发展，但随着园区功能不断完善、人文环境逐步构建，依靠其内生动力和技术创新实现产业升级，打造结构和功能完善的、立体化的产业园区，城市发展更加注重人的感受。园区内企业与个人高度聚集，就业人员在园区内就可以享受到相应的生活娱乐配套设施，也可以依赖城市中心附近的配套。这一时期的园区已经拓展到中西部地区，诸如经济开发区、高新技术区、大学科技园区、工业园、出口加工区、保税区等不同功能及产业定位的园区类型应运而生，数量庞大，质量参差不齐。

4. 科学持续阶段（2009年至今）

自2009年以来，全球金融危机对中国外向型经济产生了较大的冲击，随着中国经济转型发展时期的到来，积极稳妥推进新型城镇化，实施创新驱动发展战略成为拉动内需的重要方向，而产业园区的建设也进一步打开了城镇化发展的大框架。随着经济发展、产业结构优化升级和社会化大生产不断推进，产城关系得到较好融合。在这种多功能综合体内，人们的工作和生活需求同时得到满足，本身就达到了一个新城的标准。

在此阶段，凭借市场化手段，依托专业化服务平台开发建设现代化产业新城。例如，固安产业新城立足于营造一个产业与人居、生态保护与城市建设互融共生的“生态圈”，提出了“公园城市、休闲街区、儿童优先、产业聚集”的规划理念，确立了电子信息产业、现代装备制造业、汽车零部件产业三大产业方向，形成了中国北方电子信息产业基地、现代装备制造业基地、中国北方汽车零部件产业基地、生活配套区和城市核心区五大区域，科学有效地实现了各个区域功能之间的混合生长、协同发展，使生产与生活有机结合，形成一个现代化的产业新城。

（三）产业新城形成的一般规律

1. 全球性发展规律

从世界整体发展历程来看，在产业新城形成过程中的区域变迁就是全球产业转移、国际分工进一步深化的过程，同时也与全球范围内不断加速的城市化进程息息相关，基本遵循了“欧美国家—‘亚洲四小龙’—第三世界国家”的发展路径。从园区走向城市，到城市融合园区，再到进一步产城融合一体化发展，最终形成产业新城大致经历了四种形态转变（见图3）。

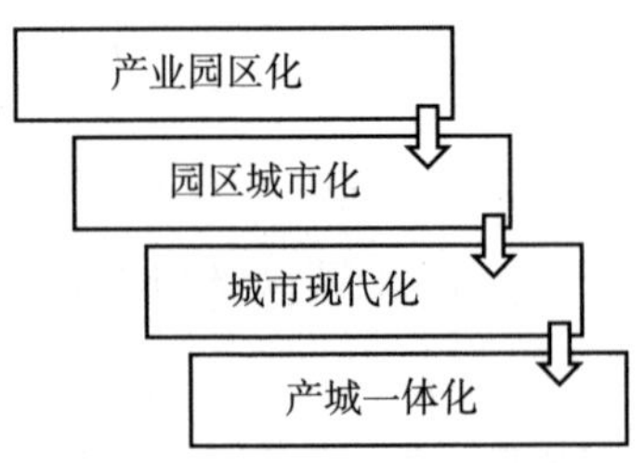

图3　产业新城形成的过程

在加速推进的工业化进程中，第一种形态产业园区得以迅速发展，产业园区虽然对城市问题有所缓解，但随着时间的推移，该种模式在发展过程中浮现出同质化严重、管理效率低、配套不完善等遗留问题、“有产无城”的产城分隔等现象迫使产业园区亟待进步升级，于是第二种形态园区城市化形成。经过产业园区化的快速拉动以及园区城市化的初步结构调整，产业园区发展进入了一个新的时期。在技术变革、产业迭代加速的轮番推动下，产业与城市的良好互动转变为第三种形态即城市现代化。产业新城的最终形态可以看作是产城一体化，在该形态中产业发展和城市发展相辅相成，城市发展依托产业为支撑，产业发展依托城市环境培育，二者将城市功能、产业发展、生态环境、文化历史等诸多因素融为一体，实现产业不断升级、城市功能完善、环境可持续发展、文化欣欣向荣的新型城市空间格局。

2. 一般形成路径

产业新城是以产业发展带动城市建设，反过来城市建设进一步推动产业升级的新型区域经济开发模式，体现了城市与产业双向互动，协同发展的理念。无论是国外还是国内，产业新城的形成路径基本遵循生产要素聚集—产业升级追求配套完善—产城一体化这样的路径（见图4）。

3. 追求实质及功能诉求的转变

从早期的工业区到产业园区再到产业新城的形成，实质上反映了人们由单纯追究产业发展向追求人、产业与生态和谐共生转变。在发展初期，

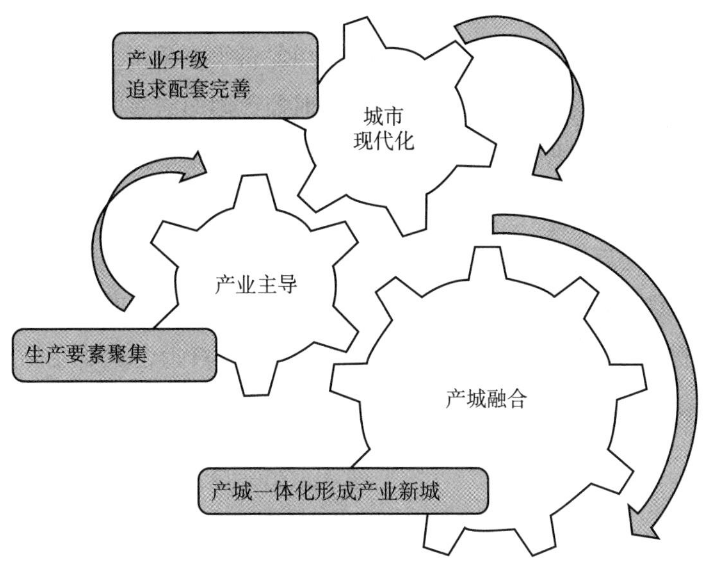

图4　产业新城形成一般路径

园区建设追求人与人的共生，强调人与人之间的信息，如知识共享，在一些特定的场所（如工业区、科技园），通过沟通、交流和碰撞激发创新活力。经过变迁，人与产业的共生变成下一阶段的目标，通过设置教育机构为产业提供持续创新的产业人才，而产业的发展聚集和创新环境又促进了员工的成长。下一阶段，为了实现“尊重自然”和“以人为本”理念之间的平衡，人们开始打造宜居、宜业的共生空间，这就是人与自然的共生。在互联网普及与电子信息大爆炸的科技时代是产业与产业的共生，高新技术企业之间相互合作，高新技术产业与旅游、生产性服务业之间实现共生共存。

技术不断革新、人们对生活品质的要求不断提升，都促使城市功能日臻复杂和完善。在这样的背景下，产业新城应运而生，将产业、城市和人的发展统一起来。人们对产业功能的诉求同样经历了相应的变化，从最初单纯追求产业功能，到以追求产业为主，居住、商业、休闲为辅，再到逐渐扩展多方位平等追求各项功能的平衡与完善（见图5）。

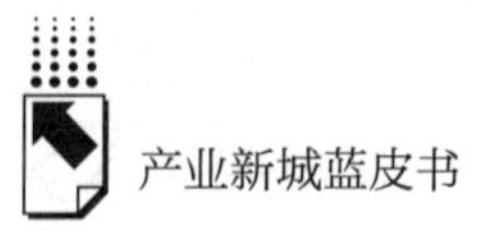

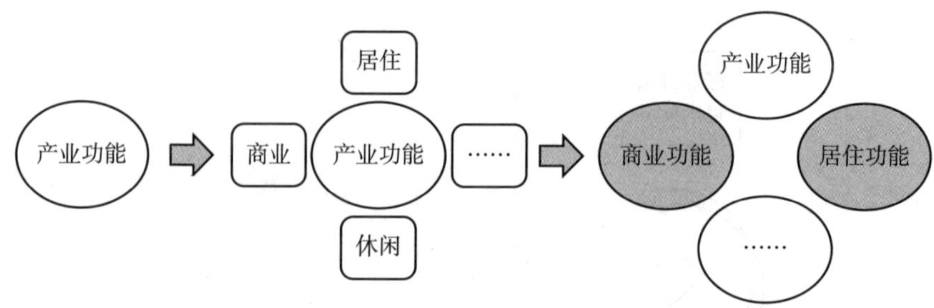

图 5　城市功能诉求的变化

二　产业新城的特点

（一）内涵界定

“新城”一词在《英国大不列颠百科全书》中有较为准确地阐释，它是一种城市规划形式，目的在于通过人口外迁解决大城市的人口膨胀压力，尽可能减少与外界交换的行为，并具有相对独立性的城市社区。新城虽然已经在英美城市规划实践中沿用了近百年的时间，但在内涵的界定上并不能与“产业新城”完全画等号。“产业新城”是近几年兴起的一个概念，学术界对“产业新城”并没有统一的定义。

产业新城的建设既包含了传统园区的优点，又弥补了其发展中的不足，是当前工业园区或者开发区模式的转型升级，总的来说产业新城在以产带城、以城促产、双轮驱动的发展理念下，成为以人为核心、以产业发展为基石、以“产城融合”为标志的城市发展创新模式，对产业新城的内涵理解，可从三个方面展开。

第一，核心在“产业”。产业新城中的产业是广义的，包括生产、服务、教育、技术等。一个成功的产业新城必须要有明确的支柱产业，且该产业必须在城市 GDP 中占有一定的比重，形成以一种或多种产业为驱动力从而带动整个城市发展的新型发展模式，同时还需要有支柱产业之外的辅助产业，共同组成一个具备较强抗风险能力的产业体系。

第二，关键在“新”。“新”不是指必须新建或新开发，而是强调要独立于主城区以外。其概念是相对于老城区，强调的是在老城周边建立新的反磁力增长地区，以重振老城区的活力，而非对老城区的改造。值得注意的是，产业新城建设并不是一味地搞产业落地、建造城区，而是根据地方经济发展水平，挖掘地方特色产业，打造具有特色的城镇化新城。另外对“独立”的解读并不是简单空间范围上的“郊区化”过程，其应该是一个新的城市功能体，有足够的自我控制条件的、“独立”的新板块。同时，“新”还体现在运营模式的优势和创新，产业新城不再是传统的单一政府直接开发的模式，而是更多地强调政企合作，通过一些市场化手段共同促进新城的建设运营和发展。

第三，根本在“城”。产业新城区别于传统产业园区是具有完整的城市功能，这就要求除了产业的基本配套，还需要有完备的城市市政、生活、住宅、商业、教育医疗和休闲娱乐等功能配套，各类功能用地配比要科学合理，形成一个真正意义上的“城”。

（二）典型特征

1. 政府主导、市场主体，政企携手打造产业新城

产业新城的优势不仅体现在资源整合不局限于企业内部和企业间要素的利用，还体现在充分借助政府优势以及社会上的资金、人才、科技优势，实现强强联合，政企携手打造产业新城，确保项目成功开发与运营。在我国，产业新城的发展多以 PPP 形式展开，政府聚焦战略引领与规划，项目审批与监管，而具体的投资运营活动移交给企业。政府从负债者转变为掌舵人、考核者。在市场为导向的投资机制下，政府职能的企业化运作有利于产业新城造血机能的形成。

2. 选址围绕核心都市圈布局城市周边，用地配比科学

产业新城区域内的用地比例经过严格的模拟测算科学配比，开发商全方位参与用地比例的编制，在对用地进行科学配比的同时，考虑入驻企业利

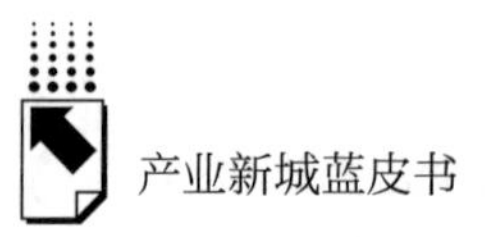

益，对区域内产业用地、住宅用地、基础设施用地等比例、亩均产业投资额做到合理规划，并与政府签订合作协议确保用地比例得到准确有效的保证。目前，产业新城的住宅用地比例普遍高于工业开发区、产业园区。

3. 配套设施合理、交通便捷、城市功能完善

产业新城的建设追求职住平衡，即就业和居住相对平衡。合理的配套设施能够使多数居民工作与就业距离较近，日常通勤在短时间内即可在公司与住宅之间往返，在有效节省时间成本的同时做到节能环保。从对产业新城项目的调研情况来看，交通设施是目前产业新城基础设施建设中最为重要的一项，多数产业新城距离中心城区相对较远，需要运营企业对产业新城内部进行大量的道路基建投资，以解决交通问题。

4. 以产兴城、以城带产

在产城一体化的新城中，产业区与城市区发展之间应该是一种互动关系，互为促进的机制。产业新城以地区产业园为基础，侧重于本地区具有优势生产要素禀赋的产业发展，通过小城市或小城镇的建设来引导产业间的无缝对接与合作，充分发挥产业新城的灵活优势，推动产业发展和经济增长。从互动发展上看，产业新城建设与产业发展互为发展动力，产业发展产生的经济活力又拉动新城不断建设发展，反过来城市发展可以进一步助推产业升级。

5. 产城融合、城乡一体

“产城融合”是我国城市布局的新战略，它要求产业发展与城市功能提升相互协调，实现“以产促城、以城兴产”。中国大数据研究中心数据中显示，在当前信息化时代背景下，我国产城融合之路正向网络化、服务化、协同化、智能化“四化”趋势发展。

（三）与相关概念的比较

由于产业新城在市场与学术研究中没有一个明确的定义，往往会与一些相似概念如产业园、产业区、特色小镇等混淆。与这些概念相比，产业新城有其自身的特点，要厘清产业新城与产业园、产业区、特色小镇、创新街区等几个重要概念之间的区别（见表 2）。

表2　产业新城与相关概念的对比

经济空间	功能	规模	形式	产业结构	显著特征	主导方	追求目标
产业园	单一研发、生产	企业为数不多	工业区	传统工业（纺织、煤炭、钢铁、机械、化工）	人力密集型	政府主导	为促进某一产业的集中发展
产业区	围绕产业功能配备基本生活功能和社会服务设施	大量企业入驻，带来大量产业人口，引致园区的置业需求	工业区+居住区	第三产业与高端制造业（以高新技术为指导）	人才技术资金高度密集	政府主导	带动关联产业展，有效推动产业集群
产业新城	日臻完善的生活商业等配套设施	集工业、地产、商业等业态为一体的综合功能的新城区	以自主创新为主	多种产业（形成产业集群）	产城融合城乡一体	政府企业联合	实现多元化支撑的城市型经济
特色小镇	发展特色产业，“特而强”	精致而紧凑，小而美	管委会模式	以第三产业为主（如云计算、互联网等新兴产业）	一镇一业、一镇一特产业具有鲜明的独特性	政府主导	注重“产”“文”“旅”“居”融合发展
创新街区	使创新资源回归大都市圈，在中心城区重新集聚	以小区块为主选址集中在城市中心与次中心区域	城市创新空间	高新技术产业	以空间为基准的经济地理概念	政府、企业、高校、科研院所共同发挥集成效应	实现创新与创业相结合、线上与线下相结合、孵化与投资相结合

无论是产业园还是产业区，产业链都较为单一，配套功能也比较简单。在早期的一些产业园内甚至连职工宿舍都很难满足，其运转往往需要借助所在区域中心城市的配套来实现。从产业形态来说，产业园则通常是园区中某一类产业的聚集，其面积和功能相较产业新城来说，差距还是非常大的。而且大多数产业园区没有形成完整的生态产业链，园区的可持续发展条件

较差。

“特色小镇”源于浙江经验。在不少人看来，“特色小镇”适合在浙江、广东等民营经济发达的地区发展。民营经济本来就植根于人与人之间的关系，与人们的需求、当地人擅长的技能密切相关。在城镇化进程中，特色小镇作为改变城乡关系的主要载体，在功能上组建了地方产业发展平台；在现实中，链接村镇与城市资源，缓解城市压力与发展乡村经济。从特色小镇的实践落地或者政策指引上来说，特色小镇的区位选址都独立于市区，更接近乡村。

创新街区的实质其实是以空间为基准的经济地理概念，是指在一定的城市区域内，创新主体利用国家自主创新示范区、国家高新区、应用创新区、科技企业孵化器、高校和科研院所的有利条件，发挥社会力量作用和政策集成效应，通过“整合四个计划”思想和地理信息系统技术，建立一套对各类规划在一个平面上分析的方法，架起规划和建设的桥梁、政府和市场的桥梁、项目和资本的桥梁，让各项规划中的内容真正接地气，落地生根、开花结果。当前，国内外创新街区选址大多集中于一些城市中心和次中心区域的高校、科研院所附近。通过比较可以看出，创新街区与产业新城是两种截然不同的城市规划手段，在各方面有着显著的区别。

参考文献

Peters，Robert A.，*The Garden City Movement and British New Citys*（Oxford Brookes University，1969）.

Daniels T. L.，“Practicing Utopia：an Intellectual History of the New City Movement，” *Planning Perspectives* 4（2012）.

Cochrane A.，“Rosemary Wake man 2016：Practicing Utopia：An Intellectual History of the New City Movement Chicago：University of Chicago Press，” *International Journal of Urban & Regional Research* 4（2017）.

林华：《龙宁西欧的新城规划》，《现代城市研究》1998 年第 4 期。

张捷：《赵民新城运动的演进及现实意义——重读 Peter Hall 的〈新城——英国的经

验〉》,《国际城市规划》2002 年第 5 期。

迈克尔·布鲁顿、希拉·布鲁顿、于立等:《英国新城发展与建设》,《城市规划》2003 年第 12 期。

黄胜利、宁越敏:《国外新城建设及启示》,《现代城市研究》2003 年第 4 期。

张学勇、沈体雁:《产业新城土地利用现状评价——以营口为例》,《城市问题》2013 年第 2 期。

梁浩、张峰、梁俊强:《绿色建筑产业新城助力新型城镇化》,《城市发展研究》2013 年第 7 期。

中国指数研究院:《中国产业新城的探索之路》,《中国房地产》2016 年第 17 期。

焦聪:《产业新城模式对“一带一路”战略的推动》,《商业经济研究》2016 年第 4 期。

张忠国、夏川:《需求导向下的产业新城产城空间建构思路——环首都地区 4 个产业新城建设分析与思考》,《城市发展研究》2018 年第 3 期。

焦永利、于洋:《城市作为一类“特殊产品”的供给模型及其合约结构改进——产业新城开发模式研究》,《城市发展研究》2018 年第 11 期。

黄群慧、张五明主编《中国产业新城发展研究报告(2018 ~ 2019)》,社会科学文献出版社,2019。

B.9
产业新城发展的驱动力研究

刘凤伟*

摘　要： 产业新城是我国区域经济发展中的一种新型组织形态。中心城市的辐射带动是驱动产业新城快速发展的基础动力，中心城市的就近扩张以及共享中心城市的基础设施为产业新城提供了发展基础；产业发展是产业新城发展的核心，产业集聚是产业新城发展的支撑，龙头企业带动产业新城的产业集群；创新是产业新城快速发展的动力源泉，管理模式创新和集群创新推动产业新城的管理升级和产业升级；产城融合发展是产业新城发展的保障，推动产业新城可持续发展。

关键词： 辐射带动　产业集聚　产城融合

当前，在我国产业转型升级、供给侧改革加速推进的大背景下，产业新城得以快速发展。作为我国经济发展中的一种新型区域组织形态——产业新城项目是我国在探索新型城镇化道路过程中的一种尝试，有可能成为未来中国经济发展的重要支点；产业新城围绕“产业升级”和“城市升级”，将对我国未来的经济发展和城镇化发展发挥引领和示范作用；产业新城发展的驱动力主要来源于哪些方面？对这一问题进行理论和经验研究，将有助于深化我们对产业新城生成逻辑的理解，并对政府部门制定相关政策和产业新城运营商推进产业新城发展起到推动作用。

---

* 刘凤伟，管理学博士，郑州轻工业大学经济与管理学院副教授。

一　中心城市的辐射带动是产业新城发展的基础

（一）中心城市的就近扩张作用

产业新城发展需要集聚大量资本、先进技术和高端人才，而这些要素在我国大城市当中具有较高的集聚度，大型中心城市在要素扩散过程中对周边区域的影响非常明显，这种辐射带动作用是产业新城发展的基础。北京、上海、天津、重庆这几个直辖市具有庞大的经济规模，对周边地区经济社会发展的辐射带动作用早已被人们所熟知。事实上，除了这几个特大型城市之外，我国各个省会城市在地方经济发展中的地位也是举足轻重的。2017 年，在我国 27 个省份中，省会城市 GDP 占全省 GDP 比重在 1/3 以上的城市有 8 个，在 1/3 ~ 1/5 的城市有 15 个，只有 4 个城市的 GDP 在全省所占比重不足 1/5（见表 1）。除此之外，还有一些经济体量庞大的非省会城市，如苏州、青岛、厦门、东莞等大型城市都对周边地区产生强大的辐射带动作用。

表 1　2017 年中国部分省会城市 GDP 占全省 GDP 比重

单位：%

省会城市	占全省比重	省会城市	占全省比重	省会城市	占全省比重
银　川	52.2	海　口	31.1	广　州	23.9
宁　夏	48.6	长　沙	30.5	太　原	22.6
长　春	42.5	昆　明	29.4	福　州	22.0
哈尔滨	38.9	合　肥	26.2	南　宁	20.2
成　都	37.6	贵　阳	26.0	郑　州	20.0
武　汉	36.7	乌鲁木齐	24.7	呼和浩特	19.2
拉　萨	35.5	沈　阳	24.5	石家庄	18.2
西　安	34.1	南　昌	24.3	南　京	13.6
兰　州	31.8	杭　州	24.3	济　南	9.9

资料来源：根据《中国统计年鉴（2017）》数据整理所得。

目前，发展势头良好的产业新城，无一不是布局在大型城市周边地区，距中心城区一般在几十公里范围之内。布局在大型城市周边的产业新城，能够比较容易地从大型中心城市获得空间邻近效应。大型中心城市是经济发展的增长极，具有较高的经济发展水平和要素密集度，大城市对周边地区经济社会发展的影响力度会随着空间距离的增大而减小，这种现象在经济学中被总结为距离衰减原理，这一原理认为，地理客体之间相互影响的强度与它们之间的距离成反比，距离越远影响越小。导致衰减的原因主要有以下几个方面：一是运输费用随距离的增加而递增，距离远，运输费用和运输时间就要增加。在可能的情况下，经济主体就倾向于按就近原则组织相关的资源和要素去进行生产和经营，因此距离越远受到的作用力越小。二是随着距离的延伸，经济主体之间相互联系的便捷程度相对降低。尽管当今时代信息技术很发达，人们可以很方便地进行远距离沟通和文件、图像传输，但是有些面对面的交流和谈判还是必要的，距离远了就会增加交流沟通的成本，社会经济效益下降。三是受空间感知能力的限制，各种经济活动在进行发展决策时能够获取的决策信息常常以周围地区的居多，因此大城市在产业和人口转移时尽量会就近扩张。这种距离衰减效应使大城市周边地区更容易受到辐射带动的影响，产生空间邻近效应，大城市周边地区拥有的这种区位优势是产业新城发展的重要前提和基础。

诞生于 2002 年 6 月的固安产业新城，位于北京天安门正南 50 公里，与北京大兴区隔永定河相望，经过十多年的发展，固安产业新城已具有一定规模。固安产业新城的成功发展，离不开北京和天津这两大城市的辐射带动。从一开始，固安产业新城就凭借得天独厚的区位优势，融入了京津冀协同发展和京南国家科技成果转移转化示范区建设这一发展战略，从而在京津冀协同发展过程中得到快速成长，目前已成为产业新城发展的样板。位于黄河岸边的武陟产业新城，与郑州隔河相望，开车走郑云高速或乘坐郑焦城铁，都只有不到 30 分钟的行程。武陟产业新城于 2017 年启动建设，由于其与郑州仅一河之隔，而且距离郑州中心城区只有 30 公里，产业新城融入了郑焦一体化发展的大战略之中，定位为郑焦深度融合首位节点城市的核心区。经过两年多的发展已经粗具规模，发展速度很快，已对当地经济产生了明显的带动和示范作用。苏州工业园、张江高科技园区、武汉东湖新技术产业开发区等在全国甚至在世界上都有一定影响力的产业园区，无一不是位于大型城市周边，都充分享受了大型城市的辐射带动作用。

（二）中心城市基础设施的共享作用

2019 年 3 月 5 日，李克强总理在《政府工作报告》中提出“坚持以中心城市引领城市群发展”，这给我国未来的城镇化发展指明了方向。在过去近百年来世界各国人口流动的基本趋势表明，绝大多数发达国家的人口在持续向城市群、都市圈集聚。我国自改革开放以来的人口流动总趋势与发达国家的发展过程很相似，呈现出一二线城市人口增长快、三线城市人口增长停滞、四线城市人口净流出的格局。在我国城镇化发展的过程中，关于城市化发展模式的选择曾经引起学界和政界的广泛讨论，到底是发展小城镇模式还是发展以大城市引领的都市圈城市群模式，大家莫衷一是，从各种材料来看，过去的主流声音是控制大城市人口、积极发展中小城市和小城镇。但是我国城镇化发展的实践表明，发展以大城市为中心的都市圈模式是未来我国城镇化发展的现实选择。我国目前较有竞争力的产业新城运营商都是在大型中心城市周边发展产业园区，正好与国家的城镇化发展模式相吻合。

在大型中心城市周边发展产业新城能够充分共享中心城市的基础设施，为产业新城发展提供良好的生产生活条件。大型中心城市往往拥有良好的基础设施，水、陆、空交通基础设施发达，是一定区域内物资和劳动力流动的枢纽；中心城市拥有优质的公共服务设施，优良的治安环境，安全舒适的住宅小区，医院、高等院校集聚，优质的小学、初中、高中星罗棋布，这些都是汇聚各类人才的重要基础条件；中心城市拥有大量的金融机构、科研机构、人才交流中心等机构为企业提供资金融通、科技开发、人才引进等服务，布局在中心城市周边的产业新城能够共享中心城市的基础设施，一方面为企业提供较高的发展平台，并降低企业经营成本；另一方面能够实现人才汇聚，推动产业新城成为中心城市周边的新兴增长极。此外，从我国大型中心城市的发展现状来看，大型城市也都普遍具有在周边发展卫星城的内在需求。目前绝大多数的大型城市都感受到人口和产业过度集聚所带来的负面影响，交通拥堵、空气污染、房价上升等，使大城市居民的生活质量下降，生活成本上升，企业经营成本提高、竞争力下降，因此大城市也迫切需要把过度集聚的各类优质资源分流到周边地区，而产业新城的发展正好给大城市改善城市环境提供了机遇，产业新城和中心城市的优势互补使双方实现了共赢的发展局面。

二　产业集聚是产业新城发展的支撑

（一）产业发展是产业新城发展的核心

产业是支撑新城发展的关键，也是支撑城镇化发展的原动力。产业新城开发建设的第一要务，便是以产业为主导。产业新城大多位于大城市郊区，未建设之前主要以农业为主，人均产出水平低，人们的收入水平低，人口集聚程度也低。产业新城的快速崛起将会以第二产业和第三产业的快速发展为主，在很短的时间内成长为以第二和第三产业为主的新的经济增长极，这种产业结构变化所带来的大量就业机会和人均产出水平上升，最终通过产业集聚和人口集聚实现城镇化和产城融合发展。目前，我国有很多地方建设的工业园区、产业园区、开发区等，由于缺乏产业支撑，入驻的企业数量少，最终没有形成产业集聚和人口集聚，最终沦落为“空城”“鬼城”。所以，缺乏产业支撑的产业新城是没有发展前景的，产业新城的发展一定是以第二或第三产业的集聚为先导，产业发展程度决定了未来产业新城的经济水平和人口吸纳能力。

近年来，随着我国经济进入新常态，我国经济发展由过去高增长阶段转入高质量增长阶段，过去那种依靠大量投入资源和能源的粗放增长方式已难以为继；同时，随着我国供给侧结构性改革不断深入，“中国制造 2025”“互联网 +”等战略的稳步实施与加快推进，产业结构在不断优化和调整，产业新城作为“双创”载体和中国经济转型升级的引擎，在推动中国经济发展中将会发挥日益重要的作用。目前来看，产业新城都以打造具有区域竞争力的产业集群作为未来发展目标，在主导产业选择和产业发展方向上，一方面密切结合国家层面的产业发展战略，重点关注高新技术产业和新兴产业；另一方面密切结合地区资源优势与地方的产业基础，以地方有竞争潜力的产业为基础打造产业集群。在技术选择上，产业新城在发展中比较重视对节能环保技术的引进，以促进产业升级和动能转换；同时，产业新城也比较关注新兴产业与附加价值较高的研发和营销环节，以提升产品的附加价值。在产业管理方面，产业新城运营商比较多地参与产业引导、孵化和培育过程，注重延长产业链条和产业配套能力，加快形成有地方特色的产业集群。

（二）“龙头”带动促进产业集群形成和发展

国内外产业集群形成和发展的经验表明，产业集群以大型龙头企业为核心能够更迅速地形成和成长，没有“龙头”企业的带动，往往只能形成一大堆中小企业在一定地域内的扎堆生产，产业链条不完善，企业之间缺乏紧密的产业关联，我国目前有很多产业园和经济技术开发区都是一堆企业的松散聚合，没有形成真正意义上的产业集群，产业链条不完善，相关配套和服务机构不足，缺乏区域竞争力。国内外发展势头良好的产业工业园，在其形成之初，都是在几个龙头企业的带动下形成和发展起来的。过去几十年中一直发展势头良好的美国“硅谷”和台湾“新竹工业园”，都是在一两个高新技术企业的带动下发展起来的。我国目前发展态势良好的工业园区，也大都是在龙头企业带动下，吸引相关配套产业集聚而发展壮大起来的，苏州工业园、张江高科技园区、武汉东湖新技术产业开发区等在全国有影响的产业园区，都是在引入或发展起了具有国际竞争力的龙头企业之后，园区的影响力和竞争力才得到迅速提升。国内有些发展了二三十年还没有形成规模的产业园区，大多是缺乏龙头企业的引领，难以形成完整的产业链和有竞争力的区域品牌，导致园区的发展长期停滞不前。目前发展态势良好的产业新城吸取了过去产业园区发展中的经验和教训，都以引进大型“龙头”企业作为产业发展的核心，重点引进世界500强或国内500强企业，通过行业“龙头”企业带动，形成具有区域竞争力的产业集群。

三　创新是产业新城发展的动力源泉

（一）创新产业新城管理模式

传统的产业园区和产业开发区在管理中往往以政府为中心，产业园区规划和建设中的工作都是以政府为主体开展，企业服从政府安排。但是，政府部门在许多专业性比较强的领域缺乏人才和经验，这种管理模式难以发挥企业专业性更强、效率更高的优势。目前发展势头良好的产业新城都有一些自己独特的管理模式，这些管理模式突破了过去我国地方政府管理产业园区的传统模式，各自创新了一套成功的管理模式，下面介绍几个比较成功的产业新城管理创新模式。

1. 苏州工业园区的中外合作管理模式

苏州工业园区于1994年开始开发建设，是中国和新加坡两国政府之间合作开发的产业园项目，目前已经发展成为综合吸引力最强的国内开发区之一。苏州工业园区在管理上借鉴了新加坡开发工业园区的成功经验，并结合中国国情和园区实际创新出了新的管理开发模式，这套管理模式能够适应我国社会主义市场经济管理体制和运行机制，使园区既实现了高效运作，又兼顾了各方利益。具体来说，苏州工业园区在管理模式方面实行了管理主体与开发主体相分离的开发模式，苏州市政府成立的苏州工业园区管委会是管理主体，行使行政管理职能，负责工业园区内的行政管理和服务工作，中外合资的中新苏州工业园区开发有限公司作为企业法人，是开发主体，具体负责园区的基础设施建设、招商引资和物业管理等产业发展和土地开发事项。管理主体和开发主体之间在权力和职能方面进行了明确的界定和分工，管委会只负责宏观管理和对企业的服务工作，并不直接参与管理企业的过程，这种模式实现了所有权和经营权分离，管理主体和开发主体各司其职，发挥各自的比较优势，工业园区的管理和开发富有成效。

2. 固安产业新城的公私合作运营模式

固安产业新城是华夏幸福与固安县政府合作建设产业新城，创造性地运用了公私合作（PPP）模式。该模式基于“政府主导、企业运作、合作共赢”的原则，充分尊重政府在合作过程中的主导地位，并发挥市场化效应，把“伙伴关系、长期合作、利益共享、风险分担”等公私合作理念融入产业新城的协作开发和建设运营之中。产业新城 PPP 模式开发运营的是一个完整的公共产品。在合作过程中，政府将经济发展与社会服务等方面的非行政功能整体委托给华夏幸福，通过设立管委会确保项目的公共属性以及供给效率。华夏幸福则遵循整个区域的城市开发规划和产业政策，从全生命周期角度，为合作区域设计产业发展方向，在基础设施、公共服务等领域进行长期合作，实现互利共赢。双方在合作过程中进行了合理的分工，政府部门负责规划审批和服务质量监管，华夏幸福负责产业新城的规划、设计、建设和运营。双方都发挥出自己的比较优势，通过分工合作实现了共赢。2015 年 7 月，固安县入选国家发改委首批 13 个 PPP 示范案例，同年固安产业新城 PPP 模式得到国务院办公厅的通报表扬。

3. 上海市张江高科技园区的 BOO 开发模式

张江高科技园区始建于 1992 年，由上海张江（集团）有限公司投资、开发、运营并提供服务，该园区采用公司建设、政府回租、授权经营的开发管理方式，即“建设—拥有—运营”的 BOO 开发模式。这一开发模式对产业园区开发建设过程中的每一环节都起到了至关重要的作用。以资金融通为例，张江高科技园区建设资金的来源渠道主要有三个方面：一是中央政府和各级地方政府的投资，二是资本市场筹集的资金，三是社会资金和境外资金的引入。在 BOO 模式下，园区借鉴发达国家产业园区开发的融资经验，在融资管理和投资管理方面与国际接轨，引入了以民间资本为主的风投公司和中外合资的风投基金，将风险投资基金与园区内的孵化器结合，把政府的种子基金与境外风险投资捆绑在一起形成利益共同体，实现了资金来源多样化和管理模式国际化。在多年的发展中，BOO 运营模式发挥了巨大作用，企业和政府的作用得到了充分发挥。目前，张江高科技园区已经构筑起了以生

物医药、集成电路和软件业为主导产业的几大产业链，已由传统的工业主导园区转变为产城融合发展的产业新城。

（二）创新驱动产业集群升级

党的十八大明确提出实施创新驱动战略，《“十三五”国家战略性新兴产业发展规划》指出，要“培育战略性新兴产业特色集群，由产城分离向产城融合转变，推动研究机构、创新人才与企业相对集中，促进不同创新主体良性互动”。产业新城综合考虑新兴产业与创新孵育，将城市建设、产业生产、人口集聚有效组合，促使各部分之间建立起相互依存、互利互惠的动态关系，以创新推动产业发展，以产业带动城市建设，以城市吸引人才落地，以人才保持创新，从而形成以创新为发动机的良性循环，有利于产业发展驱动力的转换。武汉东湖新技术产业开发区自建设以来，发展迅速，成绩斐然，是我国高新技术园区开发的样板，该开发区之所以能有今天的发展成就，与园区内大量的人才集聚和智力集聚有密切的关系。东湖高新区于1991年被国务院批准为首批国家级高新区，区内集聚了武汉大学、华中科技大学等几十所高等院校、50多个国家级和省部级科研院所，拥有60多名两院院士、20多万名专业技术人员和80多万名在校大学生，是中国三大智力密集区之一，大量人才集聚为开发区建设提供了智力保障。

产业新城强调区域发展，具有目标多元、要素集成、互动高效的特点，通过“以产兴城、以城带产、产城融合、城乡统筹”实现区域的科学发展，在政府与企业的共同合作下，搭建资源、资本、劳动力、技术等各种要素的集成体系并实现不同利益主体之间的高效互动、协调发展。产业新城不同于传统的单一功能或产业的开发园区，具有完备的产业及配套支撑、人口适度集聚和空间合理开发，有利于产业集聚效应、整合效应与创新效应的发挥，实现由“单个创新”到“集群创新”的转变。固安产业新城在建设和发展的十几年中，构建了以新型显示、航天航空、生物医药为主导产业的高科技研发制造与高端现代服务业协调发展的创新型产业格局，目前已经形成了颇具规模的几大产业集群。创新型企业在产业新城落地，众多的创新型人才也汇聚到产业新城，产业的集聚、人才的集聚推动了创新发展，也进一步推动了产业集群的转型升级。

四　产城融合助推产业新城可持续发展

（一）产城融合推进产业新城的产业发展

随着我国供给侧结构性改革的不断推进和深入，中国经济逐步转入高质量发展阶段，消费增长和升级逐渐成为推进我国经济增长的主要动力，加快城镇化进程成为拉动内需的重要方向，产业新城的出现为我国新型城镇化建设提供了样板。自改革开放以来，我国许多地方建设了各种类型的产业园区，但是传统的产业园区只重视产业发展，而对城市发展不够重视，更没有发展到产城融合阶段，片面的只重视产业发展会导致城市生活设施发展滞后，从而导致人力资源集聚不足。因此，传统的产业园区在发展到一定程度时由于缺乏城市基础设施的同步发展，往往会由于各类人才的缺乏而陷入困境，增长乏力。产业新城的发展理念改变了产业园区的发展模式，产业新城的建设不仅重视产业的形成和发展，还同时注重城市的形成和发展，力求做到产城融合发展。产业新城的建设目标是在成为区域经济增长极的同时，还要建设成适合人们生活和居住的城市。我国目前发展势头良好的产业新城普遍以发展知识密集型的创新产业为主，这些产业对高端人才有更加紧迫的需求，因此在产业新城开发过程中必须要建设良好的居民生活区，以吸引各类高端人才来此创业和生活。

产业新城的发展以产业发展为基础，最终向生产和生活综合化方向发展，产业新城将成为集生产、科研、住宅、写字楼、商业、休闲、娱乐于一体的城市综合体，将会聚集大量的常住人口，使产城关系得到较好的融合。在这种多功能的综合体内，人们的工作和生活需求同时完全得到满足。产业新城的发展凭借市场化手段，依托专业化服务平台，协调处理好产业发展与城市扩张之间的关系，统一规划产业和城市发展的空间布局，统一规划生产

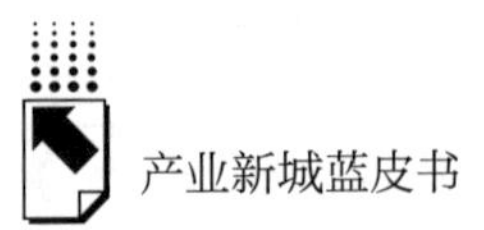

和生活基础设施的布局和建设，产城融合发展是产业新城发展的一大亮点和特色。目前发展态势良好的产业园区和产业新城，在规划和建设过程中都是立足于营造一个产业与人居、生态保护与城市建设互融共生的“生态圈”，通过科学规划和布局，有效地实现了生产区、生活区、休闲区等不同区域之间的协同生长和发展，使生产功能与生活功能实现了有机结合，产业发展和生活质量同步提升，形成了一个个现代化的产业新城，成为我国新型城镇化发展的样板。

（二）以人为本促进产业新城人口集聚

随着产业新城规模不断扩大，入驻企业越来越多，流动人口越来越多，许多新的问题开始出现，最突出的问题就是产业发展与城市发展不匹配、不协调，其实就是过去经常说的工业化与城镇化不协调的问题，有些地方是有城无产，有些地方是产强城弱。近些年来，我国大力推进的新型城镇化建设，其核心就是发展过程中注重以人为本，也就是以人为中心，以产业发展为推动力，实现各类生产要素向城镇集聚、农业人口向城镇集聚，生活方式由传统的农村生活方式向城市化生活方式转变，形成规模经济，实现我国由传统的农业社会向现代城镇文明社会全面升级。产业新城作为我国新型城镇化发展过程中的新事物，随着第二、第三产业的不断发展壮大，城市在信息传输、科技研发、综合服务和市场活力等方面所具备的优势条件将成为促进产业结构升级的重要因素。目前，我国大部分产业新城在发展初期都比较注重产业的发展，这在某种程度上讲是正确的思路，因为产业新城必须以产业发展为基础，但是很多产业新城的发展顾此失彼，对城市商业和居住配套建设不够重视，发展相对滞后，因此很多产业新城内居住条件和商业休闲环境不佳，在产业新城内就业的人员大多居住在远离产业新城的区域，通勤时间比较长，导致产城分离、产城脱节问题，导致产业新城内的企业对人才的吸引力不足。

随着产业新城内的企业越来越多，产业规模和就业人口的总量不断增加，对产业新城内的生活服务配套设施的需求数量和质量也都提出了更高要求。当前，我国大部分产业新城项目还处于初始投资和建设阶段，生活配套设施主要集中在为就业人群提供日常生活必需品方面，医院、学校、健身、休闲、养老等配套设施还严重短缺。同时，公共服务设施数量不断增加和服务质量不断提高，会提高产业新城的吸引力，如果产业新城内生活服务配套设施的品质比较高，并能够针对不同生活圈内的人群提供差异化的、有针对性的配套设施，使人们的精神需求和物质需求都能得到很好地满足，那么就会有更多的各类人才聚集到产业新城，为产业新城发展提供人才和智力支撑，促进产业新城的产业集聚和产业升级。

参考文献

王小鲁：《中国城市化路径与城市规模的经济学分析》，《经济研究》2010 年第 10 期。

焦永利、于洋：《城市作为一类“特殊产品”的供给模型及其合约结构改进——产业新城开发模式研究》，《城市发展研究》2018 年第 11 期。

张铭言：《基于科技产业新城“产城融合”过程中问题分析与对策》，《现代国企研究》2018 年第 1 期。

高京燕、全凤鸣、吴中兵、邓运：《产业新城发展模式机理分析》，《河南工业大学学报（社会科学版）》2018 年第 1 期。

B.10
产业新城的运营模式研究

韩　珂*

摘　要： 我国经济进入新常态，经济下行压力加大，资源、劳动力、物流等成本的上涨推高企业成本和产业新城建设成本。在此背景下，产业新城如何吸引企业入驻、如何运营获得更大利润，对产业新城顺利发展起着重要作用。因此，探讨产业新城运营模式成为必要。按照产业新城开发运营主体性质的不同，结合运营特点，我国产业新城运营模式可分为政企联合运营模式、地产+投资运营模式、服务运营模式。依托案例从运营特点、服务体系、盈利来源等方面对三种运营模式进行概述。在此基础上，提出产业新城运营创新发展对策建议。

关键词： 产业新城　运营模式　要素整合

随着产业新城模式在我国的实践，涌现出一批具备市场化竞争力的产业新城及优秀运营商。但随着资源、劳动力、物流等成本的上涨，产业新城建设成本增加，如何整合资源、如何轻资产模式运营，如何获得更大利润，对产业新城顺利发展起着重要作用。因此，有必要对产业新城现有的运营模式进行研究。产业新城在产生和发展过程中，政府支持和市场机制发挥着重要作用，是最核心的驱动力，两者的参与程度影响着产业新城的发展运营。在我国产业新城演进过程中，产业园区是部分产业新城发展的初级阶段，是我

* 韩珂，博士，郑州轻工业大学经济与管理学院讲师。

国产业新城运营模式研究中不可或缺的一部分，因此也纳入研究范围之内。产业新城（园区）运营中，涉及产业地产投资主体、运营企业、运营关键要素、收益来源等诸多要素（见图1）。按照政府和市场的参与程度以及产业新城开发运营主体性质的不同，结合运营特点，我国产业新城（园区）运营模式可分为政企联合运营模式、地产+投资运营模式、服务运营模式。对现有的产业新城（园区）运营模式进行研究，分析它们在运营方式、服务体系、盈利来源等方面的特点，为产业新城未来发展提供参考。

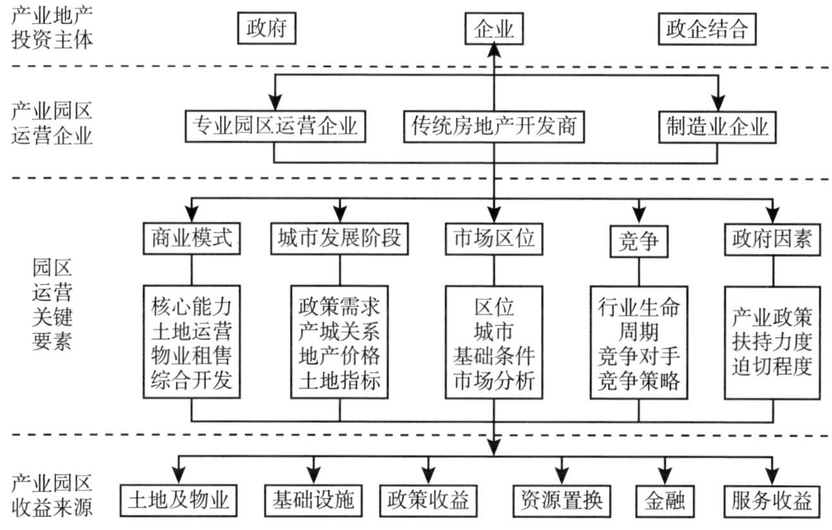

图1　产业新城（园区）运营要素

资料来源：中国指数研究院整理。

一　产业新城运营模式

（一）政企联合运营模式

产业新城的建设涉及多个主体与众多资源要素，既需要政府的财政支持，也需要大量资金投入，还要求具备项目经营运作能力的保证。政府拥有

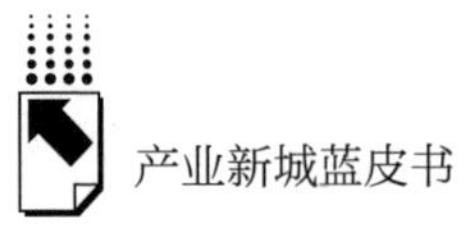

土地但缺乏资金和运营经验，企业拥有资金和开发经验却缺少土地。政企联合运营模式可以很好地整合政府和企业优势，两者共同负责产业新城的运营管理，利益共享、风险共担。政企联合运营模式是政府从战略的角度对产业新城进行规划、定位，从整体上对产业新城进行管理，负责成立产业新城管理委员会；企业负责产业新城的招商融资、基础设施建设、服务体系建设等具体事务。在县级政府与民营企业合作开发运营产业新城的案例中，以华夏幸福产业新城 PPP 模式为代表，是政企联合运营模式的优秀案例。

PPP 模式是政府和企业之间形成“利益共享、风险共担、全程合作”的关系。产业新城 PPP 模式以“政府主导、企业运作、合作共赢”为原则，地方政府与企业各司其职，政府是园区开发建设的决策者，通过园区管委会履行政府职能，提供政策支持，负责建设用地的征收和流转，对园区建设实施监管等。华夏幸福作为投资开发主体，成立项目公司（SPV）负责产业新城的规划设计、基础设施和配套设施建设、产业发展服务和运营维护、园区生态环境建设等。

1. 运营特点

华夏幸福通过“以产兴城、以城带产、产城融合”的理念进行产业新城的建设和运营，实现产业发展和城市发展相融合，推动产业新城价值最大化，县域经济、区域经济价值最大化。华夏幸福根据协议，完成规划设计、基础设施和配套设施建设、招商运营和服务管理等，政府通过税收和转让土地获得收益，并分期支付公司一级开发的成本。

在开发初期，通过“园区孵化”模式在短期内实现了园区的快速建设。“园区孵化”一方面可以节省运营企业土地购置成本和园区建设成本；另一方面政府只需成立园区管理委员会管理相关事务，不需要投入资金。“园区孵化”模式使企业和政府获得双赢。随着园区基础设施和服务的完善，园区逐步发展成一个集产业、商业、住宅与一体的综合体，土地升值空间增加，政府财政收入增长（见图 2）。

2. 运营服务体系

华夏幸福拥有专业的产业研究与发展团队，为所在区域提供研究规划、

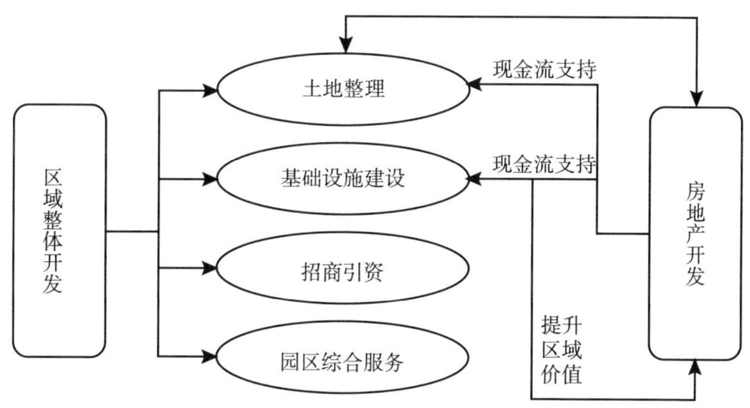

图 2　“园区孵化 + 房地产开发”模式

资料来源：元时代智库。

产业落地谋划、全球资源匹配、承载平台建设和全程服务运营。华夏幸福依托华夏幸福产业研究院以及麦肯锡、波士顿咨询等国际机构，科学规划产业发展方向，负责华夏幸福各产业新城内产业集群的落地谋划。产业招商团队构建了全球招商资源网络，为区域匹配并导入适合的产业资源。根据入驻企业的实际需求，提供全方位的产业服务，搭建咨询服务、行业服务、审批服务和生活服务四大平台。针对入驻园区的企业，提供涵盖产业规划、选址服务、全球资源、行业圈层、金融支持、专业载体、一揽子政策和全球服务八大领域的服务。

3. 盈利模式

产业新城盈利模式就是产业新城建成后如何保持持续盈利。在政企联合运营模式中，政府通过土地、税收等政策扶持，推动产业新城建设，实现了区域经济增长，获得经济效益和社会效益双丰收。企业通过招商引资、房地产开发等获得收益。华夏幸福回款来源主要是政府返还的基础建设投资、企业提供的各种服务收益以及房地产开发收益。基础建设投资由地方政府将所取得的各项收入中地方留成部分按一定比例纳入预算，统筹用于支付华夏幸福的区域建设、运营工作服务费；规划设计服务、土地整理服务、基础设施建设等按照成本加合理回报计取，产业发展服务费按照新增落地投资额的一定比例计取。在实际运作中，华夏幸福通过政府的税收补偿和住宅土地增值补偿获得土地储备和园区收益。

（二）地产＋投资运营模式

地产＋投资运营模式是将产业地产的有形资源转化为产业投资的无形资源，即将产业地产的租赁和销售收入转化为园区企业的股权投资，进行企业孵化和产业投资。上海张江高科技园区（简称“张江高科”）是这种模式的典型代表。张江高科成立于1992年，2009年园区被正式定位为高科技研发中心和高新企业培育孵化中心。早期张江高科的定位为简单的科技地产开发和土地批租，随着张江园区土地资源的拮据，张江高科转变发展路径，由以工业地产开发运营为主导的“高投资、重资产、慢周转”模式，向“轻资产、证券化、快周转”转型升级；并逐步摆脱传统产业地产开发运营商的单一模式，提出了以“科技投行”作为战略发展方向，着力打造新型产业地产运营商。

1. 运营特点

张江高科提出以科技投行作为战略发展方向，采用产业投资基金或物业入股的方式对成长型企业进行孵化、培育，待孵化企业被并购或上市后，通过分享企业成长的红利来获得资本增值，形成了“房东＋股东”与“股东引房东”模式，着力打造新型产业地产营运商、面向未来高科技产业整合商和科技金融集成服务商的“新三商”战略，将产业地产和产业投资有机融合、创新协同，形成独特的商业模式。张江高科园区在开发建设中，依托园区创新要素和资源集聚领先优势，逐步形成了以“产业地产开发运营、产业投资和创新服务”为核心的业务模式，用投资的方式吸引创新企业入驻，产业投资在实现资本溢价的同时带动园区资产增值。同时，在招商过程中，采取产业链招商模式，注重产业集群的打造，带动和提升了相关产业的整体规模与水平，实现园区跨越式发展。

2. 运营服务体系

在公共服务上，张江高科建设有浦东软件公共技术服务、知识产权公共服务、高新技术产业咨询服务等平台以及数据支持中心；在金融服务上，建设有浩成创投、张江企业易贷通、张江小额贷款、张江科投等机构，通过完善的服务体系保障园区的稳定运转（见表1）。

表1　张江高科技园区运营服务体系

公共服务	金融服务	休闲居住出行	专业经理人
浦东软件公共技术服务	浩成创投	员工人才公寓	HR俱乐部
数讯数据中心	张江企业易贷同	园区自行车租赁服务平台	财税经理俱乐部
知识产品公共服务平台	张江小额贷款	园区有轨电车及免费班车	—
企业咨询服务平台	张江科投	张江体育休闲中心	—
高新技术产业咨询服务平台	艾西益货币兑换	—	—
张江高科技园区接待中心	—	—	—

资料来源：黄群慧、张五明主编《中国产业新城发展研究报告（2018～2019）》，社会科学文献出版社，2018。

随着张江园区入驻企业的数量和质量不断提高，园区土地的附加值也越来越高，基于分享土地升值红利的目的，张江高科不断拓展业务范围，从只为入驻企业提供空间载体以及简单的入驻服务，转为向企业提供多类别和高质量服务（见表2），这是对客户价值的二次开发，充分挖掘潜在的客户需求，在帮助园区企业做优做强的同时，为园区培育新的盈利增长点。

表2　张江高科技园区衍生增值服务平台及其内容

企业服务平台	服务内容
咨询服务	从为企业提供创业导师服务开始，逐步发展为向企业提供各项咨询、投融资业务的资本及综合服务供应商，一站式咨询服务平台
金融服务	张江高科成立有中小企业信贷担保公司及产权交易中心，为企业提供超短期资金融通、融资担保、小额贷款等服务，并通过建立中小企业信用评价体系，为中小企业技术创新提供产权、股权、投融资配套服务
孵化服务	张江高科在提供集约式空间服务的基础上，针对企业不同发展阶段的需求提供个性化孵化服务
PE/VC	通过直接投资以及与各类基金合作等渠道和方式，实施从风险投资到产业并购的投资链布局，投资设立金融和集成电路领域的专业投资平台
物流仓储	可为企业提供寄售维修型保税仓库、公共型保税仓库、普通货物仓库

续表

企业服务平台	服务内容
园区绿化	注重园区绿化服务质量与环境保护工作
通信服务	开放式通信平台"张江新网"覆盖园区每一处地方,为用户提供多种方式的接入服务,同时也为客户提供网络管理和安全检测等增值管理服务

资料来源：中国指数研究院综合整理。

3. 盈利模式

在上述运营模式下，张江高科通过土地一级开发、园区产业地产开发销售、园区物业租赁、地产开发销售/住宅项目投资参股、科技企业股权投资、产业服务增值等方面获得盈利。在土地一级开发方面，以卖地的形式获利，例如将生物医药基地的部分土地出让给大企业自建厂房。在园区产业地产开发销售方面，自建产业办公房产对外出售获利，如集电港二期总部办公基地。在地产投资方面，精选相关物业，将部分资金投资房地产市场获利，如投资“汤臣豪园”“御景雅苑”“山水豪庭”等房地产项目。在科技企业股权投资方面，孵化器培育中小企业和创新企业，对园区内有潜力在主板上市的高科技企业进行股权投资获利。

（三）服务运营模式

随着经济发展和专业分工细化，企业对人才、金融、技术、信息等专业化、增值型服务的需求越来越多，基础性的物业服务已经不能满足企业需求。为了满足企业多样化、个性化需求，园区运营越来越倾向于服务，形成了以服务运营为主的产业园区。园区为入驻企业提供人才、资本、技术、信息、市场、政策等增值性服务，建立产业配套服务体系，为企业提供最佳的发展环境。服务运营模式提高了园区招商能力，提高了园区服务水平，增长了园区的利润空间。天安数码城是这一运营模式的典型代表。天安数码城成立于1990年，其经历了传统工业园区、泛科技企业园区到城市产业综合体三个阶段，逐步形成“一体两翼”的发展模式，以创新企业生态圈的建设运营为主体，以智慧园区和金控平台为两翼支撑，服务企业从孵化、成长到成熟的全生命周期。

1. 运营特点

天安数码城以“产业综合服务运营，提供创新创业产业空间 + 综合服务”作为核心理念，在智慧园区运营方面，打造园区三个“24”的运营体系；在金控平台方面，持续创新升级股权投资、基金管理、财富管理等金融服务领域，在深入挖掘园区企业客户资源的基础上，积极联合外部龙头行业资源，打造中国新兴产业综合金融服务平台及全球资源整合平台。天安数码城模式在本质上是成长性企业集聚发展的服务平台。通过服务平台的提供、上下游产业链的建立，促进企业在园区里更好更快的发展。

2. 运营服务体系

天安数码城针对入园企业成立企业家俱乐部“优合汇”，并搭建优合汇综合服务平台，在园区内创新发展了一系列智慧服务内容。优合汇综合服务平台包括一大中心、三大平台、六大板块商企联盟、九大空间。一大中心是产业转型升级企业体验中心；三大平台是科技孵化器（加速器）平台、中小企业融资和种子基金服务平台、数码 IT 产业聚集式发展示范平台；六大板块商企联盟包括金融投资、医疗机构、地产物业、餐饮酒店、科技企业、休闲娱乐；九大空间为灵动创新建筑空间、和谐生态园林空间、创业创富聚集空间、中高级人才展示空间、新兴战略产业组合空间、产业转型升级样板空间、产业链上下游整合空间、社区型创新空间和 ITTBCL 聚合空间。通过智能通信、智能云计算、智慧产业、智慧民生为园区企业提供智能化服务。

3. 盈利模式

天安数码城的盈利主要来自地产销售、物业经营以及物业资本化。地产销售是数码城将住宅、写字楼、产研大厦等产品的一部分直接销售。物业经营盈利是赚取物业经营租金。物业资本化是通过战略合作的创投公司以及成立全资创新基金等方式，针对园区企业，以物业租金和现金的形式，联合政府和其他基金，进行股权投资。

二　产业新城运营模式比较

通过以上分析可以看出，三种产业新城运营模式由于运营理念不同，在运营方式、服务体系、盈利来源等方面存在着差别，三种运营模式各有特点（见表3）。

表3　三种产业新城运营模式比较

模式	典型代表	运营特点	服务体系	盈利来源
政企联合运营模式	华夏幸福产业新城	园区孵化 + 房地产开发	研究规划、产业落地谋划、全球资源匹配、承载平台建设和全程服务运营	政府返还基础建设投资额、产业发展服务、运营维护费
地产 + 投资运营模式	张江高科技产业园区	房东 + 股东产业投资	咨询服务、金融服务、孵化服务、PE/VC、物流仓储、创业服务联盟	土地一级开发、园区产业地产开发销售、园区物业租赁、地产投资、科技企业股权投资、产业服务增值
服务运营模式	天安数码城	产业综合服务运营	优合汇综合服务平台，智慧服务	地产销售、物业经营以及物业资本化

三　产业新城运营创新发展对策建议

在供给侧结构性改革的推动下，我国正加快战略性新兴产业布局和传统产业升级改造，创新在调整和优化产业结构、引领产业转型升级中发挥着重要作用。产业新城运营创新，不仅是运营商自身的创新发展，还是产业新城创新要素的投入，因此要从模式、服务、需求和资源四个方面进行产业新城运营创新。

（一）模式创新

在经济发展全球化背景下，产业新城不仅是聚集产业要素资源的平台，还是一个集企业、商业、住宅等一体的综合体，要对产业新城内各资源要素进行优化配置。因此，产业新城的运营发展模式要打破区域限制，从开放的角度构建产业链条，加强要素间的协同和融合发展，强化产业孵化培育，加强园区运营服务。产业新城在园区规模、产业选择、运营模式等方面，要研究分析国家发展战略，做好新城在国家发展战略中的精准定位，将区域发展战略与市场发展战略相融合，科学制定新城发展战略。产业新城的开发建设同时涉及产业发展与城市建设，其开发周期长、投资多，初期运营大多采用重资产模式。对入驻企业来说，重资产的空间载体仅仅是产业新城发展的基础，在此基础上新城提供的运营、管理、金融、孵化等服务才是企业需求的关键。轻资产模式以少资金、低风险实现产业新城的规模化布局，培养新的经济增长点。因此，产业新城的运营模式需要从原来依靠土地开发和物业经营的重资产模式，向运营、服务相结合的轻资产模式转变。在信息技术迅猛发展的背景下，产业新城运营要实施多层次发展，采用智慧服务平台，实现物理园区与云端园区建设的相融合；采取远程资源异地研发、本地资源远程孵化等创新手段，实现本地园区与远程园区相结合。资金是企业生存与发展的关键要素，融资模式决定了整个经济资本的供给效率和供给成本。产业新城运营商要结合自身特点从融资渠道、融资方式等方面进行融资模式创新。

（二）服务创新

未来的新城运营更多地采用轻资产模式，在这种模式下，如何构建高质量的组织结构、整合各方资源、建立合理有效的配套服务体系，是产业新城发展的重要保障。只有当新城内产业发展程度足够撑起当地经济和就业时，才会带动区域土地价值升值，产业新城自身系统的资源、人力、资金等要素才会形成循环，带来价值的最大化，实现可持续收益。产业运营商应加强服务创新，增加增值服务，拓展创新创业金融服务、孵化服务、咨询服务、审批服务等业务，从而增加运营收入渠道，实现产业新城盈利模式的可持续性。在信息技术飞速发展的背景下，将“互联网+”与产业服务结合，构建产业新城运行的O2O平台，为新城提供运营管理、招商服务、社区服务等全方位运营服务，创新园区发展氛围，优化运营服务流程，提升运营服务效率。

（三）需求创新

在当前我国深化供给侧结构性改革、市场需求快速变化的新形势下，产业园区应适应市场环境，从满足阶段性需求向满足全周期需求转变，从迎合企业需求向引导企业需求转变，从简单满足企业需求向满足企业个性化、多样化需求转变，进行需求模式创新。根据区域特点和产业新城定位，对入驻园区的企业在满足基础需求的基础上，根据区域发展规划和产业新城战略规划进行需求引导，引领企业做大做强，做好高端服务，满足企业创新发展需求。在招商引资时，从产业链角度，对入驻企业进行甄选，进行前景化培育，引领产业链创新。从建立之初的“游说式引领”到发展过程中的“战略式引导”，再到整体产业培育的“引导化服务”，都应该体现对需求的引导引领。要利用市场化思维进行运营服务创新，产业新城运营主体要与园内企业保持实时信息沟通共享，发掘入驻企业的核心需求，并据此整合人力、资金、技术等资源，为企业提供差异化服务，从现有的为初级需求服务向企业的高端需求服务转变。

（四）资源创新

在经济下行压力加大的背景下，市场化资源配置在经济发展中起到决定性作用，资源和信息重新组合，传统产业新城的招商、租售模式面临挑战。随着资源互通、信息共享速度加快，具有资源整合与嫁接能力的运营商将拥有更加明显的优势，来推动产业新城运营模式的升级。因此，进行资源整合，构建平台和圈层，进行资源创新，对产业新城运营发展起着重要作用。构建产业新城体系，激发创新创业活力，形成新的产业发展路径，不仅要有强大的资本作为后盾，还要有强大的资源平台作为支撑，以保障企业可持续发展和创新能力。因此，需要优化整合园区众多资源，进行一体化管理，需要建立园区招商和运营服务信息化系统，打造园区运营的 O2O 平台。产业新城要开放性地整合优质资源，建立畅通的要素流动通道，促进资源要素参与主体间的流动，形成良好的互动循环系统，使各方利益达到最大化。

参考文献

中国指数研究院：《中国产业新城运营理论与实践》，中国发展出版社，2018。

黄群慧、张五明主编《中国产业新城发展研究报告（2018～2019）》，社会科学文献出版社，2018。

朱婷：《产业新城商业模式探析——以华夏幸福为例》，PPP 门户网，http：//www.zgppp.cn/hyzx/hypx/6492.html，2018 年 5 月 25 日。

李继凯：《产业园区发展模式需要全面创新》，《经济参考报》2018 年 1 月 17 日。

B.11
产业新城招商模式研究

符加林*

摘　要： 产业新城作为经济社会发展的产物，为社会的经济发展提供了动能。而招商作为产业新城发展的重要环节，其力度和质量影响着产业新城的发展。目前招商处于新的发展阶段，新形势下的产业新城招商面临着优惠政策作用弱化，土地结构不合理，国际产业转移等方面的挑战，传统的招商模式已不能满足竞争需求，招商模式有待突破。未来，产业新城需要创新招商模式，健全招商体系，全面提高招商的目的性、针对性，重点推进园区 PPP 模式、基金招商模式、投资营商模式、双向对流模式等，推动产业新城优质健康发展。

关键词： 产业新城　招商模式　生态环境

产业新城招商模式是指以产业新城为招商主体，为达成塑造形象、投资生成和确保投资目的的实现而采取的一套相对稳定的策略、方式和措施。产业新城是产业园区与新型城市有机融合的一种新的城市形态，因此产业新城的招商模式必然有其特殊的要求与特点。产业新城招商侧重以产业环境吸引企业，关注产业的引导、开发与培育，更重视生态硬环境和各种软环境的建设，为企业提供全方位服务。国内已有的主流招商模式和招商体系主要采取土地和空间载体招商，后者成为当前最主要的招商模式。但随着各种因素的

* 符加林，博士，郑州轻工业大学经济与管理学院副院长，副教授。

变化和发展，产业新城的一些创新性招商模式也正在从理论走向实践，创新招商模式将可能成为产业新城运营商制胜的关键因素之一。

一 产业新城招商模式现状

产业新城作为产城整合的新型城市形态，其招商模式受到地区、文化、产业特点等影响，形成了不同的招商模式。在国内已形成了以上海为代表的政府主导模式、苏州的市场化导向模式、北京的总部经济模式、山东的特定对象招商模式等。此外，加拿大、美国在不同的阶段也都选择了适合本国、本地区的招商模式。

（一）国内产业新城招商现状

国内产业新城已形成了一些有代表性的模式。一是苏州工业园的市场化模式，产业新城运营商承担园区内一切关于土地开发和招商引资工作。充分重视政府、企业、商人的融合统一，最大限度地发挥企业和社会的作用。二是山东面向特定对象的招商模式。山东因其临近韩国和日本的特殊区位优势，以这两个国家为特定对象，采取特殊政策，注重吸引日韩先进管理经验和园区开发模式，打造高端高质量的新型园区。三是北京总部经济模式。北京共有 8 个经济集聚区，是外企总部的首选之地。其园区招商模式借鉴了伦敦、纽约等城市发展总部经济的经验，积极为大企业总部提供完善的服务、优越的办公环境等，形成了独具特色的招商模式。此外，上海的产业新城则是以政府主导模式，形成了大规模的产业集聚、组团发展，成效显著。

（二）国内产业新城招商存在问题

产业新城对推动地方经济发展、培养新增长点起到了积极作用，有着广阔的发展前景。但不同地区有着巨大差异，产业新城招商处于新的发展阶段，还存在一些问题。

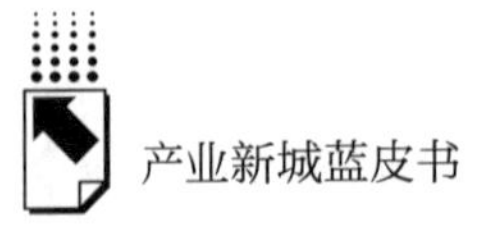

1. 产业园区有园区，没产业

中国产业园区产业薄弱的现象很普遍，很难达到产业聚集的合理性，对未来的可持续发展不利。过去，招商引资建产业园，从村到镇，再到县城、市区一窝蜂，造成大量产业园区荒芜。应该吸取过去的教训，统一规划，让真正的产业园区落到实处。

2. 产业新城目前存在主导产业特色不鲜明

产业新城凝聚力不够，招商引资不得力，教育、医疗等各种配套设施不完善。因此，要想办法突出产业特色，制定相关优惠政策，引入相应的龙头企业入驻，并为入园企业提供全产业链服务，完善各种生活配套设施，实现由单一的生产功能向生产、房屋、消费功能转换。但实现这个转换的难点在于体制问题、资金问题、政策支持不到位问题。

3. 产业新城发展中仍处于“招”企业的阶段

企业入驻产业新城的速度缓慢，很难做到产业和新城同步发展，任何一个企业开发产业新城的目的是获利，而最大的获利模式就是房地产，先通过政策、规划、低价圈到大量的土地，正常的逻辑是先导入产业，然后给产业配套住宅，让员工在当地既能乐业又能安居。但实际上企业入驻没那么快，地拿到手之后又不能荒着，这样企业就容易先卖房子。

（三）国外招商模式借鉴

一些发达国家的开发区建设比发展中国家早，它们早期的招商也是采取政策优惠和地理优势这种最直接的方式。后来受到石油危机和经济衰退的影响，资金流动在整个世界范围内锐减，单纯地依靠这种直接的招商方式已经不能起到令人满意的效果。为此，投资促进工作就应运而生了。

最初是政府成立投资促进机构，为引进企业塑造一个良好的投资场所。例如，加拿大投资局在第一年拿出300万加元，指明一定要用于在国际投资中改变自己的国家形象，营造一个适合企业生产经营的投资场所；爱尔兰工发局在每个时代都反反复复使用形象重塑的技巧，它们的这种塑造前后连续了20多年；20世纪80年代，美国的州政府调整很多政策努力吸引外资，而“对外贸易区”则通过政策优惠来降低投资成本，从而引起外来投资者的注意。

对国外开发区招商研究有以下几点经验值得借鉴。

1. 对招商模式的确认

虽然招商主体和招商方式，各国开发区类型各有不同，存在明显的差异，各招商阶段也没有确定的界限，但为了引资，首要选择必然是塑造一个良好的投资形象。对外资采取的投资服务和关怀是为了更好地留住外资、稳固招商结果的必要步骤。由此可见，招商模式是固定的，大多数的招商模式创新都仅仅是改变了招商方式。

2. 准政府组织效率较高

在招商主体中，同时具有政府权力和私企结构的准政府组织最有效率。研究表明，招商活动不仅需要政府给予各方面的政策优惠和便利，同时也需要投入大量资金。所以，一个不受公务员编制影响具有独立人事权力的，而且又有良好政府背景可接受政府资金支持的机构对招商有很好的推动作用。

3. 有关集聚效应的启示

美国喜欢在日本建招商办公室，且已经有了很好的效果。日资企业喜欢聚集起来，他们这种集聚效应，很大程度上起到自我强化的作用。同时也表明：一个州如果能最先提供政策优惠，比如补贴和减税，就会吸引更多的公司来这里投资，驻入的公司越来越多，就会增强这个州的吸引力。即使之后有其他州提供同样的条件也很难超越它这种特定的“聚集效应”。

4. 关注潜在投资者的想法

联合国贸发会议的一项调查发现：投资者在选择投资地时，一般分两个阶段进行。第一阶段，投资者会先找到高信用等级的国家，因为这样的国家具备基本的投资条件。第二阶段，投资者会考虑一些具体的投资促进内容。东盟通过对外来投资者的调查发现，投资者的投资决定大多受外部独立资源的影响。他们只会对自己感兴趣的几个国家的投资促进官员接触，然后再做定夺。这个特点使他们更关注形象塑造，更重视招商投资后的服务。

二　产业新城招商模式的主要影响因素与招商原则

（一）产业新城招商的主要影响因素

1. 外部因素

（1）地理因素。地理因素决定了销售市场和原材料供应地的距离，好的地理位置有助于企业获得上下游的资源，更容易接近市场。市场条件好的地区，有利于入驻园区的企业增加收益和推广品牌。产业新城如果处于良好的地理位置会更有利于园区招商。

（2）政策因素。产业新城吸引投资与政府的政策导向有关，政局稳定、政策支持力度大的园区，有利于企业持续稳定的发展，因此，政策优惠的园区更容易吸引企业入驻，有利于招商工作进行。

（3）文化因素。产业新城与投资企业在历史、文化、语言、风俗和商业习惯等方面存在差异。两者差异越小，越有利于投资企业落户。

2. 内部因素

（1）战略研究和产业定位的能力。在招商工作开始前，招商者必须对产业新城的产业有明晰的战略发展思路，对主导产业的发展优势有足够的认识和了解，没有明确的战略和产业定位，招商工作会很难进行。

（2）市场细分和目标商家的选择能力。在确定了主导发展的优势产业后，下一步应围绕产业链的上下游商家需求特征进行细分，从而选择对自身具有吸引力的客商群，成为主要的招商引资目标对象。

（3）制定招商策略的能力。在招商引资中，要确定竞争目标，通过对竞争态势的分析、找出比较优势，拟定可行的招商策略。招商策略主要包括招商目标、商户条件、优惠政策、招商渠道、招商诉求、招商步骤、招商保障、招商评估等，方案力求客观可行、针对性强、注重实效，做到有的放矢、胸有成竹。

（4）整合资源的能力。招商引资是一项极富挑战的工作，面对全国甚至全球市场，单凭一个园区二三十个人的力量是有限的，整合资源借力打力成为高效招商的必然出路。

（5）定点跟进和良性沟通的能力。成功引进一个企业，往往需要半年甚至一两年的时间，在这么长的时间里，会出现很多意想不到的因素影响投资者的决策，一些优势可能会在这一过程中逐渐淡化，别人的优势也可能就会凸显出自己的劣势，使前期的工作前功尽弃，这是经常出现的事情。为化解这种不利因素，在招商引资中实施“定点跟进”策略非常重要。

（二）产业新城招商原则

1. 突出重点产业

明确园区的产业发展目标，要突出重点产业招商，吸引龙头企业入驻，以重大项目带动产业跨越。入驻产业和企业须符合园区发展规划。

2. 突出重点区域

产业地产项目招商非常广阔，招商对象可以遍布全国各地。这就要求招商人员在全国范围内寻找投资企业，因此开展招商工作要瞄准重点地区，集中有限人力，围绕重点区域，有针对性地开展招商。

3. 突出园区特色

在园区的发展过程中，要结合自身区域内产业分布特点，整合优质资源，形成主导产业，着力打造园区特色。

4. 产业集聚原则

园区要结合实际和自身优势，明确园区发展的主导产业。积极引入高端、总部型、规模大、产出高的产业类项目，不断培育壮大园区的主导产业和特色产业。

5. 质量优先原则

园区引入项目要确保项目质量，严格执行项目引进参考标准，对引入项目要进行全面、客观的科学评价，认真进行可行性分析论证。对能够促进园区产业聚集，形成区域品牌的项目，在入驻园区时将给予重点扶持。

三　产业新城的招商模式创新探讨

如今在招商引资发展的新阶段，传统的招商引资模式已经不能满足新形势的竞争要求，并暴露出很多问题，一些招商创新模式开始陆续出现，冲击着既有的传统园区模式，引领着全新的园区招商引资方式。而产业新城招商模式也出现几种创新的新模式。

（一）园区 PPP 模式

园区 PPP 模式就是政府和社会对产业新城这个公共产品的开发进行深度合作，用更加具有活力的完全市场化手段来提高产业新城的运营效率，运用平台整合的思维和方法进行新城区软硬件建设和产业集聚与服务，然后从长期运营中获得合理收益的模式。这种模式的新城区常需要一个比较长的运营期限，严格划清政府与市场的边界，让有能力的运营商和服务商成为新城区市场化运营的重要力量。政企双方的利益趋于一致，就能在整个产业园区的生命周期中，齐心协力，各展神通，着力于长远规划和稳定运营。

华夏幸福的产业新城 PPP 模式已经被财政部和发改委等多个部门所认可，并在全国推广复制，从广义来看，这种政企合伙进行区域产城开发运营的模式乃大势所趋，无可争议。此外，张江技创区 PPP、洛阳高新大学城 PPP 项目、中业慧谷集团正在探索的数据湖小镇 PPP 模式都各具特色，值得持续观察和研究。

（二）基金招商模式

目前，国内已经有很多产业地产商和产业园区在充分利用资本的催化和杠杆作用，探索出一种产融结合的园区基金招商新模式，这几乎已经成为产业园区招商的一种标配。园区通过财政资金撬动社会资本，引导社会资本建立股权投资基金，打造“基金 + 项目 + 园区”的一体化生态链，实现资本与项目的有效对接。

2017年，广州市通过国有投资平台凯得科技成立一支投资基金，对GE全球医疗生命科学板块最重要的合作伙伴百济神州的生物医药项目进行投资，推动其落户中新广州知识城。在该项目22亿元投资当中，百济神州自有资金只有2亿元，其余20亿元则是基金股权投资、股东贷款和银行商业贷款。

这种方式就是把财政资金注入国企，再以合资模式与产业形成“命运共同体”，既给落户企业解决后顾之忧，吃下定心丸，同时这种项目的回报率也非常可观，有助于这种政府投融资平台本身的转型。

（三）投资营商模式

在某种程度上，投资营商与基金招商本质相同，都是以资本手段促进产业落地进入园区，但在技术层面的具体操作、进入、退出以及投资顺序方面有所区别。投资营商强调的是战略上的协同，以产业落地促进园区形成。这里面不乏一些创新式“产、融、园”结合模式的大胆设想，是一个严密的“资本招商+增值+运作”的逻辑链条。

第一步是收购相关的有潜力的企业，形成一个贯穿上下游的产业链，可以互相提供市场订单，形成紧密的价值链条；第二步，与地方政府洽谈，开发产业园区，将这些企业投进去，并以其为核心，吸引更多的企业进来，形成聚变效应。而与此相并行的则是设立产业基金，在一般情况下，需要政府投入引导资金，通过政府信用背书实现利益捆绑。第三步，则是资产海外证券化，通过园区开发和运营，将骨干企业包装上市，套现获利后再退出。

在这里面算的是一本总账——以较小的资金代价换取对产业项目的投资话语权，等到这些产业项目落地到国内运营的产业园区当中后，一方面可以借地方政府落地投资额返还的方式获取利润；另一方面这些概念火热的项目落地本身就能够提高当地土地和房产的价值，带来更好的产业与人流集聚效应，进而从长远方面给自身带来源源不断的收益。

（四）众创孵化模式

这是一种完善园区闭环生态的做法，目前很多政府园区平台都采取这种运作模式，仅仅依靠外部招商，逐渐空间逼仄，而很多由众创孵化空间出来的企业又会大量流失到外部去，“众创孵化 + 园区招商”就是成为一种生态闭环式的对接模式——很多早期的初创团队在众创空间和孵化器中成长起来，水到渠成地落户在园区当中，从而解决了园区这个“生态森林”良性循环的问题。而这种模式，又可以和前面的基金招商模式与投资营商模式结合起来，效果更佳，更持久。

张江高科在这方面做得最为典型。张江高科技园区已经形成了很强的产业集聚效应，本身就有很多上下游初创企业源源不断地涌现出来，张江高科从2015年开始推出了“895创业营”，以目前拥有的近10万平方米的孵化器，通过国内国外、线上线下平台，汇聚优秀创新项目，“895创业营”已经成为园区培育优质种子、聚集新兴产业潜力的摇篮。到第四季开始营业之前，张江高科已经从国内外选出800个项目，其中入营项目有130个，项目总估值超过80亿元；有30多个项目获风险投资，投资总额超过100亿元。张江高科同时引入硅谷天使基金会、中以创新孵化中心等与园区项目对接，为园区储备“好苗子”。

（五）双向对流模式

顾名思义，是指两个区域之间的商户资源双向对流互通，尤其在当前园区国际化的大潮下，这种双向对流模式越发有用武之地。中国企业有走出去的愿望，国外企业也有走进来的想法，产业园区通过搭建平台，促进了中外企业双向互通，这种全新的招商模式能够达成互利共赢，已经有越来越多的园区和企业在尝试。

青岛欧亚产业园和中德生态园在这种双向对流中表现得比较明显。欧亚产业园本身就是一种一园多地的形式，多地园区中外企业之间的对流很有想象空间。中德生态园则是中德两国最高规格的合作园区，中德两国企业之间就可以通过这个园区达到海外投资、要素协作、技术互通等目的。

（六）反向操作模式

这是一种专门针对商贸物流这个领域的创新式招商模式。一直以来，所谓的商贸物流城都是一种变相的商业地产形态，打着产业集群的名义在卖商铺，而卖完了商铺以后就成为“鬼城”，物流、生活、生产配套设施严重不足，商贸和物流之间严重脱节。这也是很多城市由招商“馅饼”变“陷阱”的尴尬局面。

所谓“反向操作模式”是先有物流仓储，真正有物流仓储需求的客户，可以以更便宜的价格拿到商铺，构成一种“前店后仓”的形态，使商铺的需求是实实在在的而非投资投机式的，从而保证商贸和物流真正捆绑在一起，实现物流产业与园区的可持续发展。

宝湾物流与母公司中国南山集团在合肥操作的项目——合肥宝湾国际物流中心，打出的概念就是第五代物流园区——物流综合体。该中心物流仓储和产业配套的比例达到5∶5，这种倒推式的反向招商模式较为创新，在理论上解决了以往商贸与物流貌合神离的痛点。

（七）联合招商模式

联合招商模式在商业地产中叫作“主力店”“旗舰店”，不同的是，新城区的主力店和旗舰店聚集的并非人气、人流，而是实实在在的产业链效应，这就让主力店、旗舰店本身成为一个最强有力的招商工具。在一个园区当中如果能够有一个具有强大号召力的主力客户与运营商捆绑在一起进行招商的话，往往能够起到事半功倍的效果。开展这种招商模式的前提是能够找到主力客户，并且给对方带来巨大的利益。

大连软件园是典型的联合招商案例。当年，大连软件园的开发商亿达集团找到了东软集团。东软强大的产业号召力为大连软件园早期招商起到非常重要的作用。现在，宏泰发展也非常注重使用这种联合招商模式，其在湖北鄂州与顺丰合资建设机场与空港新城，在全国范围与中航通飞联手打造通航小镇等。此外，政府性园区也越来越擅长使用联合招商模式，例如青岛开发区和中电光谷、海尔集团等建立了联合招商小组，建立联合会议机制，共同筹划研究项目，共同赴外地开展定向主题招商，取得了不俗的效果。

（八）整体迁移模式

一般来讲，这种从城市中心向城市周边整体迁移的模式可遇而不可求，需要对政策和市场都有相当的把握才可能做到，而一旦成功，这其中的红利非同小可，尤其在产业新城领域的华夏幸福、宏泰发展和商贸物流领域的华南城、卓尔集团，都曾经在这种模式中获益匪浅，它们能够走向资本市场在很大程度上是受益于这种整体迁移的模式。

雄安新区采取的就是这种整体迁移模式，已经有近百家央企迁往雄安新区，当然这种整体迁移的招商模式是无法复制的。此外，北京的60多家生物医药企业搬到了沧州临港经开区的“北京生物医药产业园”。武汉的汉正街商户也正向汉口北市场整体迁移。

（九）“互联网+”模式

一直以来，如何利用互联网推动新城区招商与运营模式创新转型，是很多具有前瞻性眼光的产业地产运营商积极探索的课题，是大有可为的。长期以来，企业选址受到产业氛围、优惠政策、人才资源、配套服务等多重因素影响和制约，互联网的出现，让企业能快速、全面、准确地掌握相关信息，在一定程度上有效降低了风险，提高了选址效率。然而不容忽视的是，产业地产仍然具有交易金额大、交易周期长、交易因素复杂、成交率低的特点，这也决定了其不同于“传统消费品+互联网”的运营模式，仍需不断创新、改进、丰富、完善。

2016年，东湖高新正式运行其“互联网+”招商运营模式，建立信息释放、筛选、跟踪、反馈机制，通过集团/项目信息的二级筛选、匹配，打造企业大数据平台，利用互联网载体形成从前端至终端的管理体系，实现招商与服务的信息化、系统化、全国化。数据显示，东湖高新通过该体系共成功吸引跨区域落户企业62家、服务园区企业400余家、专业应答2000余频次。

（十）众筹众包模式

这是一种新型招商模式，通过各个社会资本方（以产业地产运营商为主）结成一个优势互补、同气连枝的联盟形式与地方政府进行对接，资方结成联盟能够有更好的议价能力，从而取得更优惠的政策、以更低廉的地价来锁定更优质的园区或特色小镇资源，然后根据需求和各自优势在内部进行分配，并以一种“众筹、众包、众建、众享”的模式，让每一个资方能够对自己所负责的单元进行最有效的资源导入和开发运营。这种类似于“阿米巴”式的招商承包责任制，不仅将以往难度重重的总体招商化整为零，降低难度，还能够最大化激活每一个资方的积极性，相当于将整体资方的全国或全球产业资源进行整合嫁接，促进整个城区或小镇的招商运营效率提升。

这种模式，正在全国和“一带一路”的部分园区中进行探索实践。目前，该种模式下的有关利益分配、项目切割、政策突破、进入退出等方面还有很多亟待解决的难点问题。但笔者相信，这种模式将是产业新城未来招商运营的一种非常有益的创新路径。

参考文献

吴中兵、邓运、李松华、杨雪、田阳：《当前我国开发区的特征与发展趋势》，《管理世界》2018 年第 8 期。

金姝妮：《从“招商引资”到“投资促进”产业新城重在把控“产城融合”》，《中国经营报》2017 年 3 月 4 日。

B.12
产业新城综合竞争力评价

宋勇超*

摘　要： 产业新城遵循“以产兴城、以城带产、产城融合、城乡一体”的发展思路，注重产业集聚和城市功能均衡发展，对新型城镇化建设和产业结构优化升级具有重要的推动作用。产业新城竞争力主要由区位优势、营商环境、政务服务水平、运营商综合实力等方面共同决定，本文在客观性、可操作性、全面性、科学性的原则下，构建产业新城综合竞争力评价模型，采用因子分析法对产业新城竞争力进行评价，并对产业新城发展中经验教训进行总结。在此基础上，从加强顶层设计、改善营商环境、创新运营模式、完善配套设施等几个方面，提出了提升产业新城综合竞争力的对策建议。

关键词： 产业新城竞争力　区位优势　产业新城运营商

随着经济社会的不断发展和产业结构的优化升级，我国传统产业园区正在向“产城一体化”的综合性产业新城转变。产业新城更加注重产业集聚与城市功能均衡发展，强调城乡一体、生态宜居、产城融合，其区域功能更为全面，产业配套也更为多元。当前我国经济由高速增长阶段转向高质量发展阶段，处于产业结构加速转型升级的攻关期，国家对战略性新兴产业的支持力度显著增加。在此背景下，2018 年 3 月在十三届全国人大一次会议的政府工作报告中提

* 宋勇超，经济学博士，郑州轻工业大学经济与管理学院副教授。

出：要塑造区域发展新格局、提高新型城镇化质量。各地政府结合地区实际，相继出台相关政策发展培育特色产业，导入外部资金和人员带动城市化发展，推动产业结构升级，这些都给产业新城的发展提供了良好契机。

一 产业新城竞争力的内涵

产业新城是在区域经济协调发展和新型城镇化背景下产生的，其内涵是产业发展和城市发展双核驱动，基于“以产兴城、以城带产、产城融合、城乡一体”的发展理念，利用“政府 + 企业 + 市场”共同运作的多元发展模式来探索新型城镇化道路。产业新城依托城市完善的基础设施，在完善城市功能的基础上，充分发挥产业的“造血能力”，其发展对建设新型生态智慧城市、提高城市竞争力、促进区域经济转型有着重要意义。产业新城竞争力是指依托区位优势，综合利用各种资源形成产业集聚，吸引产业人口流入，完善城市功能，推动产城融合的能力。客观合理的评价产业新城竞争力，找出产业新城的竞争优势与发展短板，对于产业新城的健康发展将起到显著的推动作用。产业新城的区位优势对其竞争力的提升具有至关重要的影响，同时产业新城运营商也将在战略规划、招商模式、创新驱动等方面对产业新城竞争力起到决定性作用。因此本章将从产业新城的区位优势、运营商竞争力、营商环境等方面入手，分析产业新城的综合竞争力。

二 产业新城竞争力指标体系构建

构建产业新城竞争力评价指标体系要遵循客观性、可操作性、全面性、科学性的原则，选择合理可行的评价方法，收集整理产业新城所在地区和运营商的相关数据，为竞争力评价打好基础。

（一）指标遴选原则

1. 客观性原则

产业新城竞争力指标的选取要遵循客观事实，符合产业新城发展的客观

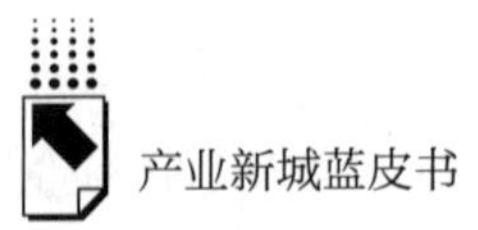

规律。本文除了在上市公司财务报表、招股说明书等公开渠道获取指标数据，还将通过实地调研、现场访谈等途径获取第一手数据，确保数据来源的可靠性。另外，本文尽量选择可以量化的指标，避免主观评价对分析结果带来的偏误，提高研究结果的参考价值。

2. 可操作性原则

指标选取应当概念清晰、目的明确，数据能够通过一定渠道获取得到，在选取指标时具有可操作性。产业新城影响力因素众多，但部分指标获取难度较大，为保证分析顺利进行，可将定性分析与定量研究相结合，然后通过分析软件进行处理，得到客观评价。

3. 全面性原则

产业新城竞争力评价是一项复杂的系统性工作，评价产业新城竞争力既需要综合考虑产业发展、城市发展能力，也需要考虑新城所在地区的经济发展水平、劳动力数量以及当地环境状况等，因此选取指标时要遵循全面性原则，综合评价产业新城的竞争力。

4. 科学性原则

指标选择是否科学合理，关系产业新城竞争力评价的质量。指标体系应当能够对产业新城的经济、社会、生态、文化等各个方面做出客观、真实的评价，指标取舍、评价方法都应当有科学依据。只有以科学性为原则，指标体系才具有客观性与可靠性，评价结果才具有参考价值。

（二）评价方法

为评价产业新城竞争力，可从运营商竞争力、区位优势、营商环境等方面构建评价指标体系。但指标过多容易导致分析过程复杂，并且指标之间可能存在的相关性导致信息重叠。因此需要对评价体系进行“降维”，用较少的公因子代替原来较多的指标，对产业新城竞争力进行客观评价、合理解释和深入分析。因子分析法正是解决上述问题的有效方法，该方法根据相关性把诸多变量进行分组，使同组变量相关性较强，不同组变量相关性较弱，通过降维和简化数据，寻找影响事物的主要因子，抓住主要矛盾。并且提取出的公因子包含了原始变量的大部分信息，损失信息较少，最大限度保证了信息的完整性，可操作性较强。因此本文采取因子分析法对产业新城竞争力进行评价。

（三）指标体系及数据来源

遵循客观性、可操作性、全面性、科学性的原则，本文构建产业新城竞争力评价指标体系。然后采用因子分析法对其竞争力进行综合评价，给出得分，明确产业新城的竞争优势和竞争短板，并得出相应对策措施，以推进产业新城健康发展。当地经济发展水平、教育水平、开放水平以及生态环境是新城发展的前提条件，产业新城所在地的配套设施越完善、发展环境越优良、产业基础越雄厚，产城融合发展的优势将越突出。本文主要从产业新城所在区域的经济规模、产业结构、创新能力、开放程度等方面对区位优势进行评价，具体包括人均 GDP、人口密度、第三产业占 GDP 比重、外商直接投资额、科学技术支出以及二氧化硫排放量、污水处理厂集中处理率、固定资产投资额等变量。同时，产业新城运营商的发展规模、盈利能力、财务风险防范能力等在很大程度上决定了产业新城建设的效率和质量。因此，本文选择运营商发展规模、盈利能力、风险防控能力和运营能力四个方面来评价运营商综合实力，数据主要来源于运营商的公司年报、招股说明书等。另外，产业新城综合竞争力还取决于地方政府的服务能力、当地的营商环境等，本文选择企业登记总天数、信贷机构数量、年度纳税额、合同执行效率等方面进行评价。

三　产业新城区位综合竞争力评价结果及分析

本文相关数据来自企业年报、《中国城市统计年鉴》、各省、市统计年鉴等，经收集整理后建立数据库，为使不同指标具有可比性，首先对数据进行了标准化处理。将数据库导入 SPSS 软件进行相关性检验，发现指标之间的相关性，并进行因子分析；对提取出的公因子进行得分排名，发现各产业

新城具有的优势和短板。公因子得分较高，说明研究对象在该方面的优势较强，产业新城应当充分发挥竞争优势；反之，说明产业新城在该方面优势较弱，应当弥补自身短板，从而均衡发展。

（一）产业新城区位优势评价分析

从产业新城所在区域综合得分可以看出，样本范围内天津、杭州、南京、武汉等城市的综合竞争力较强，说明这些城市在科技创新、经济发展、公共服务、污染治理等方面的竞争具有比较优势，通常区域竞争力较强的地区，产业新城具有更高的发展活力。对于区位优势显著的产业新城，应当发挥优势、弥补短板，提高新城综合承载能力。例如，位于浙江省杭州市萧山区的河上产业新城，具有明显的区位优势。近年来河上产业新城依托长三角一体化发展重大机遇，充分挖掘资源禀赋和山水人文资源，形成了“集、镇、产、城”的空间格局。在新城规划中，北区为智慧生态产业区，中北区为乐活宜居区，南区为古镇文创旅游区，中南区为新镇精品生活区，其作为华夏幸福布局杭州的第一座产业新城，有望成为一座高质量发展的样板之城。在产业选择上，河上产业新城大力发展高效绿色产业，不断聚焦新材料等战略新兴产业，着力构建以高端装备新材料产业为主，医用新材料和汽车新材料产业为辅的“1+2”产业体系，打造创新创业示范区和新材料科创高地，有望形成区域经济发展的新增长极。

区位优势使产业新城的发展具有得天独厚的条件，得分较低的城市也应因地制宜，弥补区位竞争力方面的不足。例如，燕湖产业新城位于广东省清远市，清远市的城镇化水平远低于广东省平均水平。近年来风景优美的清远北江两岸房地产业蓬勃发展，但城市综合服务功能如社会服务业、教育、医疗等方面发展滞后。而燕湖产业新城的意义在于，通过加强城市基础设施建设、打造优美的人居环境、增强城市综合承载能力，吸引产业入驻，使人口集中，从而形成产业集聚化和一体化格局。在产业导入方面，燕湖产业新城大力发展先进制造业，例如汽车整车及关键零部件制造、绿色建材等，并大力培育生物制药、新材料、高端新型电子信息产业等战略性新兴产业，加快发展现代物流、外包服务、创业服务、电子商务等生产性服务业，积极发展生态旅游、休闲农业、高端家居等生活性服务业，加快了广清一体化建设，推动了珠三角地区高端产业密切联动的现代产业体系。结合地理区位和产业基础等现有条件，燕湖产业新城形成了“一心三组团、两轴六片区”的产业布局框架。燕湖新城依托现代服务核心区，形成商务服务、商业文化和商贸旅游三个组团，提升产业新城的现代服务功能。两大发展轴分别为现代服务业发展轴和先进制造业发展轴，前者由燕湖新城片区、江北专业服务片区和银盏生态产业片区构成，发展商务服务、教育文化、生态旅游等产业功能；后者由龙塘新兴产业片区、石角先进制造业片区和源潭临空经济片区构成，主要发展新兴产业、先进制造业等产业。

团风产业新城位于湖北省黄冈市，是鄂东对外开放的前沿，随着武汉城市圈的快速发展，团风县不断承接武汉城市圈一体化建设带来的产业外溢机会，着力打造宜产宜居的现代新城。团风产业新城注重产业功能区与居住服务配套功能区的衔接，基于当地生态基地、文化基调、教育基因，着力打造以水系田园为生态基底，亲水亲湖的漫城微生态体系。生态是新城生活之基，产业是新城立足之本，团风产业新城规划了以生命健康产业为先导，高端装备制造业、新材料产业、现代食品加工业为支柱的产业发展体系，通过导入高端产业，持续激发区域发展活力。目前，团风产业新城快速实现了项目入驻，已签约金帆食品、高德厨卫和锂电产业园等项目，通过吸引行业领军企业入驻，产业层次稳步提升，发展动能不断增强。

（二）产业新城运营商评价分析

区域竞争力是产业新城良好发展的先决条件，而产业新城运营商则为新城发展提供了更为重要的推动力，在发展规划、招商模式、创新驱动方面都具有至关重要的作用。近年来，多数产业新城在城市建设、生态环境、产业发展方面实现了显著提升，城市配套功能进一步完善，同时运营商竞争力也在不断探索中持续增强。从运营商公布的财务报表来看，大部分企业运营良好，营业收入保持平稳发展，盈利能力不断增强。通过不断创新融资模式，

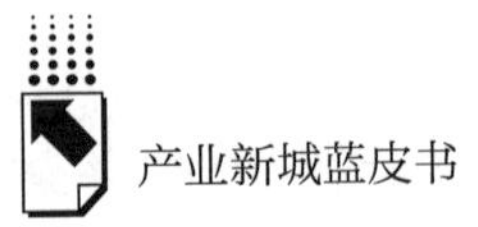

运营商的筹资成本有所降低，为其健康发展提供了强有力的资金支持。从运营商的数量来看，行业竞争不断加剧，在强者恒强的同时，也有新的参与者不断进入。

从综合得分来，华夏幸福、招商蛇口等运营商综合实力较为突出。近年来，华夏幸福秉持“以产兴城，以城带产，产城融合，城乡一体”的发展理念，从产业的规划布局、落地谋划、资源匹配、载体建设到服务运营，为区域提供产业升级的全流程综合解决方案。华夏幸福通过龙头企业引领产业集聚，采取创新与资本双轮驱动的创新产业发展方式，产业发展能力不断提升，公司业绩稳步增长，居产业新城运营商综合实力榜首。在产业新城选址过程中，华夏幸福围绕核心都市圈进行选址，充分考虑区位优势、产业基础、交通设施、市场状况等各个方面；在和地方政府确立 PPP 合作模式之后，通过制定战略规划、产业规划和空间规划，为后续高标准建设制定发展蓝图；在开发过程中注重产业引领、产城融合、创新发展，通过城市和产业发展，不断提升城市运营体系。在产业发展方面，华夏幸福拥有专业团队，有效统筹产业与城市关系，打造高新技术产业集群，提升区域发展活力，为新城产业升级提供综合解决方案。在城市发展方面，华夏幸福坚持活力生长、产城融合、宜居共享、绿色生态的发展理念，注重公共服务配套设施建设和产业新城的可持续发展。PPP 发展模式可以有效地克服单体项目短期效应的弊端，确保产业新城的整体效益和长期运营效果。

招商蛇口融合了原招商地产和蛇口工业区两大优势平台的独特资源，业务聚焦于园区开发、社区运营、邮轮建设三大业务板块，从主题园区到特色产业带，再到生态型片区，招商蛇口积累了丰富的城市开发与运营经验，给产业新城多元化发展带来了源源不断的活力。招商蛇口提倡综合开发和绿色人居理念，通过合理布局、规划先行、有序开发，使产业集聚和城市配套设施实现良性互动，在为产业新城赋予发展活力的同时，不断满足居民生活需求。招商蛇口通过对样板园区进行升级改造，积极将“前港—中区—后城”的蛇口模式对外复制，通过港口先行、园区跟进、配套开发，逐步实现片区联动发展，在国内多个城市打造除了丰富多样的特色产业新城。近年来招商蛇口围绕京津冀、长三角、珠三角、长江经济带等重点区域进行项目拓展，并计划在国内主要城市群打造高端卫星城市，一系列举措推动了招商蛇口成为新型城镇化的探路者。

（三）产业新城营商环境分析

要想有效推动产业新城健康发展，必须具备一个良好的营商环境，这也是产业新城投资者的基本诉求。营商环境是一座城市对外展示的名片，而地方政府的服务水平是吸引优秀企业入驻的核心竞争力，应当站在企业角度，着力维护企业良性发展，同时应当站在新城角度，保证产业新城的可持续发展。例如，陕西省西咸新区秦汉新城近年来着力完善投资环境、提高服务水平，签约项目数与签约金额均稳步上升。在招商过程中，秦汉新城为入驻企业提供了细致周到的服务；在项目用地方面，当地政府多次召开现场办公会，协调征地问题、公产处置、配套设施等问题。针对企业办理手续费时耗力难题，秦汉新城主动为企业开通“绿色通道”，协调工商、消防等多个部门，安排专人办理注册、环评、消防等各项报批手续，当地政府加大对周边环境的提升改造力度，尽力做好各项配套服务。秦汉新城推出了“一窗进出”政务服务模式，精简审批环节，信息互联互通，通过不断完善项目入区流程，建立高质量服务体系，实现对项目建设的主动服务、规范服务和超前服务，秦汉新城投资发展环境不断优化，招商引资水平不断提高。

四　提升产业新城综合竞争力的对策建议

（一）加强顶层设计，明确功能定位

产业新城规划是系统性、全局性、长远性的发展计划，是引领新城良好发展的路线图和行动纲领，决定了未来一个时期新城的发展方向，因此需要对产业布局、招商策略、运营模式、空间格局等进行整体性战略设计。当前产业新城发展中存在的一个突出问题就是没有做好战略部署，顶层设计不

足，功能定位不明确，产城融合缺乏一套整体推进机制。也有部分产业新城在规划之初，没有把产城融合理念融入规划设计中，产城脱节现象明显，因此对新城整体进行前瞻性顶层设计意义重大。产业规划与城市功能定位的协调发展，是推动区域经济发展、产业结构升级和城市转型过程中相互促进的两个方面。部分产业新城面临城市功能定位与原有城市规划相互冲突的状况，对新时期亟待转型的城市而言，平衡全新产业规划与原有城市定位之间的关系，是进行顶层设计时需要考虑的首要问题。在规划设计中应当从当地实际情况出发，积极整合区域现有资源，结合区位优势，充分考虑外部资源、生态环境及基础设施状况，因地制宜制定产业规划，这样才能构建出与区域环境和产业背景相适应的产业体系。通过对当地产业结构进行升级，并从外部导入先进产业集群，引领新城高质量发展。切忌盲目跟风，制定脱离实际的产业规划，过高或过低的规划都不利于新城良好发展。同时应注重产业规划与城市功能之间的融合互补，强调跨区域和次区域规划，协调产业新城总体规划与专项规划有效衔接，合理分布产业布局和居住人口之间的关系，优化经济发展空间格局。

（二）改善营商环境，创新招商模式

招商引资是推动产业新城经济发展的重要手段，要形成产业，必须有项目，要狠抓招商。当前，在产业新城发展过程中，产业薄弱现象明显，常常是有城无产，很难达到产业集聚的效果。招商引资为新城注入发展资金、优化产业结构，将对就业、财政收入等方面起到重要作用。产业新城招商与传统地产招商有着显著区别，传统招商模式已不能满足产业新城发展的要求。产业新城应当着力改善营商环境，创新招商模式，如基金招商模式、产业生态链招商模式等。应当根据新城定位，践行特色招商，吸引品质高、实力强的龙头企业入驻，迅速形成“磁场效应”，快速聚集人气，助推产业集聚。通过制定相关优惠政策，为新城企业提供全产业链服务，完善配套设施，实现从单一生产功能向产业、居住、消费功能的转换。在招商过程中，不能一招了之，还应当进行产业孵化，形成特色，布局产业链，打造产业集聚区。

如果没有高度集聚的产业、优美的生态环境、完善的城市功能，可持续的招商模式就无从谈起。

（三）创新运营模式，强化产业孵化

各地产业新城经过不断探索，逐渐形成了适应地方发展的运营模式，当前较受认可的运营模式有政企合作模式、PPP 模式等，注重采用市场化机制实现政企联动。政企合作模式坚持市场化运作，显著不同于政府主导模式。通过政企合作，政府提供政策和资源方面的支持，保证了新城发展方向和地方政府税收收入，同时由企业对企业进行招商，保证了高效招商和成本控制。PPP 模式是指政府仅提供行政方面的服务、管理和监督，规划、招商、投资、运营过程交由专业的产业新城运营商进行一体化管理，具有效率高、成本低的特点。对于产业新城入驻企业，在产业孵化时就应做到“战略性招商、产业链导入、前景化培育”，不仅重视基础设施建设、土地综合利用、厂房建造等建设导入，更应重视金融服务、战略咨询、科技服务、产业生态建设等软资产、软资源运营，将产业优化升级与新产业培育服务进行有机结合。

（四）完善配套设施，打造宜居环境

产业新城是以产业发展带动城市建设的开发模式，体现了“以产带城，以城促产”的产城融合理念，是产业园区向“生产、服务、消费”多点支撑型城市的转型升级。在导入高端产业集群的同时，更应注重基础设施建设、公共服务配套和人口集聚效应。当前，产业新城运营商对基础设施建设十分重视，通过加大建设力度，提高城市承载能力，吸引产业人口流入，从而促进产业集群进一步发展。交通设施是产业新城建设中的重要一环，尤其对距离中心城区较远的产业新城，更应加大交通设施投资力度，完善交通体系，从而有利于招商引资和吸引就业人口。当前许多产业新城已从“以产兴城”进入“以城带产”的开发阶段，应当加大对商业、医疗、教育、文娱等公共服务领域的全方位投入，打造更为舒适便捷的生活环境。目前，部

分优秀产业新城已具备层次较高的整体配套设施，形成了一定的人口集聚，甚至吸引中心城区人口前往购物休闲，具有了明显的吸附能力。但也有部分产业新城人口导入效果不及预期，新城常住人口较少，难以对新城内各类市场形成较大拉动。因此，从产业新城发展趋势来看，通过完善基础设施建设，打造宜产宜居的良好环境，以优质多元的服务提高产业发展能力和人口集聚能力，是推进产城融合发展的着力点。

参考文献

曾树鑫：《产业新城、特色小镇开发运营模式》，《城市开发》2016 年第 23 期。

关泽宇：《PPP 模式在基础设施建设中的应用》，《科技创新与应用》2015 年第 31 期。

潘锦云、吴九阳：《产城融合发展模式的形成机理与实现路径——基于提升城镇化质量的视角》，《江汉论坛》2016 年第 11 期。

苏文松、方创琳：《京津冀城市群高科技园区协同发展动力机制与合作共建模式——以中关村科技园为例》，《地理科学进展》2017 年第 6 期。

张学勇、沈体雁：《产业新城土地利用现状评价——以营口为例》，《城市问题》2013 年第 2 期。

张忠国、夏川：《需求导向下的产业新城产城空间建构思路——环首都地区 4 个产业新城建设分析与思考》，《城市发展研究》2018 年第 3 期。

朱德莉、邹砚池：《县域生态产业新城的投融资模式研究》，《经济研究导刊》2016 年第 4 期。

B.13
推进产业新城高质量发展研究

薛 龙*

摘　要： 产业新城是在“以人为本”的新型城镇化模式指引下，以产业发展作为基础，通过政府主导、企业运作来进行“产城融合”，进而实现产业新城经济、城市与民生共同发展的一种城市发展模式。当前我国产业新城发展已经取得一些成绩，但是产业新城在发展中还存在重产业轻配套，产业结构不尽合理；产业技术水平低下；生态环境保护和产业新城发展不协调等问题。因此，加大创新投入，促进产业升级；合理规划，促进产业协调发展；加强环境保护，实现产业新城与自然的和谐发展是今后推进产业新城高质量发展的方向。

关键词： 创新驱动　产业升级　高质量发展

产业新城是在“以人为本”新型城镇化模式指引下，以产业发展为基础，通过政府主导、企业运作来进行“产城融合”，进而实现产业新城经济、城市与民生的共同发展。从国内目前产业新城的整体发展状况来看，产业运营商主要在环渤海、长三角、珠三角等国内经济活跃地区建设了产业新城，此外也有运营商在内地建立了一些产业新城，这些产业新城建设增强了地区产业自我更新能力，促进区域产业结构优化升级，有利于构建良好的产业生态体系，为中国产业的转型升级提供了动力引擎。这其中以华夏幸福作为运营商

* 薛龙，博士，郑州轻工业大学经济与管理学院讲师。

主导建设的河北固安产业新城已经成为我国产业新城建设中的标杆。虽然目前国内产业新城建设已经取得显著成绩，但是也存在一些不可忽视的问题，例如重产业轻配套，产业结构不尽合理；产业技术水平低下；生态环境保护和产业新城发展不协调等。这些问题的存在会制约我国产业新城的进一步发展，因此解决这些问题对推进产业新城高质量发展就显得十分必要。

一　推进产业新城高质量发展的重要意义

（一）有利于新型城镇化建设有序推进

平稳有序推进我国城镇化建设作为我国社会主义现代化建设的重要内容之一，是自 1978 年改革开放以来我国社会经济发展的长期战略和重要目标。2016 年 12 月，国务院颁布的《国家人口发展规划（2016 ~2030 年)》明确提出，在城镇化推进过程中要加强服务，为农村人口和其他常住人口在城镇的落户提供方便，畅通转移人口的落户渠道，实现人的城镇化与土地城镇化的良性互动，到 2020 年完成 1 亿左右农村人口和其他常住人口在城镇落户的目标，从而全面提高我国城镇化质量。在城镇化推进过程中，要按照尊重意愿、自主选择、因地制宜、分步推进、存量优先、带动增量的原则，根据人口数量的不同，把城市分为不同规模，从而区分超大城市、特大城市和中小城市以及小城镇，对于这些不同规模的城镇，要采取差异化政策，对那些有能力实现就业和稳定生活的农村转移人口来说，可以出台措施使他们在城市落户。与此同时，积极推进那些具备条件的县和规模较大的镇转设为市，从而增加中小城市数量，对大中城市市辖区的规模和结构进行优化，这样就可以便于农业人口实现就近城镇化。2018 年，我国城镇化率达到 59. 58%，按照国际通用标准来看，当一个国家的城镇化率处在 30% ~70% 的时候，这个国家的城镇化建设处在加速阶段。从我国目前的城镇化率来看，正处于城镇化加速阶段。党的十九大对我国新型城镇化建设做出了明确部署，提出要推进新型工业化、信息化、城镇化和农业现代化的协调发展，从而不断壮大我国经济实力和综合国力。在我国加速推进新型城镇化的背景下，产业新城作为一种工业化和城镇化结合的新型城镇化方式，是我国推行工业化和信息化发展的新空间，而且通过产业新城的发展可以实现产业的集群效应和升级。在产业新城建设过程中，通过对制度创新和空间拓展，可以有效地避免在城镇化推进过程中出现的空心化城镇和被动的城镇化。从产业新城模式来看，产业新城在规划建设中从研究规划、落地谋划、资源匹配、载体建设到服务运营可以为区域产业升级提供全链条服务和解决方案。因此，通过产业新城建设可以有效地促进产业升级，进而实现产业与城市的互动发展，助力核心城市群的形成和发展，进而促进新型城镇建设的有序推进。

（二）有利于产城融合顺利实现

2015 年 7 月，国家发改委出台了《关于开展产城融合示范区建设有关工作的通知》，该通知对科学推进我国产城融合建设做出了明确部署，并且指出要探索新型工业化和城镇化融合发展的可以复制、易于推广的成功经验和做法。在此背景下，越来越多的企业开始响应国家号召，加入产业新城的开发建设和运营中来。产业新城建设可以发展当地具有优势和特色的产业，从而带动当地经济发展，并以此来把产业发展和城市发展结合起来。在产业新城建设过程中，地方政府大都放弃了以往的土地财政模式，通过提供优惠政策切实培育当地的特色优势产业，将产业做大做强，在产业做大做强之后便可通过税收收入逐步放弃对土地收益的依赖。比如，在产业新城发展初期，地方政府可以通过一定的税收优惠政策，采取补贴或其他返还的方式促进产业在当地的落户和发展。除此之外，当地政府还可以通过对新落地的产业进行培育和扶持，促进产业发展壮大，并以此带动城市发展，最终达到以城带产，以产促城的方式使产业发展和城市发展形成良性互动，进而促进产城融合的顺利实现。

（三）有助于促进产业升级和经济转型

经过 2008 年的全球金融危机，世界各国的产业都处于重大调整阶段，国际产业分工面临重新洗牌和挑战。对于中国来说，随着2010年后经济新常态的到来，国内经济增长速度开始下降，因此进行产业升级势在必行，然而国家层面经济转型离不开产业转型升级的支持。为此，国家发改委在2018年发出了《国家产业创新中心建设工作指引（试行）》的通知，该通知中明确指出，要通过国家产业创新中心的建设为高成长型科技企业提供孵化平台，进而推动新兴产业集聚发展、培育壮大经济发展新动能。而产业新城的建设正好可以通过龙头驱动、创新驱动和孵化驱动等方式为产业研究规划、产业聚集、产业载体建设和产业运营服务提供完整的服务，并且通过产业新城建设为本地区的产业升级和经济转型提供持续的动力。

产业新城的建设推进了城镇化的发展，而城镇化的发展会带来人口的聚集、生活品质的提高。大量人口的聚集和人们生活水平的提高会进一步带来需求的提高和变化，这样就会导致社会分工的进一步细化，进而使第一、第二、第三产业之间产生联动效应，这种产业间的联动效应有助于推动新的生产力，从而推动地区产业升级和经济转型。

（四）有助于促进经济协调发展

自1978年我国改革开放以来，东部地区依靠临海的优势实施了东部沿海地区优先发展的战略，由此形成了以京津冀、珠三角、长三角为代表的沿海城市群，这些城市群的发展和壮大带动了东部地区经济的快速发展，由此也成为我国重要的经济增长极。与此同时，中西部地区由于地处内陆深处，没有沿海地区的便利条件，改革开放后的发展相对滞后，造成这一现象的原因还在于中西部地区城镇化的滞后，中西部地区城市发育明显不足。从数据来看，我国东部地区目前的常住人口城镇化率达到了62.2%，而中部和西部地区的城镇化率分别只有48.5%和44.5%。这就造成了我国目前东中西部经济发展不协调的现象。然而，对中西部地区来说，丰富的资源是中西部地区的发展优势。因此，随着国家西部大开发战略持续推进和深入实施，东部沿海地区的产业加快向中西部地区转移，这就可以在中西部地区资源环境承受能力强的地区建设产业新城，由此就可以加快中西部地区城镇化建设进程，培育新的经济增长极，从而促进我国东中西部地区之间的经济协调发展。

此外，我国经济发展不协调的另一个主要表现是城乡二元经济结构造成的农村居民和城市居民在物质、文化等方面的贫富差距在持续拉大，城市与农村之间的发展不同步，不协调。而解决这一问题的关键在于处理好农村人口向城市转移的问题。产业新城建设可以通过培育特色产业进而扩大转移人口就业，引导农村人口有序向城市转移。这样就可以使转移的人口能够在产业新城中找到工作，提高转移人口收入。与此同时，产业新城建设还可以通过引导城区外围农业项目转移，使一部分农民参与现代化农业项目，从而摆脱落后的农业生产方式、提高农业生产率，增加农民收入，进而减缓城乡二元经济结构矛盾，促进城乡经济协调发展。

（五）有助于推进经济高质量发展

习近平总书记在党的十九大报告中对我国经济发展所处阶段和面临的任务以及发展方向做出了明确指示，报告指出，我国经济正处于高速增长转向高质量发展的阶段，处在转变经济发展方式、优化经济结构和转换经济增长动力的关键时期，而现代化经济体系建设是实现经济高质量发展的必然要求。加快建设现代化经济体系，必须按照党的十九大报告所强调的，坚持质量第一、效益优先，以供给侧结构性改革为主线，推动经济发展质量变革、效率变革、动力变革，提高全要素生产率，从而为不断增强我国经济创新力和竞争力、实现“两个一百年”奋斗目标构筑坚实基础。从党的十九大报告的表述中可以看出，推进我国经济高质量发展的关键在于转变发展方式，优化经济结构和转换经济增长动力，而产业新城是在“以人为本”的新型城镇化模式指引下，以产业发展作为基础，通过政府主导、企业运作来进行“产城融合”，进而实现产业新城经济、城市与民生的共同发展。推进产业新城的高质量发展可以调整产业结构、促进产城融合、推动区域的协调发展，进而有助于推进经济高质量发展目标的实现。

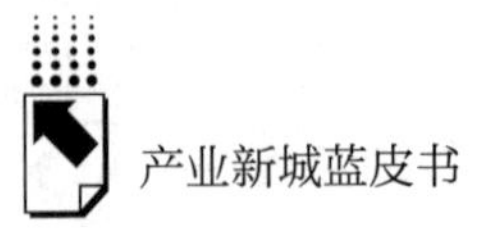

二 产业新城发展现状及存在问题

（一）产业新城发展现状

1. 从开发区和产业园区到产业新城的转变

我国的产业新城是在传统经济开发区和产业园区的基础上不断改造形成的，是以产业为主导的新城。我国产业新城经过以经济发展为首要目标的城市开发建设之后，逐步开始借鉴国外新城发展经验。在构建产业园区的同时进行社区建设，使规划地区由单纯的“工厂”逐步转变为“工业社区”，在开发阶段更加重视保护环境和合理利用资源等问题，并且在引入市场机制、进行商业化建设以及转变政府职能等方面进行思考与探索。

2. 产业新城建设模式

现阶段产业新城的建设多采用 PPP 运营模式，这种模式有利于政府与企业形成利益共享、风险分担的合作关系，良好的协作对有效降低整体项目成本、提高经济效益起到重要的推动作用。华夏幸福与地方政府合作的“河北固安工业园区新型城镇化项目”是典型的 PPP 模式成功案例，至今已经运行 17 年，固安县财政收入增长近百倍。此外，也有不少产业新城仍延续传统开发区的形式，完全由政府主导开发，例如上海张江高科技园区和武汉东湖高新技术开发区。

3. 产业新城整体现状

从国内目前产业新城的整体发展状况来看，产业运营商主要在环渤海、长三角、珠三角等国内经济活跃地区建设了产业新城聚集区，增强了地区产业自我更新能力，促进区域产业结构优化升级，有利于构建良好的产业生态体系，为我国产业的新型发展提供了动力引擎。此外，产业新城以其全新的理念与模式，为企业发展、提高效益以及未来转型升级提供了良好的经济环境。

（二）产业新城发展过程中存在的问题

1. 重产业轻配套，产业结构不尽合理

（1）大多产业新城在建设初期偏于注重产业发展，而相应的城市商业及居住配套设施建设较为落后，容易造成产业新城内居住环境不佳、缺少休闲娱乐场所等问题，甚至出现就业人群潮汐的现象，这些产城脱节问题会使新城内企业对人才的吸引力下降。

（2）随着产业新城建设不断完善，入驻的企业和人员数量不断增加、水平结构不断升级，此时对新城内基础服务设施数量和层级都提出了更高的要求。同时，由产业新城规模扩大而产生的诸多问题也逐渐显现，其中产业建设与城市功能不匹配、不协调造成的“有城无产”“产强城弱”问题较为典型。还有一些地方政府为了实现短期效益和增加财政收入，大兴土木建造产业园区，由于缺乏工程项目的专业知识，盲目指挥，对产业新区的空间布局和产业结构没有进行合理规划。这就导致在产业新城建设过程中出现了“泡沫”，产生盲目扩张建设、重招商轻配套的问题，导致产业集聚水平低、产出产能落后以及生活配套不完善等问题。

（3）城市规划不落地，导致城市发展快于城市建设，由于产业发展过快，城镇化跟不上，无法提供完善的周边配套设施。比如，我国发展比较落后的一些省市，虽然引进了新产业，但是城市发展跟不上，导致新产业的发展受到阻碍，也无法推动当地经济的发展。

（4）在产业新城建设过程中，没有处理好制造业与现代服务业发展的关系，出现了制造业占比较大，而现代服务业如物流、医疗、通信、咨询和教育培训行业占比较小、发展滞后的状况。使现代服务业无法为制造业的发展提供强而有力的支撑作用，进而导致产业新城在建设过程中出现了产业结构不尽合理的现象。

2. 产业技术水平有待进一步提升

在国内的产业新城建设过程中，由于各个地区经济发展水平参差不齐，有些经济较为落后的地区为了加快资金回笼、提高短期经济效益，降低产业新城入驻门槛，使一些科技含量低的企业入驻产业新城，这些企业以劳动密集型和中低技术为主，在经济产业链中所承担的职能主要为模块零部件生产和组装。这些项目入驻虽然带动了产业新城周边的就业，但是也存在产品附加值低、技术水平低、占地面积大等问题，并且该类行业从业人员收入水平低，对拉动内需增加的作用力小。这一问题的存在，不仅不利于产业新城的长远发展，而且这些企业的长期存在反而影响了所在地区经济进一步发展和产业技术水平的进一步提升。而且这些企业经营一旦出现纰漏，会使企业陷入困境，从而给政府带来经济补助和人员安排等方面的压力。

3. 生态保护与产业新城发展不协调

虽然产业新城建设和传统产业园区相比更加重视环境保护和资源的节约利用，但是仍然存在生态保护和产业新城发展不协调的现象。这主要是在产业新城建设过程中过分强调建设速度，不重视规划，产业新城在建设上并没有注重生态问题，使产业新城的产业多集中在传统制造产业，传统制造业相对于高技术产业来说更容易产生废水、废气和废渣，这些废弃物如果不妥善处理很容易造成环境污染。另外，一些产业新城开发建设期间着重考虑经济效益，对环境保护的预算及关注度较低。在开发自然资源、建设产业新城时并未坚持可持续发展原则，采用大填大挖的模式会造成土地资源浪费，自然植被遭到破坏，还会产生空气污染、噪声污染等问题。产生上述现象的原因除了有技术水平的因素外，最主要的原因在于人们的环保意识淡薄，这就造成了生态环境保护和产业新城发展不协调的现象。

三　推进产业新城高质量发展的对策建议

（一）产业新城要加大创新投入，促进产业转型升级

随着全球科学技术的飞速发展，创新驱动在发展中占据了至关重要的位置，成为当前发展主题。产业新城运营商也要借助技术创新的力量，通过“鸟笼变换”促进业务结构从低端制造到高端创新的不断升级，从而实现自

身产业结构的完善，以提升整体竞争力。此外，产业新城运营商从过去被动地接受企业的服务需求，开始转向根据产业定位和产业招商等情况而主动出击。积极进行深入研究和沟通，针对特定需求量身定制服务，引进专业高级人才和服务机构，强化服务链条。运营商依靠自身优势，整合多方资源要素，不断引进创新资源，全力推进孵化企业发展，推动创新式发展，同时也更加注重增强自身特色，打造企业品牌，以求创新与品牌相互促进实现跨越式发展。一是紧跟时代创新潮流，打造科技创新平台。与国内高校和科研机构增强联系，通过智力投资、引入技术、团队合作等方式加强合作，借助其人才与科研的力量，为产业新城企业的技术创新提供更多的服务和支持。二是不断加大科技创新的资金投入。政府财政不仅要建立专项资金来支持新城企业的科技创新活动，而且要在创新活动空间、设施购置费与贷款利息等诸多方面给予更多的补贴。三是政府在招商环节需增加高科技企业的入驻比率。产业新城的创新发展和产业结构升级需要依靠高新技术企业这支主力军，因此政府在招商引资时可以着重鼓励高新技术、新能源、高端装备制造等科技含量高的产业入驻产业新城。此外，为了让更多的高科技企业入驻产业新城，政府可以采取一些有针对性的政策，如减租减税、政府补贴等，虽减少短期财政收益，却换取长期经济增加值的高速增长，从而推动产业新城投资增加和产业结构升级。四是营造优质的科技创新环境。逐步完善企业成果鉴定和激励机制，给予科技人员积极主动创新的动力。改进内外部管理机制，激发企业的创新活力，严格管制并强力打击侵犯他人知识产权的行为，限制市场贸易垄断，最大限度为产业新城中的企业打造良好的市场环境。

（二）科学规划各类空间，促进产业新城协调发展

要制定符合产业新城区域实际情况的产业建设规划。由于不同区域的发展程度不同、资源禀赋各异，产业新城的建设要充分结合当地特色产业优势、当地发展规划，科学确定目标产业，因地制宜制定符合当地实际发展的产业发展规划。在实现产城融合和培育产业集群的过程中，要同步建设新城

居住、商业、教育、医疗、休闲等基础城市配套设施，建成一个从规划设计到设施建设，从产业服务到城市运营的全面服务体系，提供完整服务的公共产品。在实践中，一是契合当地城市开发规划与相关产业政策，提供城市整体规划、基础设施建设及城市综合配套等系列服务。利用新城优惠的产业政策，吸引新城产业链上下游企业到新城内部建设投资，通过进行内部产业升级改造来不断提升区域内产业的综合竞争力，逐步完善基本设施建设和城市配套服务，以此提高城市的基本形象。为产业新城所在区域提供包括产业升级、经济发展、人民生活、企业拓展等多方面的综合解决方案，从而实现所在区域的经济发展、城市发展和民生保障。二是逐步完善产业配套服务，为新城社区提供更加精确、多元的配套服务，关注企业需求与产业培育，形成完善的运营体系，为产业运作提供支持。目前，很多新城的居住功能较弱，城内居住人口少，无法形成人口的集聚效应，且工作内容以低端产业为主，难以拉动城内各类市场的形成。高质量的产业新城应提供多种公共服务，打造舒适便利的生活就业环境，促进城内人口的导入，同时在引入产业、发展产业的基础上，真正发挥“以产兴城”的作用，对此可以通过加强新城的居住功能，来提高住宅种类的质量和多样性，实现人口集聚。

（三）增强环境保护意识，实现产业新城人与自然协调发展

将生态文明环保理念充分融入产业新城建设的各个方面，打造绿色生产开发、生活消费模式。严格控制高耗能、高排放企业入驻产业新城。高效利用土地、水和能源等有限资源，增强资源循环利用，提高使用效率，控制消耗总量。在产业新城中加快建设新型能源体系，如风能、太阳能、生物质能等可再生能源。提高新能源与可再生能源在总耗能中的比重。落实绿色建筑行动计划，完善绿色建筑标准与认证体系，扩大执法范围，加快当前建筑的节能改造，大力发展绿色环保建材。加快发展新能源环保型汽车，建设充电站、加气站等配套设施，积极建设公共交通系统，增加纯电动、天然气、混合动力等新型能源交通工具。不断扩大太阳能等可再生能源在产业新城公共区域内的使用范围。以国家级和省级产业新城为核心，逐步实现资源集约利

用，废气废水集中处理，最终实现循环化改造。要全面改善产业新城环境，建立排污申报登记和排污许可证制度，加强空气净化整治力度，提高新城的空气质量。实施安全饮水工程，控制和防止产业新城地表水和地下水污染，实现水质和水量双重保障。建设重金属污染防治工程，促进产业新城重要区域的污染地与植被修复治理。最大限度实施森林和湿地的保护与恢复，倡导绿色生活方式，促使居民在衣食住行等方面向简约适度、文明节约、低碳环保的生活方式转变。培育生态文明，引导绿色消费，倡导低碳出行，减少一次性物品使用，健全产业新城废物回收循环体系。

参考文献

黄群慧、张五明主编《中国产业新城发展研究报告》，社会科学文献出版社，2018。

刘洋、张尽超、王文寅：《产业新城创新驱动的对策研究》，《新经济》2016 年第 17 期。

王斌：《中国新型城镇化建设中的产业新城发展研究》，山东建筑大学硕士学位论文，2014。

刘勇：《产业新城：县域经济转型发展的新探索》，《区域经济评论》2014 年第 6 期。

辐射带动篇

Radiation Drive Reports

B.14
产业新城带动城镇化发展研究*

易雪琴**

摘　要： 产业新城在推动城镇化与工业化协同发展、协调土地城镇化与人口城镇化、优化城镇体系和城镇空间格局、破解城乡二元结构矛盾等方面发挥着重要作用。在实践中，产业新城大多以前瞻性规划为指引，以全流程服务助推产业优化升级，以高标准建设增强城市综合承载力，以专业化运营提高公众获得感，以开放式合作实现多元主体的共赢。然而，产业新城在带动城镇化发展过程中，遇到产业发展与城市发展不同步、新旧产业接续替代不协调、新城区与旧城区和中心城市

* 本文为河南省哲学社会科学规划项目（项目编号：2017BJJ037）、河南省政府决策研究招标课题（课题编号：2018B240）、2019 年度河南省社会科学院基本科研费项目（项目编号：19E35）的阶段性研究成果。

** 易雪琴，河南省社会科学院城市与环境研究所助理研究员。

的互动效率低、体制机制等方面的制约。未来，有必要紧扣发展战略，通过整合创新资源、发挥联动效应、强化城市功能和创新体制机制，在规划布局、产业体系、协同发展、反磁力机制构建和要素保障等方面着力，从而带动城镇化加速发展。

关键词： 产业新城　产城融合　新型城镇化

随着我国新型城镇化的加速推进，产城融合不紧密、产业集聚与人口集聚不同步、城镇化滞后于工业化等突出问题不断显现出来。如何推动实现发展速度与质量同步提升，成为当前新型城镇化发展的当务之急。产业新城大多围绕城市群或者都市区（圈）的核心区域进行战略布局，能够较好地接受核心城市的辐射带动，承接核心城市的产业转移和功能疏解，进而推动中心城市及周边地区城镇化可持续发展。可以说，产业新城是一种推动城镇发展与产业支撑、就业转移和人口集聚相统一的区域经济开发模式，在推动调整产业结构、提升城市综合承载能力、优化空间布局等多个方面发挥重要作用。研究产业新城与新型城镇化的内在联系，分析产业新城带动城镇化发展的内在机理和实践经验，对加快推动形成大中小城市和小城镇协调发展的城镇体系，进而实现城镇化高质量发展而言具有深远意义。

一　产业新城带动城镇化发展的内在逻辑

在城镇化高速发展的今天，产业新城正在成为一种超越传统意义城镇或园区建设模式的新型城镇发展模式，通过“以产兴城、以城带产、产城融合、城乡统筹”实现区域科学发展。产业新城带动城镇化发展有其必然的内在逻辑，其在协调城镇化与工业化、城镇与乡村，以及推动城镇化高质量发展方面发挥出重要作用。

（一）推动城镇化与工业化协同发展

世界各国现代化发展规律表明，工业化为城镇化提供发展动力，城镇化为工业化提供发展的载体平台和要素支撑，两者存在明显的正向变动关系，是相互促进、互为因果的。如果两者不能协同发展，就容易导致“有产无城”的工业园区或者“有城无产”的“空城、睡城、鬼城”的出现，进而影响一个地方健康可持续发展。产业新城超越单纯意义上的产业园区或城市新区，它秉承“产城融合”的开发理念，着力于破解工业化与城镇化不协调的发展困境，高度重视现代产业发展与城市建设的内在联系，通过培育现代产业体系和产业集群推动非农产业和非农就业迅速发展，通过高品质的城市基础设施和公共服务体系为产业发展和人口集聚提供良好环境，实现产业发展与城市扩张在空间、功能上的衔接和融合。可以说，产业新城为产业与城市融合提供了良好发展平台，为二者双向互动与协调发展提供了有效途径。

（二）协调土地城镇化与人口城镇化

以往的城镇化过多地关注城市规模的扩大和空间的扩张，忽视了农业人口的有序转移，是一种不可持续的城镇化发展模式。新型城镇化是以人为核心的城镇化，其目的就是要引导人口流动的合理预期并实现产、城、人的良性互动，这是提高城镇化质量的关键所在。产业新城作为一种综合开发模式，立足于满足人在生产、生活和生态等各方面的需求，建设具备完善的经济社会功能的城镇，不断保持和提升产业发展活力，提供高质量、多元化和充裕的就业机会，并在生态环境、生活品质和配套设施等方面满足居民需求，推动城市文明不断延续。先进的产业体系、充足的就业机会、完善的基础设施、优质的公共服务以及良好的生态环境，大多成为产业新城的“标配”，它有效克服了土地城镇化依靠卖地建房来推动的弊端，立足于人的发展和土地节约集约利用，在城市空间合理扩张、产业不断发展的同时吸引人口不断向新城集聚，推动农业人口有序转移，是一种以人为核心的城镇化模式。

（三）优化城镇体系和城镇空间格局

党的十九大明确提出，要“以城市群为主体构建大中小城市和小城镇协调发展的城镇格局”。在战略布局方面，产业新城大多聚焦于都市区（都市圈）、城市核心区30～50公里辐射地带、快速交通的衔接地带以及有一定发展基础且发展潜力巨大的中小城镇进行布局和开发，能够依托其独特的地缘优势，积极承接大都市的产业转移和功能外溢，一方面能够有效解决大都市在规模扩张中爆发的如交通拥堵、就业压力、公共资源紧缺、房价飞涨、环境承载力不足等“城市病”问题和产业转型升级问题；另一方面又能够提升周边中小城镇的服务、集散、创新、枢纽等方面的功能，从而在较短时间内为中小城镇集聚产业和人气。产业新城的开发建设在一定程度上推动了大城市健康可持续发展和中小城市快速发展，对优化城镇空间格局、加快形成科学合理的城镇体系而言意义重大。

（四）破解城乡二元结构矛盾与困境

农村发展离不开城市辐射和带动，城市发展也不能缺乏农村的促进和支撑。但长期以来，在城乡分割的发展模式下我国形成了城乡分割的二元经济社会结构，城乡之间在经济、社会、文化等各方面的差距不断扩大，城乡失衡、两极分化成为当前最大的社会结构性矛盾之一，破解城乡二元结构矛盾与困境已迫在眉睫。中小城市尤其是县级城市一头连着大城市，一头连着乡村，是破解城乡二元结构矛盾、解决城乡融合发展困境的重要阵地。产业新城主要以中小城市为空间载体，通过科学合理的规划和建设，将原本破败的农村打造成现代化城市；通过引进和集聚先进的现代化产业体系实现第一、二、三产业融合发展；通过充足的就业、完善的城市功能配套吸引人口集聚和推动农业人口实现就近城镇化，进而实现城市社会文明的延伸和农村社会文明的复兴。产业新城在城乡之间搭建了沟通互动的纽带，能够有效推动城乡融合、一体化发展。

二　产业新城带动城镇化发展的具体实践

“产业新城”发展理念自传入国内后，经过消化、吸收和改良，已在全国多个地方推广开来。进入21世纪以来，北京、上海、苏州、嘉善、沈水等城市纷纷探索建设产业新城，如北京亦庄新城、河北固安产业新城、上海张江科技园、苏州工业园、嘉善产业新城、沈水产业新城等。有一些地方围绕中心城市布局建设了多个产业新城以实现城市融合发展。比如，河南的新郑市、新密市、武陟县、长葛市、获嘉县等建设的产业新城，在加速郑州大都市区建设方面发挥了重要作用。这些产业新城从规划设计、产业发展、城市建设运营以及合作模式等方面进行了积极的实践探索，在带动城镇化发展方面积累了一些先进做法并取得了较好效果。

（一）以前瞻性规划指引城镇科学发展

产业新城大多紧扣区域发展战略，主要围绕城市群的核心区域进行布局和开发。在开发建设时摒弃了传统工业园区的发展模式，大多依托国内外顶尖的智库力量对区域进行全方位规划，规划立足于全球化视野、前瞻性理念和国际化标准，结合区域的发展基础、发展优势、资源要素等方面实际，坚持产业、城市和民生规划相统一，明确定位产业新城未来发展方向，并从产业发展、城市框架、基础设施、公共服务等方面为产业新城搭建科学合理、可持续发展框架，指引新城未来一个时期的科学发展。通过高起点规划、高标准建设和高水平运营，实现产业发展和城市扩张在空间与功能上的有机融合、紧密衔接。

（二）以全流程服务助推产业优化升级

产业是产业新城的“魂”。产业新城从规划、招商、资源匹配、载体建设到服务运营等各个环节着手，破解产业优化升级过程中招商、技术、人才、资金、平台等各方面难题，构建全链条、全流程、立体式的产业服务体系。聚焦科技含量高、示范带动力强又符合地区实际的先进产业，构建招商引资的对接机制和全球化的招商网络，有针对性、高效率地开展产业招商尤其是针对龙头企业进行重点招商。同时，产业新城为企业在全球范围内匹配人才、资金、技术等要素资源，并与国内外高校和科研机构建立战略联盟，在园区搭建科研平台、产业载体平台、产业基金平台和创新创业孵化器，构建全价值链、多层次的产业投资体系，为各类企业提供全生命周期的服务，进而为新城经济社会发展提供原动力。

（三）以高标准建设增强城市综合承载力

城市是产业新城的“基”。产业新城坚持“以人为本”的理念，构建规划、建设、管理、运营四位一体的城市发展体系，加强产业配套、基础设施、生活生态等重点领域建设，不断提升新城的城市综合承载力。坚持交通先行，按照高等级道路标准建设城市主干道，推动主干道与高铁站点、高速公路以及新城与中心城市之间交通系统实现无缝对接，同时构建城市的公交系统、绿道系统和主干道相连的内部城市交通网络，为企业和市民打造内捷外畅的交通体系。产业新城还将新型城市建设理念融入厂房、仓储等企业配套设施以及供排水、供气、供电、通信管网等城市基础设施和公共服务设施建设当中，依据城市功能分区合理布局建设场站、住房、金融、学校、医院、城市商业综合体等公共配套项目和富有魅力的多元绿色生态空间，推动城市建筑、城市景观、基础设施等在建设风格上的和谐统一，推动产业新城成为“产城共融、生态宜居、充满活力”的新兴城市。

（四）以专业化运营提升城乡居民获得感

城市的健康运行离不开高水平的城市运营。产业新城注重引入专业化城市运营商企业，聚焦产业发展和市民生活质量，构建全方位、专业化的城市运营服务体系，对城市进行科学化全方位的管理和维护，不断提升城市运营水平。比如，在社区运营方面，一些产业运营商不断打造房子好、设施好、环境好的高品质新型社区，依据按需设点、保证覆盖的原则合理配置高品质的医疗和教育资源，构建多层次医疗和教育体系，推动产业新城在民生领域实现“有人员资金保障、有社会组织联动、有就业促进帮扶、有长效收入机制、有慈善基金资助、有丰富社群活动”，配合政府实施医保全覆盖和养老全龄化计划。多元化、专业化和高端化的公共服务使入住人员能够就近就业、就近入学、就近就医进而实现就近城镇化，城乡居民的幸福感和获得感就会明显提升。

（五）以开放式合作实现多元主体共赢

产业新城在开发建设过程中，注重在政府与企业、运营商、市民之间构建开放式的合作机制，大多都通过依法合规的 PPP 项目实现政府与企业、社会、群众的良性互动和密切合作。具体来说，政府在城市规划、产业引进、土地利用等重大事项方面有决策主导权，并对运营商在城市建设、公共服务及城市运营方面有监督权，运营商为整个区域提供规划设计、产业培育、土地整理、城市建设、城市运营等方面的服务，市民通过各种各样的形式参与城市建设和管理。通过开放式的互动合作，政府在实现绩效、财政收入增加的同时减轻了负担和债务风险，企业获得了全流程、保姆式服务，有效保障了新城的健康发展，市民获得了充足的就业机会、高品质的居住环境和生活质量，运营商也通过合理回报实现盈利。产业新城是一种政府、企业、居民和运营商多方共建共享共赢的城镇化模式，它的开发建设有效实现了“政府有收入、企业有利润、民生有改善、城市有发展、社会共和谐”的多赢局面。

三　产业新城带动城镇化发展的制约因素

产业新城开发建设是一项复杂的系统工程。大多数产业新城在发展过程中既要依赖中心城市的辐射带动，又要实现与母城主城区尤其是老城区的协调发展，从而发挥出带动城镇化快速发展的作用。然而，产业新城无论是自身发展，还是与周围城市（城区）的互动发展，都受到诸多方面的制约。

（一）“产”与“城”的同步发展水平不高

产业和城市的双轮驱动发展是产业新城的核心要求。然而，我国大多数产业新城还处于开发建设的初期阶段，一方面为了缩短投资回报周期，产业新城运营商一般会优先招商建设住宅和工业设施，而忽视了公共服务设施、商业服务设施和市政设施这些投资回报少、周期长的项目。随着入驻企业和就业人口总量和结构的升级，城市建设尤其是商业、公共服务及居住等配套设施建设滞后，导致职住分离现象严重。另一方面，有些运营商对产业新城定位不准确，甚至以产业新城的名义开展产业地产营销，或者不注重企业间的产业互动而盲目引入企业，产业带动能力较弱，导致产业新城变成新的“睡城、卧城、鬼城”。产业与城市的发展步调不一致，甚至有一些地方的产业和城市发展出现脱节，在一定程度上导致产业新城变成了工业园区与地产项目的拼合体，既影响经济发展也制约城镇化进程。

（二）新兴产业与传统产业衔接力度不够

推动产业结构优化升级，是城市可持续发展的关键所在，也是产业新城发展的核心任务。产业新城产业的合理选择既要把握现代产业发展规律和趋势，又不能脱离其所在母城的发展实际，要能够带动原有产业转型升级，通过新旧产业的有序衔接来实现整个区域内产业的迭代升级，否则就容易导致区域的产业支撑模糊化。然而现实的情况是，产业新城在引进产业的时候能够很好地契合国际国内产业发展规律，高度关注如高端装备、电子信息、生物医药、航空航天等高新技术产业体系的引进和培育，但并没有建立起与原有产业的互动协作机制，对传统产业转型升级缺乏明显的带动作用。新旧产业的融合度不高、带动作用较弱，契合地方特色做得不够明显，容易造成新的主导产业不能很好地支撑城市发展，同时传统产业转型升级又陷入僵局。新旧产业接续断档、产业结构失衡和要素资源利用效率低，导致城市发展的产业支撑力不足进而影响城市的可持续发展。

（三）产业新城反磁力机能形成较为缓慢

大多数产业新城都围绕中心城市和城市核心区进行布局建设，这些新城的发展对各个区域的发展基础特别是中心城市的发展基础依赖性较为明显。当大都市区（圈）的中心城市（如北京）其产业及城市功能开始主动向外转移时，产业新城能够较好地承接过来，进而快速发展起来。然而，当前仍有不少大都市区（圈）的中心城市（如郑州）在内部还没有得到充分发展，也正在加速扩张，其对周边区域的人才、资源等还处于虹吸效应阶段，要承接来自中心城市的产业分流还存在一定困难。而且，在一些大都市（圈）周边可能同时布局建设了多个产业新城，如果不能构建错位发展机制，容易造成这些新城在承接中心城市被转移的产业和功能时陷入同质化竞争的困境。总之，如何加快形成自身的反磁力机能进而避开地域中心城市的虹吸效应，是关系产业新城快速发展的关键所在，也是推动形成合理的城镇体系和空间格局的关键所在。

（四）新城开发与旧城提质的统筹存在困难

产业新城所在的中小城市区位优势较好、发展潜力巨大。然而，长期以来我国的城镇化战略倾向于加快推动大城市发展，中小城市和乡村在政策资源方面缺乏优势，导致其无论在产业还是基础设施、公共服务方面历史欠账较多，发展滞后，因而推动老城区提质升级也是城镇化的重点任务。而产业新城强调独立于主城区之外建立新的反磁力增长区，不是对老城区的改造。现阶段无论是产业新城还是老城区，都受到中心城市虹吸效应的影响，同时老城区还要受到产业新城的反磁力机制的影响，这无疑是给主城区尤其是老城区的提质升级“雪上加霜”，甚至可能加速老城区的“凋敝”。所以，从长期来看，如果不能统筹新城开发与旧城提质，就容易导致新城的兴起和旧城的衰落，使中小城市发展陷入“按下葫芦浮起瓢”的困境。另外，新城开发如何与主城区在城市文化、城市特色方面保持协调一致，也是产业新城在发展中需要统筹考虑的因素。

（五）体制机制改善滞后于产业新城发展

产业新城的开发建设是一个前期投资金额大、运营周期长、空间范围广、回收慢的大体量综合性工程。在投融资机制方面，采取引入社会资本的方式来降低政府投入成本和政府债务风险，但这对产业新城运营商的资金链会造成较大压力。当前，运营商注重资本层面的操作，并通过其他服务和地产业务来加速资金回笼，但是受到金融体制机制改革及地方政策变动（如房地产限购政策）的影响，这种方式也存在一定的不确定性。在土地制度方面，产业新城的开发建设必然涉及农村土地开发利用问题，由于当前土地制度改革力度不够，土地流转不够规范，农民的土地权益保障不到位，在牵涉新城开发建设用地时，无论从政策层面还是农民意愿而言都存在重重阻力。在合作机制方面，当前仍有不少地方政府在发展理念上没有摆脱地域的局限和“高投入、快产出”的显性政绩诱惑，超长的合作期限容易出现“新官不理旧账”的政策变动风险，加之受限于相关行业法律法规的限制，由企业社会资本完成一揽子项目建设在操作层面仍存在一定障碍。

四　产业新城带动城镇化发展的若干建议

未来，产业新城在开发建设过程中，有必要紧扣发展战略，通过整合创新资源、发挥联动效应、强化城市功能和创新体制机制，在规划布局、产业体系、协同发展、反磁力机制构建和要素保障等方面着力，从而带动城镇化加速发展。

（一）紧扣发展战略，科学规划和布局产业新城

随着全球产业发展格局的深度调整，以及“一带一路”、京津冀城市群、长三角城市群、粤港澳大湾区、中部崛起等区域发展战略的深入实施，国际国内双向开放水平正在不断提高，各地加快改革开放步伐以实现更深层次的突破，全国城镇体系格局也随之正在加快重塑。因此，有必要牢牢把握国家区域发展战略带来的开放红利、政策红利和载体红利，紧密对接区域发

展规划、国家主体功能区规划以及创新驱动发展等方面发展战略，同时结合中小城市的发展基础、发展优势和发展特色，持续优化产业新城的谋篇布局，准确定位产业新城的未来发展方向，制定各具特色的发展思路，推动实现技术、产业、人口、信息等资源和要素不断向产业新城集聚。要注重政府资源与社会资本的有机结合，积极邀请国内外优秀智库资源和社会公众广泛参与，对产业新城进行全方位、系统性、综合性的规划，加强产业发展规划、城市发展规划及土地利用规划等多个规划之间的有效衔接，努力寻求区域综合发展的最新模式和最佳路径，以科学合理的规划引领产业新城发展。

（二）整合创新资源，构建可持续现代产业体系

产业是城镇化发展的关键支撑，而创新是产业发展的核心驱动力。产业新城有必要通过多种途径整合创新资源，在更大范围内引资引智，加速集聚创新创业要素，实施传统产业转型和新兴产业培育双轮驱动，逐步构建先进的可持续的现代产业体系。一方面要积极引进新技术、新设备、新工艺，加快对现有传统产业的改造升级，推动现有企业的技术创新和管理创新。同时，站在全产业链视角，对传统产业中仍有发展潜力的上下游产业进行招商，开展有针对性的二次产业招商，推进工业闲置资产合理流转，逐步构建全产业链生态和产业集群，实现新旧产业的有序接续替代和整个区域的产业可持续发展。另一方面要聚焦电子信息、高端装备、新能源汽车等战略性新兴重点产业和其他新技术、新业态、新模式，加快引入和培育发展战略性新兴产业，积极与科研院所建立科技创新战略联盟，打造创新创业孵化器和科研转化平台，增强产业新城的自我创新能力和持久创新驱动力。同时，加强新兴产业的园区配套建设和政策扶持力度，发挥龙头骨干企业的示范作用及其带来的“雁阵效应”，为新兴产业的入驻提供高效、便利和全方位的服务，为产业顺利入驻投产提供有力保障。

（三）发挥联动效应，推动新城与老城协同发展

产业新城的发展不能就新城发展而发展使之变成“孤岛”，要避免整个

城市乃至整个区域的发展“顾此失彼”。因此，产业新城在发展过程中，要注重统筹新城与主城区发展，构建共建共享共赢机制，发挥联动效应，进而带动整个区域协调发展。具体而言，产业新城在区域规划上要与整个城市的发展规划相衔接，在新城的城市建筑特色塑造、城市风格、城市天际线等方面的规划设计要与整个城市其他区域保持和谐统一。在城市建设方面，产业新城的道路网络、生态廊道、综合管廊、交通等公共设施等方面要融入老城区现有的交通及其他基础设施和公共服务设施网络。要构建产业新城与老城区公共服务体系一体化机制，推动新城与老城实现优质公共资源的共建共享。要发挥产业新城运营商的专业能力，在城市更新、产业升级、城市功能品质提升等方面着手，积极为老城区的提质改造提供专业性服务，确保老城区与产业新城实现同步发展。

（四）强化城市功能，构建强有力的反磁力机制

只有具备完善的城市功能，才能吸引产业、人才的集聚，才能化解中心城市的虹吸效应。因此，产业新城在城市建设和运营过程中要依据各自的发展特点定位，从各方面不断强化城市功能，通过错位发展，逐步构建自身的反磁力机制。要将生态城市、海绵城市、智慧城市等新型城市理念导入新城建设中，通过高效便捷的交通网络建设、高水平基础设施和公共服务设施建设、高端化住宅和生态宜居的城市环境，逐步打造出高品质的城市“底板”，不断增强产业新城的综合承载力和吸引力。要加强建设商业、公共交通、通信、教育、医疗、文娱等多种主要公共服务和高端生活性服务业，不断提升公共服务水平，同时加强产业新城与中心城市的对接，推动公共服务的均等化、同城化、一体化发展，不断缩小新城与中心城市的空间差距。要立足于疏解中心城市的非核心功能和帮助破解中心城市的“大城市病”问题，建设有针对性的特色功能服务区，实现中心城市的产业转移和城市功能转移。

（五）创新体制机制，为新城建设提供要素保障

产业新城开发建设是一项复杂的系统工程，要发挥产业新城带动城镇化

发展的功能和作用，就要不断创新体制机制，为产业新城建设提供充足的要素保障。要创新投融资模式，拓宽项目融资渠道，发挥产业基金的撬动作用，将新城项目开发 PPP 模式与资产证券化模式相结合，通过多种途径解决资金问题，为新城项目建设提供资金保障。要坚持集约节约利用土地原则，围绕城市产业结构调整、功能提升和人居环境改善，合理确定城镇低效用地再开发范围，实行严格的土地审批制度，探索创新城乡建设用地流转的体制机制，不断提高对土地的整理、开发利用效率和效益。要加大招才引智力度，通过各种优惠政策吸引产业工人、技术人才和新市民在新城安家落户，同时建立人才服务中心和人才配套服务机制，解决如购房、配偶工作、子女入学等方面的实际困难，搭建好人才创新创业的载体平台，为产业新城的发展提供人才支撑。要坚持合作共赢的理念处理好政府与市场、社会的关系，加大产业新城项目运营的法治化力度，以正式制度和上位规划等方式保障产业新城运营商的权益，确保“一张蓝图绘到底”，有效避免“新官不理旧账”的政治风险。

参考文献

王建国等：《统筹推进新型城镇化与乡村振兴协调发展》，《河南日报》2018 年 6 月 30 日。

中国指数研究院：《产业新城未来发展新趋势》，《中国房地产》2018 年第 29 期。

夏川：《基于产城融合理念的特大城市周边产业新城规划策略研究》，北京建筑大学硕士学位论文，2018。

宋代伦：《华夏幸福：产业新城区域战略布局的逻辑》，《中国房地产》2016 年第 17 期。

刘勇：《产业新城：县域经济转型发展的新探索》，《区域经济评论》2014 年第 6 期。

李英洲：《产业新城：西部地区城镇化发展新路径》，《重庆行政》2014 年第 4 期。

王斌：《中国新型城镇化建设中的产业新城发展研究》，山东建筑大学硕士学位论文，2014。

B.15

产业新城对县域产业转型升级的影响

刘 珂*

摘 要： 产业转型升级是县域经济实现高质量发展的重要途径。产业新城的运营为县域产业能级提升赋能：科学的产业规划引领县域产业协同布局，高端要素资源的高效率配置促进产业能级提升，产业集群的培育为产业转型升级注入新动能，城市品质提升为产业转型升级增添新活力，完善的配套服务功能为产业转型升级提供保障。

关键词： 产业新城 县域产业 转型升级

郡县治则天下安，县域强则国家富。县域经济是我国区域经济的基本单元，为我国经济发展提供了广阔的市场空间和强大的支撑。目前，县域工业总产值占全国工业产值的35%以上，县域社会商品零售额占全国社会商品零售总额的比重达到54%，县域出口产品销售额占全国贸易出口总额的比重约为32%。随着社会经济的发展，县域经济所占比重将会越来越大。因此，发展县域经济将是促进国民经济发展的永恒主题，是决胜全面建成小康社会的关键落脚点。经过几十年的快速发展，县域经济已发展成国民经济增长的新亮点。在县域经济快速发展的同时，也面临一些突出的问题，如制造业以低技术、低附加值、高能耗、劳动密集型产业为主；生产性服务业发展滞后；农业现代化推进缓慢。在加快转变发展方式、优化经济结构、转换增

* 刘珂，博士，郑州轻工业大学经济与管理学院院长，教授。

长动力的攻坚期，这些问题和矛盾已经成为制约县域经济转型升级的桎梏，加快实现由要素和投资驱动向创新驱动的转型升级，是县域经济发展亟待解决的重大问题。而创新所依赖的人力、资本和产业要素，都源于核心城市的支撑。改革开放40年来，中国经历了人类历史上规模最大、速度最快的城镇化进程，城镇常住人口由1978年的1.7亿人增长到2018年的8.3亿人。随着城市数量的增加和规模扩大，形成了多个城市群，成为带动经济快速发展的增长极。党的十九大报告指出，“以城市群为主体构建大中小城市和小城镇协调发展的城镇格局，加快农业转移人口市民化”，为新时期区域协调发展指明了方向。在这种城镇新格局的构建中，秉持“以产兴城、以城带产、产城融合、城乡一体”的系统化发展理念的产业新城，成为承接中心城市产业辐射、引领县域经济融入都市圈或城市群、带动县域产业转型升级的桥梁和纽带。

一　产业战略规划变革引领县域产业协同布局

在经济发展新常态下，经济发展的条件和环境发生了重大变化，县域产业要实现转型发展，首先要进行科学合理的产业定位，明确主导产业和战略性新兴产业。在产业布局上需要立足当地资源禀赋、产业基础、人力资源、设施条件，着眼国内外产业发展趋势、周边中心城市的产业辐射作用，统筹规划产业发展方向，既要立足自身，又要借力发力。产业布局的核心考量是构建产业生态体系。一是借助于信息技术、智能技术改造传统产业，实现新旧动能转换；二是加快引入战略性新兴产业，培育产业发展潜力；三是加快发展现代生产性服务业，为制造业转型升级和农业现代化提供有力支撑，推动县域产业结构优化升级。为此，需要从更高的定位进行产业规划，引导产业错位协同布局和重大产业化项目精准落地。产业新城运营商在产业规划和产业化项目落地方面具有专业化优势。通过打造主题鲜明、要素可及、资源共享、协作协同、绿色循环、安居乐业的产业生态圈，形成产业功能区，推动新旧动能接续转换，以创新生态链促进要素资源联动，推动区域产业转型升级。

（一）科学制定产业发展规划

产业新城项目在产业规划之初，运营主体通过广纳英才、组建产业规划研究的专家团队，在广泛调研，深入研究的基础上，确定区域的主导产业和支撑产业，实现产业规划的前瞻性、科学性、适应性。在宏观上能紧密跟踪全球经济发展大势，预判前沿产业发展走势，科学规划区域产业发展方向。在微观上要结合区域资源禀赋优势、地方产业发展基础、地方发展需求和国家政府产业政策引导方向，科学分析和研判重点发展产业，规划区域产业发展方向。

以固安产业新城发展为例。2002 年以前，固安县是一个典型的农业县，工业基础薄弱，县域工业的支柱产业为钓具、肠衣、滤芯、塑料等一些技术含量不高的初级产业，全县每年的财政收入不足 1 亿元。2002 年 6 月 28 日，固安工业园区奠基。当时华夏幸福聘请罗兰贝格、DPZ 等 9 个国家和地区的设计机构 40 多位城市战略和产业规划专家对固安新城进行规划设计，将国际成功经验和区域实际情况相结合，进行产业定位。最初的定位比较低，主要发展传统制造业，后来，随着京津产业转移速度加快和京津冀协同发展战略实施，同时依托京南国家科技成果转移转化示范区建设等战略机遇，固安产业新城重新进行了产业定位，以全球视野进行动态产业定位，创造性地提出“全球技术商业化中心”（GTC）战略目标，以“全球技术、华夏加速、中国创造”的创新发展路径，构建从技术引进、自主研发、到孵化加速、中试生产、规模生产的全体系创新链，形成京南科技成果转化枢纽。目前，已形成了新型显示、航空、生物医药、航天四大产业集群。经过十几年的不懈努力，华夏幸福不断为合作区域导入优质产业，不断提升区域产业竞争力，带动区域产业转型升级。

（二）统筹落实产业发展规划

产业新城运营商一般都拥有专业的产业落地谋划团队，团队成员主要来自国内大型企业、国内知名的国家级开发区等，具有丰富的打造产业集群的经验和较强的产业规划和实施能力。统筹落实区域产业定位和发展规划，通过构建全球招商资源网络，为区域匹配并导入适合的产业资源，选取产业价值链的核心环节作为招商方向，锁定具体招商目标，推进产业新城内产业集群的形成与发展。截至2018年底，固安产业新城入驻企业已经达到580多家，引进落地投资额1400多亿元。产业新城项目签约落地和开工建设，在推动区域产业发展方式向内涵集约型转变、产业结构向中高端高附加值转变、增长动力向创新驱动转变，进一步提升质量效益和竞争力等方面具有重要战略意义，经济效益、生态效益、社会效益十分明显。

二　高端要素资源的高效率配置促进产业能级提升

（一）积极承接产业转移

产业转移是由于要素条件和市场条件的变化，一个产业从一个国家或地区转移到另一个国家或地区的经济活动。产业转移的目的一是要寻求成本洼地，二是要寻求战略资源高地。产业由经济发达地区向欠发达地区进行梯度化转移，是产业发展的自然规律。欠发达地区通过有选择地承接发达地区转移的产业，可以带动当地产业快速实现转型升级。

产业新城运营商具有较强的产业规划和产业开发能力，能够从更高的定位和更宽广的视野为县域产业发展进行产业规划和承接产业转移。产业新城运营主体通过建设产业园区搭建承接产业转移的平台和载体，从基础设施的完善到营商软环境的优化，不断完善产业落地的条件。在产业新城项目落地区域，当地政府积极改善营商环境，实施商事制度改革，企业扶持激励制度改革，健全完善联系外资企业、民营企业制度，充分激活市场主体活力，为动力转换创造优越制度环境和市场环境，为加快构建推动高质量发展的现代化产业体系注入强劲动力。

华夏幸福在招商引资方面花费了大量的人力物力，员工中有接近1/3从事招商引资和服务工作。为了提高招商引资的工作效率，公司的招商人员根据每人的工作经验分别分配到不同的行业工作。华夏幸福根据各个行业的发展形势和前景，瞄准十大行业领域和主题，围绕行业的龙头企业或者全国性的协会进行招商引资，不同的团队负责不同产业领域的招商引资工作，为产业新城引进企业打造产业集群，并为产业园区打造绿色生态环境。随着入驻园区的企业越来越多，园区的产业规模也越来越大，华夏幸福便开始进行园区内部的产业整合和产业升级，其核心在于完善产业链，形成有竞争优势的产业集群。

（二）高效配置要素资源

栽下梧桐树，引来金凤凰。产业新城的运营主体华夏幸福科学谋划、精准施策、营造宜居宜业的新城环境，积极对接国内外高端创新资源在新城落地生根、开枝散叶。张江高科集聚了世界500强企业中的300多家、50多家国家科研院所、43所高校、31个国家工程（技术）研究中心、34个国家重点（工程）实验室和300多家跨国公司研发机构，有159名院士、380名国家“千人计划”人才、20多万名科技人才、2万多名海归人才及60多万名在校大学生正会聚张江创新创业。张江高科通过构建技术、人才、资本交互融合的创新创业体系，形成了凝聚高端创新人才和创新资源的区域经济增长极。以学术领军人物为核心的高科技人才、创新型开发公司、创业型研发团队、大学院校、科研机构，以及研发服务外包企业等在园区集聚，形成了强大的创新驱动力，进军产业价值链高端，打造战略产业的新高地，提升区域产业能级。

在地方政府资源配置方面，不断深化要素供给改革。政企双方清晰界定了政府与合作企业各自的责任和利益边界，用“契约精神”取代“身份观念”，确保政策的连续性和稳定性。通过建立利益共享、风险共担机制，大幅度减少政府对资源的直接配置和对资源要素价格的干预，依据市场规则、市场价格、市场竞争优化资源配置。推进构建以企业需求为导向的人力资源管理新模式，同步推进以产出为导向的土地配置制度改革、以绩效为导向的财政预算制度改革、以服务实体经济为导向的金融体系改革，实现要素资源配置效率的提升，推动产业新城的重点产业加快发展和产业能级提升。

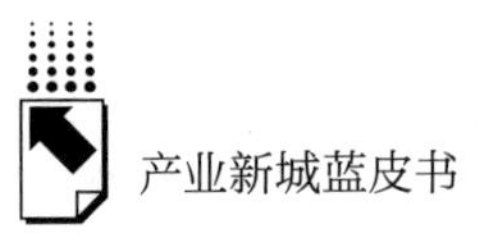

三　产业集群为产业转型升级注入新动能

（一）集群成长助推现代产业体系构建

产业新城以产业为先导，在产业发展上围绕主导产业，遵循企业集中布局、产业集群发展、资源集约利用、功能集合构建的逻辑，促进产业上下游企业和协作关联企业，通过共享、配套、融合形成完整的产业链，带动研发创新力量和服务体系集聚，集成构建现代产业体系，使产业链不断整合、完善和延长，形成特色产业集群。

产业新城在培育产业集群的过程中，结合县域产业基础、地方发展需求以及产业发展趋势，因地制宜、因势利导对县域产业进行规划，为县域打造科技含量高、示范带动强的现代产业集群，通过承接核心城市的产业、创新、人口等溢出，在解决中心城市“大城市病”的同时，促进中小城市产业发展，推动当地经济结构调整，成为产业转型升级新动能。2017 年 5 月，国务院办公厅印发《关于县域创新驱动发展的若干意见》（以下简称《意见》），在《意见》部署的县域创新驱动发展 8 项重点任务中，加快产业转型升级，促进县域特色主导产业向绿色化、品牌化、高端化、集群化发展位列首位。构建现代产业集群是保持产业新城综合运营效率、实现产业协同发展的关键，是实现以科技驱动县域产业转型升级、构建现代产业体系的动力来源。

（二）集群效应促进县域产业发展

产业集群是指在某一特定的区域中，众多相互关联的企业及与其发展相关的支持机构在空间上的集聚，由共性和互补性而联系在一起的形成持续竞争优势的现象。产业集群并不是多家企业简单随意的扎堆，而是相关企业和关联机构的有机结合。由于单一产业发展空间有限，只有集群内的企业彼此分工协作达到规模经济效应，形成完整的产业链条，实现产业集群的有效聚拢才能形成具有竞争优势的产业集群并促进整个地区的发展升级。高质量的产业集群基于地理上、价值链上的集中，能够有效降低企业搜寻商业伙伴、相关生产技术等的费用、降低企业间的交易费用；能够增强集群内企业分工专业化和协作的有效性，实现资源有效配置；能够促进集群内部知识交流、共享、缩短技术创新周期，形成产业竞争优势；能够建立集群产业的生产、管理、技术等标准，形成产业集群的品牌优势。高质量的产业集群赋予县域相关产业发展新动能，促进县域产业发展方式向内涵集约型转变、产业结构向中高端高附加值转变、增长动力向创新驱动转变，进一步提升县域经济高质量发展。

招商蛇口开发建设了我国第一个外向型经济开发区——深圳蛇口工业区，形成了独特的“蛇口模式4.0”产业新城模式，该模式是指在一个城市主控一个区域，以“前港—中区—后城”的综合开发形式，促进城市和与产业的有机运行。招商蛇口是立足于蛇口样板园区的升级改造，复制蛇口片区成功的开发经验，通过整合各类资源建设特色产业集群，打造产业与城市融合的产业新城，带动产业转型和城市升级。

华夏幸福聚焦新一代信息技术、高端装备、新能源、汽车等十大高新科技产业，与专业的产业促进团队进行战略合作，为区域匹配并导入适合的产业资源。着眼于国家发展战略大局，以“转移—整合—孵化”的思路，建设产业新城，实现新时代背景下县域经济的增长，推动产业转型升级。例如，华夏幸福与嘉善县进行合作建设嘉善产业新城，嘉善县凭借“1小时交通圈”覆盖上海、杭州、宁波、苏州四大城市的地缘区位优势，充分对接上海的窗口、承接沪杭商务资源，打造沪嘉杭科创走廊枢纽城，并形成与上海契合互动的配套服务产业集群，最终形成科技研发、软件信息、影视传媒、商贸服务四大产业集群。

中新集团以园区开发运营主体板块，以产业载体配套和绿色公用为两翼支撑，形成“一体两翼”协同发展的格局，坚持科学规划与创新驱动，不断集聚园区开发运营的核心资源要素，打造高水平产业新城。例如，苏通科技产业园是由中新集团对苏州、南通两市实施跨江联动开发、推动区域共同发展建立的合作园区，依托既有的产业基础，以加快发展先进制造业为龙头，带动现代服务业快速发展和园区综合实力提升，形成了海洋及港口工程装备制造和新能源装备制造为主的先进制造业发展格局。

四　城市品质提升为产业转型升级增添新活力

产城融合是产业新城发展的关键。产业新城在推进产业发展的同时，还需要关注城市生活设施的整合和升级，提高居民的生活品质。通过建设功能完善、服务齐备、品质高尚的城市核心区，推动现代服务业发展，引领县域经济转型升级。

（一）高品质的城市环境有利于集聚高新技术产业和高端人才

随着产业发展层次的提高，企业对于产业新城的自然环境和人文环境有了更高的要求，其中具备优良的生产环境成了一些高科技企业选择入驻园区的重要标准。一些高科技产业对园区的自然环境有着严格的要求，比如微电子产品的生产对于生产环境就有着苛刻的要求，一般都需要恒湿恒温的操作间，空气中的悬浮尘埃、有害物质必须达到非常低的水平。因此，这类产业一般选择建设在自然环境质量比较高的地区，这样可以降低维持日常生产环境所需的费用支出，降低生产成本，保证产品质量。此外，高科技产业需要大量的高素质人才，研发人员、设计师、熟练技术工人是高科技企业中的主要工作人员，这些高素质人才收入高，对生活居住环境也有着高于普通人的要求，产业新城要留住这部分人群，必须依靠完善和优质的居住、教育、医疗及公共交通等城市基础设施，包括良好的社区和优美的自然环境，而且还要求具有激励创新的氛围，否则将很难留住高科技人才在产业新城长期安居乐业。高品质城市环境引来高新技术产业和高端人才的集聚，为县域产业转型升级注入动力源泉。上海临港产业园按照以人为本的理念，致力于打造高品质的城市配套体系。围绕社区功能建设市民广场、文化中心、中心公园、商业服务中心、体育中心、医疗服务中心以及公共交通枢纽。居住社区根据不同人群居住要求，将居住用房、周边产业区生活配套用房建设成景观独特、配套齐全的现代化社区。设计完整的商业生态规划和商业布局格式，将商业设施与便利商业服务相结合，娱乐与人文相结合，营造人气凝聚、配套便捷、服务齐备的商业环境。完善的城市功能成就了海港产业园现代化的生活空间。

（二）消费升级拉动产业转型升级

产业新城的发展为县域经济注入强大活力，在拉动产业转型升级、提升城市品质的同时，创造了大量的就业岗位，居民收入水平不断提高。随着居民收入水平提高，居民消费需求逐步升级，消费升级将拉动产业结构升级。国内学者研究表明，城镇居民消费升级主要拉动第三产业升级，农村居民消费升级主要带动第二产业升级。第二产业的升级对现代服务业产生更多的需求，现代服务的升级进而拉动第二产业的转型发展。因此，产业新城的发展一方面在供给侧为产业、为居民提供了优质的产品和服务，一方面通过增加产业发展和居民收入的增长刺激消费，城市品质升级与消费升级形成了良性互动，由此拉动县域产业转型升级。

五　完善的配套服务功能为产业转型升级提供保障

传统的产业园区是由政府为实现产业发展目标而统一规划、管理的特殊区位环境，在一定程度上实现了规模集聚效应，但是功能分区过于明确，缺乏对商业、居住等配套的考虑，因此要推动产业持续增长、产业转型升级，就要求不断完善配套服务功能，实现工业化与城镇化相结合的产城融合发展方式。相比传统产业园区的配套服务，产业新城不仅考虑与产业相关的基本服务，为产业发展寻求空间载体，而且更加注重构建功能复合化、环境细节化的综合性配套服务，重点向城市功能完善、环境品质提升转变。在“产城融合”策略下，通过基础设施运营、公共服务设施运营和全新的城市营销，积极发展和完善城市功能，并通过完善配套服务功能“反哺”推动原有产业功能的转型和提升。

（一）生产服务业配套齐全

生产服务业是实体经济高质量发展，构建现代经济体系的重要支撑。生产服务业的健康发展，可以为信息化和工业化融合发展、促进产业技术进步、产业升级和提高生产效率提供保障。在全面推进经济高质量发展的今天，各地区都把发展生产服务业作为产业升级的着力点和发力点。产业新城运营主体立足于产业发展的制高点，超前布局，倾力打造优质的全程运营服务，不仅助力现代制造业快速发展，也为传统制造业转型发展提供保障。

根据企业入园前后的实际需求，产业服务团队可提供"全方位 + 立体化"的产业服务，如搭建审批服务、行业服务、咨询服务与生活服务四大平台，为企业运营和各类人才提供两大类 14 项服务，帮助其高效对接政府服务，对接产业新城的载体空间、产业合作、金融资源和生活服务等，对接相关机构提供的法律财税、人才引培、规划咨询等配套服务。产业新城运营商在不断完善内部企业服务平台的同时，积极搭建对外合作平台，帮助入驻企业高效对接外部市场。

科创慧谷天津园区从企业实际需求出发，通过聚合政、产、学、研、金、介、贸、媒等创新资源，无缝对接政府、企业、园区和科技中介，为科技型企业及创业者提供技术、项目申报、产学研、融资、创业、人才、培训等系列服务。针对入园企业出现的技术难题，引进清华大学的科技成果和领军人才组织联合科研攻关，为企业在技术创新、新产品开发等方面提供智力支持。完善的配套服务为战略性新兴产业起步发展、助推传统产业转型、实现区域产业体系升级提供了保障。

（二）生活服务业功能完善

产业新城的产业配套设施不能仅限于产品孵化机构、金融机构、企业服务平台和培训交流平台等一些与产业相关的传统配套设施，这些虽然能够增强产业新城内产业集群的竞争力，但是一个高质量、可持续发展的产业新城应该更注重建设配套居住、生活设施、城市功能体系、生态环境设施等的综合性基础设施，实现全方位扩展配套功能、加快产城融合。张江高科技园区为青年精英量身打造酒店式公寓，提供完善的社区服务和商业配套，社区有时尚主题商业广场和社区会客厅、空中绿化庭院、公园、学校、体育中心、健身会所等，为年轻人的业余生活提供全新的立体空间。高品质的生活配套提升了园区的品位，吸引了更多的青年精英来此创业发展，使张江高科技园区成为名副其实的智力密集地。

参考文献

黄群慧、张五明主编《中国产业新城发展研究报告》，社会科学文献出版社，2018。

刘洋、张尽超、王文寅：《产业新城创新驱动的对策研究》，《新经济》2016 年第 17 期。

王斌：《中国新型城镇化建设中的产业新城发展研究》，山东建筑大学硕士学位论文，2014。

中国指数研究院：《中国产业新城运营理论与实践》，中国发展出版社，2018。

B.16

产业新城在大都市区建设中的作用研究*

安晓明**

摘　要： 产业新城作为一种以“产城融合”为标志的城市发展创新模式和形态，在大都市区的建设和发展中具有突出地位和重要作用。产业新城不仅是大都市区城镇网络体系的关键节点和内部均衡化发展的重要支点，也是大都市区培育壮大新动能的重要载体、高质量发展的新引擎和协调发展的重要抓手。要加快发展壮大产业新城增强大都市区的整体经济实力，要积极对接中心城市和融入周边城市促进大都市区内部生产要素的自由流动，要完善区域性交通网络提升大都市区内部的通达程度，加强生态环境和营商环境共建共享提升大都市区的综合竞争力，这样将会更好地发挥产业新城在大都市区建设和发展中的积极作用。

关键词： 产业新城　大都市区　产城融合

当今时代，城市空间组织正从单一城市转向城市区域。构建大都市区，有利于承担全球及区域发展的引领功能。产业新城作为一种以“产城融合”

* 本文为河南省博士后科研启动项目“‘一带一路’背景下郑州节点城市功能优化研究”（项目编号：001801025）、河南省软科学项目“河南省乡村产业振兴的模式探索与路径选择”（项目编号：192400410136）的阶段性成果。

** 安晓明，经济学博士，河南省社会科学院农村发展所副研究员，航空经济发展河南省协同创新中心副研究员。

为标志的城市发展创新模式和形态，在大都市区的建设和发展中具有突出地位和重要作用。近年来，我国固安、嘉善、溧水、武陟等产业新城的发展实践也表明，在大都市区中发展起来的产业新城，在承担疏解中心城市人口和产业以及作为一定地域范围中心功能的同时，也直接参与了全球性的要素资源配置，并推动了大都市区空间结构形态的完善。

一　产业新城在大都市区建设中的作用

产业新城以“产城融合”为特征，主要分布在特大城市或大城市周围，有利于扩大产业空间加速产业集聚，有利于疏解大城市功能、缓解大城市病，有利于促进周边地区加速崛起，有利于优化城市空间格局加快区域协调发展，因而产业新城在大都市区建设中具有突出地位和重要作用。

（一）产业新城是大都市区城镇网络体系的关键节点

在大都市区的城镇体系中，有处于核心地位的特大城市和位于周边的大中城市。但往往特大城市与周边大中城市之间的联系并不紧密。而位于特大城市与大中城市之间的产业新城，正好成为连接两头的节点，不仅密切了二者的联系，也使大都市区的城镇体系形成网络。正因为如此，产业新城成为大都市区城镇体系中的关键节点。例如，郑州大都市区以郑州为核心，包括郑州市域，开封、新乡、焦作、许昌四市中心城区和巩义市、武陟县、原阳县、新乡县、尉氏县、长葛市城乡一体化示范区。以前，开封、新乡、焦作、许昌四市与郑州的经济社会联系不太紧密。虽然开封、新乡、焦作、许昌四市中心城区距离郑州均不到100公里，郑汴一体化、郑新融合、郑焦融合、郑许融合也实施多年，但除了郑州和开封的联系相对紧密外，后三者效果都不太理想。但是最近两三年来，随着武陟产业新城的快速建设发展，武陟已经成为郑焦深度融合的首位节点城市，密切了郑州与焦作两市的经济社会联系。环郑州的长葛、新郑、祥符、获嘉、新密等县（市）也陆续启动

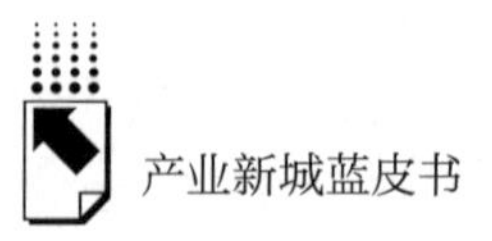

了产业新城建设，将成为郑州与周边城市的桥梁和纽带，正在成为郑州大都市区城镇网络体系中的关键节点。

（二）产业新城是大都市区内部均衡化发展的重要支点

在大都市区的建设和发展中，处于核心地位的一般是特大城市或大城市，在大都市区中具有极强的支配作用。但是随着特大城市功能、产业、人口等的过度集中，城市的资源环境承载能力明显不足。而放眼大城市周边地区，特别是县城及农村地区，普遍存在经济基础薄弱、社会发展水平相对落后、创新驱动能力不足等问题。因此，位于大都市区范围内，与中心城市具有一定空间距离的以“产城融合”为特征产业新城就充分显示出它的重要地位。一方面产业新城可以吸收中心城市外溢的价值红利，为中心城市功能有机疏解提供空间载体；另一方面在中心城市周边布局的产业新城，随着其发展壮大，将成为大都市区内部均衡化发展的重要支点，使大都市区表现为一极多中心的“众星捧月”式布局形态，甚至是多中心的组群式布局形态。例如，围绕首都经济圈核心区布局的固安、大厂、怀来、香河等产业新城，本身位于环北京的河北省境内，由于受行政区划影响，早先处于要素价值洼地和经济发展的洼地，位于所谓的“环京津贫困带”上，但经过产业新城这样一种新的发展模式，这些地方已成为支撑大北京周边区域发展的重要支点，有利于首都经济圈的内部均衡化发展。

（三）产业新城是大都市区培育壮大新动能的重要载体

在大都市区的建设和发展中，中心城市已经达到超级体量，中心城市的资源环境承载能力有限，难以发生大的飞跃，而围绕核心城市周边发展的产业新城所处地理位置距离核心城市较近又具有独立性，所在区域的土地、劳动力等要素资源具有比较优势，资源环境承载能力较好，就成为其所在大都市区培育壮大新动能的重要载体。例如，武陟产业新城，与郑州仅一河之隔，是大郑州“一刻钟经济圈”的重要组成部分。武陟产业新城自 2016 年开始启动，以“中原智造，北岸水乡”为新城定位，以“建设郑州大都市区物流节点枢纽和新兴产业基地”为发展目标，聚焦高端装备、生产性服务业和都市消费三大产业领域，打造智能制造装备、科技服务、现代物流和都市食品四大产业集群，加速发展人工智能、机器人、新一代信息技术、互联网、物联网等战略新兴产业。目前已签约落户企业 40 余家，包括阿里云、慧聪网、兰旗航空等，加快打造智能制造、无人机两个百亿元级产业集群。截至 2018 年 11 月，武陟产业新城为武陟县新增地方财政收入 10 亿元，推动武陟县域经济社会发展排名从河南省第 68 位大幅提升至第 11 位，产业新城特色商业区跃居河南省第 4 位，解决就业人口 5000 余人，城市竞争力显著提升。武陟产业新城的建设发展对提升郑州大都市区的综合竞争力产生了积极影响，正在成为郑州大都市区培育壮大新动能的重要载体。

（四）产业新城是促进大都市区高质量发展的新引擎

在以城市群、都市区为主体构建大中小城市和小城镇协调发展的城镇格局下，围绕核心城市周边发展的产业新城，有望促进大都市区的高质量发展。与大都市区中的核心城市相比，其他地区特别是县域经济发展水平相对落后，资金、技术、能力等多方面均存在短板，导致县城难以集聚创新资源要素，很难吸引高层次创新人才。而以“产城融合”为特征，以产业发展为核心的产业新城，在发展现代服务业和高新技术产业方面，具有得天独厚的优越条件，将充分调动社会资本参与城镇综合开发，构建城市产业生态体系，有效促进人口和创新要素向产业新城集中，为县域经济发展注入新动能，使其成为大都市区新的经济增长极，并成为促进所在大都市区高质量发展的新引擎。例如，位于北京天安门正南 50 公里的河北固安县，原本只是一个经济社会比较落后的小县城。自 2002 年开始，河北固安县政府与华夏幸福以 PPP 模式合作开发运营固安产业新城，双方通力合作，经过 16 年的发展，曾经的农业大县已经转变为现代化工业强县，产业新城财政贡献率达到 68%，累计招商引资达 1500 亿元，初步形成新型显示、航空航天、生物医药等三大千亿元级产业集群，成为促进首都经济圈高质量发展的新引擎。

（五）产业新城是助推大都市区协调发展的重要抓手

未来我国城市群发展的一个重要趋势是以中心城市为极核，在周边20～50公里范围内发展中小城市和小城镇，通过轨道交通形成由廊道、圈层和关键节点组成的网络化城镇体系，有效促进人口和创新要素向周边中小城市发展，为区域协调发展提供新动力。在这个网络化城镇体系中，中心城市因为起步较早，产业和城市布局可能存在不合理的地方，而且受制于土地等资源的约束，难以从内部实现调整和转型。而产业新城拥有相对丰富的土地资源和相对广阔的腹地空间，通过承接中心城市外溢的功能、产业和人口，不仅有利于促进核心城市与周边地区的要素流动，促进核心城市向周边地区的扩散效应，也有利于促进核心城市的城市功能优化和产业结构升级。在生态环境上，中心城市和产业新城之间一般都建设有生态隔离带，此举不仅可以缓解大城市蔓延，也有利于优化城市生态空间，促进大都市区中人与自然的和谐共生。例如，距离南京主城区 32 公里的溧水产业新城，毗邻禄口国际机场，以“空港实业中枢，科技山水新城”为目标，形成一核两翼，双心多廊的空间结构。以新城生态为核心，宁高高速两侧城市功能区为两翼，东侧科创中心与西侧服务中心为双心，辅以生态廊道空间，最终以合理的空间布局成就城市的美好未来。这是一个产业、生态和谐发展的样本，也是南京大都市区协调发展的重要推动力。

二　充分发挥产业新城在大都市区建设中的作用

产业新城在大都市区的建设和发展中具有重要作用。要加快发展壮大产业新城，积极对接中心城市和融入周边城市促进生产要素的自由流动，完善区域性交通网络，加强生态环境共建共享，以期更好地发挥产业新城在大都市区建设和发展中的积极作用。

（一）发展壮大产业新城，增强大都市区的整体经济实力

产业新城是大都市区体系中的重要组成部分。产业新城的发展壮大对于

增强大都市区整体竞争力具有非常重要的意义。只有产业新城发展壮大了，才有可能成为大都市区城镇网络体系的关键节点和内部均衡化发展的重要支点，才能推动大都市区的协调发展和高质量发展。

1. 夯实产业基础

产业是产业新城中的关键变量。要在产业新城建设之初就高起点、高标准规划引进产业并持续打造产业集聚的载体和平台。根据产业新城的功能定位，以及周边地区的产业基础、发展条件和市场要素，积极承接中心城市和发达地区的产业转移，重点引进关联度高、带动力强的龙头型、基地型项目，着力培育特色主导产业，发展特色产业集群，延伸产业链条，完善配套产业，增强产业支撑能力。例如，溧水产业新城聚焦“研发 + 制造”模式，积极打造以智能网联汽车为主、智能制造装备和生产性服务业为辅的一主两辅格局，形成了特色鲜明的主导产业。

2. 着力培育和提升自主创新能力

产业新城要积极营造创新氛围，营造良好的人才和科教环境，构建科技创新平台，加快科技创新要素的集聚，着力培育和提升自主创新能力。支持企业建立各类产业研究院和技术研发中心，促进各类创新型孵化器建设，推动产业集聚区内的科技创新要素整合。以产业链垂直整合提升产业集群竞争力，积极融入全球产业链高端和价值链核心。积极推动企业管理改革，加快企业技术革新，大力支持企业进行开放式创新，在注重知识产权保护的同时积极推动创新扩散，构建要素整合、共享和创新的网络体系。

3. 强化公共服务配套建设

按照“先公建后产业”原则，围绕产业新城发展方向、功能定位、总体规模，有侧重地配套商务办公、展览交流、技能培训等公共服务设施，科学精准配套水、电、气、通信等基础设施。同时，要完善城市基础设施，推进公交都市、智慧城市、海绵城市和地下综合管廊等建设，提升产业新城的城市功能品质，推动产城融合发展，形成人口集中、产业集聚、城市发展的良性循环。

（二）积极融入大都市区，加快大都市区内部的要素流动

在大都市区体系中，处于核心位置的中心城市承载了主要的经济、社会、政治、文化等基本城市功能，而外围地区围绕着产业新城、中小城市或其他空间形态，既具有一定的独立性，也与中心城市在经济、社会、文化、生态等方面都有着非常密切的联系。因此，产业新城应当积极对接中心城市、融入周边城市，加快参与大都市区内部的要素流动。

1. 形成“中心城市 + 产业新城 + 周边城市”的空间布局

围绕中心城市距离 20 ~ 50 公里建设产业新城，有效连接周边城市，形成一核多节点多中心的组团式布局，尽快形成网络化、多中心、组团式、集约型的大都市区空间结构，构建功能错位、联系高效、生态隔离的高品质组合型大都市地区。

2. 对接中心城市，加快产业新城与中心城市之间的要素流动

一是积极与中心城市在产业上对接发展，为中心城市提供高质量的现代服务和生产配套设施，实现产业功能互补。要根据中心城市产业发展方向，按照错位、链式、互补的产业布局原则，发展与中心城市城区主导产业相关联的配套产业并积极承接其产业转移。二是进一步疏解中心城市的非核心功能，提高中心城市的外溢效率和辐射能力，促进中心城市与产业新城之间的资源要素高效流动，带动全域均衡协同发展。三是加快产业新城与中心城市之间基础设施、公共服务设施等的对接。

3. 积极融入周边城市，加快产业新城与周边城市之间的要素流动

产业新城要依托周边广阔腹地，融入并引领周边城市加强与中心城市的联系，成为中心城市与周边城市有效连接的桥梁和纽带。例如，武陟就成为郑焦融合的桥头堡、郑焦深度融合首位节点城市。要加快产业新城与周边城市基础设施的互联互通，促进人才等资源要素自由流动。

（三）完善区域性交通网络，提升大都市区内部的通达程度

完善的交通网络和便捷快速的交通方式对于提升大都市内部的通达程度

至关重要。要加快构建便捷高效的现代综合交通网络，完善区域性交通网络，为大都市区内部要素资源的便捷流动和优化配置提供基础性保障。

1. 对大都市区的交通网进行合理规划与布局

规划要综合考虑中心城市及周边地区的经济社会发展状况和发展趋势，充分考虑产业新城的功能定位、产业结构、人员物资流动等因素，统筹考虑高速公路、铁路、城市轨道与内河航道等交通网络布局，通过完善区域性交通网络提升大都市区内部的通达程度。

2. 发展中心城市通往周边地区的快速交通系统

要加快建设从中心城市通向周边产业新城及周边城市的快速轨道交通系统、高速路和快速干道体系，缩短产业新城与中心城市及周边城市的交通时间。大力实施轨道交通加速成网计划，形成中心城市周边县（市）轨道交通全覆盖，完善中心城市通向周边地区的高（快）速路网。基本形成大都市区以中心城市为主体，以周边产业新城、中小城市为节点的一刻钟交通圈、半小时交通圈及一小时交通圈。

3. 完善城际与城内公共交通换乘系统和管理方式

重点推进城际铁路与城内地铁、公交的灵活、高效、便捷的换乘服务，将大都市区内的各节点有机融入中心城市的“公铁空”枢纽网中，实现中心城市机场、高速铁路、城际铁路和周边城市公共交通的无缝衔接。

（四）优化生态环境和营商环境，提升大都市区的综合竞争力

1. 加强生态环境共建共享，提升大都市区生态承载能力

良好的生态环境是大都市区高质量发展的前提和基础。要加强生态环境共建共享，形成一个生态网络覆盖体系，提升大都市区的生态承载能力。一是加强生态隔离带建设。在城市内部建设生态廊道，在中心城市与产业新城、周边城市之间建设生态隔离带，形成多个公共绿地，使之成为大都市区的“绿肺”，合理规划和利用绿色空间，优化大都市区的生产、生活、生态空间。二是实行生态共治。城市大多依水而建，要加强大都市区中沿江沿河流域综合治理，推进沿岸生态带的建设。综合实

施大气、土壤等环境综合治理，加强生态环境修复，提高大都市区的生态环境承载能力。

2. 优化营商环境，提升大都市区的发展活力

一是在大都市区内营造良好的营商环境氛围。全力营造“人人都是营商环境，事事关乎营商环境”的浓厚氛围，积极唱响“店小二”精神，着力解决权责脱节、职能交叉、衔接不畅等问题，在项目手续办理和要素保障等方面提供全方位“保姆式”服务，努力构建“亲”“清”新型政商关系。二是将产业新城作为优化营商环境的窗口和标杆，加快推进“放、管、服”改革。精简审批事项，创新服务方式，再造审批流程，积极推广“最多跑一次”“一次不用跑”，提高行政效率。完善政府守信践诺机制，建立健全政务和行政承诺考核制度。加强各种所有制经济产权保护，减少利用行政手段干预经济活动。规范招商引资行为，严格履行各项政策承诺和兑现已签订的各类合同。

参考文献

刘勇：《产业新城：县域经济转型发展的新探索》，《区域经济评论》2014 年第 6 期。

叶一剑、宋彦成：《华夏幸福的新选择与产业新城的新价值》，《中国房地产》2018 年第 8 期。

张忠国、夏川：《需求导向下的产业新城产城空间建构思路——环首都地区 4 个产业新城建设分析与思考》，《城市发展研究》2018 年第 3 期。

王挺：《产业新城的正确打开方式——基于国际经验的视角》，《中国房地产》2016 年第 17 期。

周骏、王娟：《大都市背景下城郊产业新城的发展策划探讨——以嘉兴特钢新城为例》，《华中建筑》2011 年第 12 期。

刘源隆：《华夏幸福产业新城助推县域经济转型》，《小康》2017 年第 36 期。

安晓明：《“一带一路”背景下我国内陆节点城市功能优化研究》，《城市与环境研究》2016 年第 4 期。

桑平起、李长需：《华夏幸福：聚焦先进制造业　助推河南县域发展》，《人大建设》2018 年第 4 期。

彭震伟:《全球化时代大都市区新城发展的理性思考》,《上海城市管理》2012 年第 1 期。

秦汉川:《产业新城事业咋实现高质量发展? 华夏幸福亮出新的“杀手锏”》,《中国建设报》2018 年 2 月 9 日。

宋若铭:《都市圈特征初现　华夏幸福搭建合作新平台》,《中国改革报》2018 年 2 月 2 日。

B.17

产业新城促进地方经济发展研究

李国政*

摘　要： 产业新城是我国城镇化过程中产生的一种新型城市空间形态，其遵循“以产兴城、以城带产、产城融合、城乡一体”的建构原则。产业新城以产业发展为基础，以城市发展为依托，采取建设PPP模式，能够有效提升地区经济增长速度。通过生产要素的集聚，有效地助推地区经济发展规模。通过区域协调发展、产业结构转型升级、技术创新等路径，提高全要素生产率，推动地区经济高质量发展。

关键词： 产业新城　经济速度　经济规模　经济质量

产业新城作为一种新型空间开发模式，是在新型城镇化战略下，以人的发展为核心，以产业发展为基石，以城市发展为依托，以“产城融合”为标志的城市组织模式和发展模式的创新。在我国产业结构转型升级，深化供给侧结构性改革的背景下，产业新城的兴起无疑为城市和地区经济社会发展提供了一个全新的思路和抓手。产业新城避免了传统产业园区和房产开发的弊端，真正做到了“以产兴城、以城带产”的产业化与城市化良性互动，是区域高质量发展的重要选择。

---

* 李国政，经济学博士，郑州轻工业大学经济与管理学院副教授。

一 产业新城的概念及特征

党的十九大报告指出："以城市群为主体构建大中小城市和小城镇协调发展的城镇格局，加快农业转移人口市民化。"这一论断为破解我国区域不平衡不充分问题提供了一个全新思路，有利于协调区域平衡、城乡平衡，补齐中小城市和小城镇发展不充分的短板。在未来城镇化建设和区域协调发展中，一个非常重要的着眼点就是构建区域经济社会发展的总体政策体系，大力推进基本公共服务均等化，进一步缩小城乡差距和地区差距，充分发挥地区比较优势和发展潜力。

产业新城遵循以城乡一体、产城融合、协调发展、生态宜居为一体的新型城镇化哲学，是指在大城市主城区之外，以人为核心、以产业发展为依托、以城市建设和发展为保障，产业高度集中、城市功能不断完善、生态环境日益优化的新城市发展区域，是促进区域产业结构优化和转型升级的动力引擎。产业新城的开发，一般以工业项目聚集发展为前导，如大型工业园区、经济开发区等特定区域的建设与应用。在产业发展过程中，逐步通过产业的转型升级，形成以支柱产业为主的集生产、生活、休闲、娱乐为一体的新型城区，并通过"以产兴城、以城带产"的模式，实现"产城共融、城乡统筹、共同发展"的开发目标。产业新城是一种基于产业发展带动城市建设的区域经济发展模式，着重体现产业与城市的融合发展。

产业新城通过"产业园区化→园区城市化→城市现代化→产城一体化→城市智慧化"的发展路径，实现产业与城市的匹配、融合与共同发展。产业新城以人本文化为核心、以产业发展为基础、以产城融合为目标，体现了较为先进的城市开发哲学。现代产业新城不同于单纯的产业集聚区建设（有产业无城市配套），也不同于大都市周边的"卧城"（有城市配套无产业），其最明显的特征就是产业发展和城市服务相结合，是一种产业化和城镇化相结合的新兴城市演进形态。随着我国智能制造业的大发展，产业新城在继承传统城市形态的基础上，弥补其持续发展能力不足的弱势，将区域经济的发展方式从单一的生产型产业园区逐渐转化为“产业、生活、服务”多点支撑的可持续发展型城市空间结构。

产业新城的建构模式侧重“以产兴城、以城带产、产城融合、城乡一体”的系统理念，加速了我国城镇化的发展速度，同时为地区产业结构转型升级提供了重要载体。因此，产业新城建设有利于集约利用现有城市土地，使产业发展空间得到拓展，进一步加速产业聚集。产业发展有利于吸引更多的人口就业，规避盲目城市化带来的城市空心化局面。产业新城能够进一步促进城市产业生态体系的构建，形成产业循环发展体系，增强产业自我更新能力，最终有序推进城镇化发展，促进区域一体化建设。

二 产业新城对区域经济发展速度的推进

产业新城成为当地经济发展的重要动力，PPP 模式是当前较为主流的运作模式。社会资本不是简单的提供资金，同时还要有强化产业发展的能力，帮助地方政府寻找契合比较优势的产业发展方向，实现产业在一定范围内的聚集。例如，华夏幸福与地方政府确立的 PPP 合作模式，双方基于“政府主导、企业运作、合作共赢”的核心理念，政府在合作过程中起主导作用，并发挥市场化效应，把“伙伴关系、长期合作、利益共享、风险分担”等公私合作理念融入产业新城的协作开发和建设运营之中。依靠 PPP 模式，产业新城展示出了强大的生命力。

2002 年，固安县政府与华夏幸福采用政企合作的 PPP 市场化运作模式，合作打造固安产业新城。当年，固安县全年财政收入仅 1.1 亿元，总体发展水平位居廊坊市 10 个县（市、区）的第 8 位。到 2017 年，固安县财政收入达 98.5 亿元，比 2002 年增长 88.5 倍。一般公共预算收入突破 41 亿元，经济总量位居河北省第 3 位。产业新城对固安的财政贡献率达到 68%，初步形成新型显示、航空航天、生物医药三大千亿元级产业集群，有效提升了区域发展的综合价值。

华夏幸福运营的大厂产业新城所在的大厂县 2007 年财政收入仅 24 亿元，

在大厂产业新城的带动下，2017 年财政收入达到 54.1 亿元，同比增长 16.9%，比2007 年增长了近22 倍。累计引入企业260 家，招商引资360 亿元，引进近40 位高层次人才。香河产业新城现有约20 家国家级高技术企业，累计引入企业超过130 家，招商引资额超过150 亿元，引进高层次人才80 余位。

2018 年，作为成都市产业新城布局的重要区域，成都高新区实现 GDP 1877.7 亿元，同比增长 9.6%，完成固定资产投资 812.3 亿元。全年实际到位内资 646.9 亿元，同比增长 18.7%；实际到位外资 28.1 亿美元，同比增长 31.6%；新签约引进重大项目 36 个，同比增长 24.1%。

再以浙江嘉善产业新城为例。嘉善产业新城毗邻嘉善高铁站，以生命医疗大健康、智能网联汽车、新能源新材料等科技前沿领域为重要抓手。目前嘉善产业新城入驻企业超过 170 家，助推了该县经济的快速发展。2017 年，嘉善县财政收入 88.4 亿元，同比增长 20.8%；2018 年，该县财政收入 105.5 亿元，同比增长 19.34%。

三　产业新城对地区经济发展规模的壮大

产业新城作为一种新型城市空间格局，必然带来所在地区经济规模大幅增长。经济规模扩张主要通过生产要素的集聚实现，要素集聚最基本的体现就是产业集聚和人口集聚，是一个地区经济发展的重要动能。

一般来说，产业集聚具有相当高的经济效率，会形成一定规模的产出效应。随着交通强国建设的推进，高铁网络日益完善和航空业大发展重塑了中国经济时空格局，一大批“高铁新城”“航空新城”依托便利的交通基础设施应运而生。高铁在提升城市交通枢纽地位的同时，再造了城市人口和产业格局。这类城市将以高铁为依托，促进产业结构持续优化，人口、产业等资源更加集聚。

2018 年，苏州高铁新城以提升核心城市功能体系为目标，以市场引领规划，规划引领建设的方式，聚焦“三高”资产，即高端产业、高附加值项目和高层次人才，以打造创新型产业集群为目标，以科技研发、科技金

融、文化创意三大产业为重要抓手，引进京东智谷科技小镇、紫光工业云引擎、新松机器人、苏州同济金融科技研究院等高质量项目，依托科技金融产业园和文化创意产业园两大载体，引进现代高端服务业项目66个，计划总投资超过500亿元，目前注册企业已经有1350家。

截至2018年底，华夏幸福为所在区域共引入企业超过2000家，招商引资近5000亿元，新增就业岗位10.5万个。

嘉善产业新城重点打造影视传媒产业、软件信息产业、商贸服务产业、科技研发产业四个集群。截至2018年末，嘉善产业新城累计扩大就业岗位2000个左右，科技项目孵化30余个，签约入驻企业超过160家，经营收入100亿元，推动了嘉善经济社会发展，提升了城市品质。

除了产业集聚带动经济规模的扩张外，人口集聚同样是重要因素。近十年来，交通基础设施的完善推动了大都市圈不断扩大，加速了人口集聚现象。不同于产业集聚区，产业新城具有更多的城市功能，真正实现了产城一体化。统计资料显示，城市人口增长的比例构成大致是迁移占70%，行政区划调整占20%，自然增长占10%，人口迁移增长是城市人口增长的主要因素。作为大都市周边的卫星城，产业新城能够分流一部分过剩人口，并逐渐形成了自身的人口增长空间。

产业新城作为城市经济综合开发模式，将核心产业布局在具有相对完善的公共配套设施和优美生态环境的新型产业基地上，克服了传统工业园单一开发的缺点，吸引了高端要素和人才集中。嘉善产业新城在建设之初，就非常重视以优质的城市服务吸引外来人口定居。嘉善总人口为80多万人，本地人口不到40万人，外来人口达到42万人。嘉善产业新城制定了“人才促产业、产业引人才”的总体方针，使员工真正融入产业新城发展中。

四　产业新城对地区经济发展质量的提升

经济发展质量主要表现在经济协调发展、产业结构优化、全要素生产率提高等方面。

（一）促进区域协调发展

党的十九大报告指出，中国特色社会主义进入新时代，我国社会主要矛盾已经转化为人民日益增长的美好生活需要和不平衡不充分的发展之间的矛盾。区域发展不平衡是我国的基本国情。在现阶段城镇体系格局中，核心城市占据着绝对主导地位，其对周边中小城市的“虹吸效应”明显大于“扩散效应”，这一现象在中西部地区尤为突出。

产业新城能够依托独特的地缘优势，与周边城市保持密切联系，深化合作，在区域协同发展方面发挥重要作用。产业新城的一个重要功能就是承接核心城市的产业转移，是城镇化发展的重要支撑。产业新城建设有助于统筹协调资源配置。新区域的经济形态、新产业类别和创新型资源集聚的规模和速度，对地区发展的基础和位势有着决定性作用。以新型城市空间建设统筹协调新资源和新经济业态的配置对促进区域协调发展、避免和化解地区分化具有重要意义，中心城市、产业新城和县乡之间构成了一个完整的城市群（见图1）。

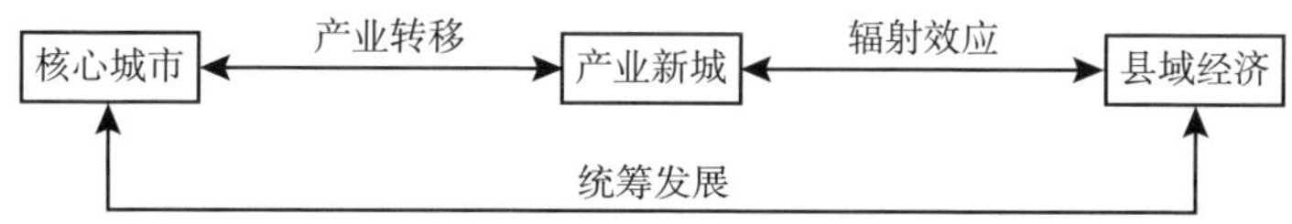

图1　产业新城在城市群内部的功能

固安产业新城距离天安门仅50公里，距离新机场仅10公里，地处北京新机场临空经济核心区、相邻区和外围辐射区。适宜构建由“传统生产体系”向“生产消费并重的复合体系”转变的空间运行模式，将科技创新作为其提升全球影响力的主要手段。

城乡一体化发展是区域协调发展的核心内容，对区域均衡发展有着决定性的推动作用。从总体上看，城乡统筹发展较好的区域，其一体化发展程度较高。城乡联动程度高会导致城乡之间要素配置空间广且配置效率高，进而深化市场拓展度。产业新城是城乡之间的重要中转地，是促进城乡一体化发展的重要载体。作为乡村振兴的重要抓手，发展产业新城，合理划分政府和市场边界，防止政府大包大揽，采取激励措施，促进各类企业参与产业新城的规划、建设和运营，加快乡村特色资源开发转换。

（二）推动产业结构优化升级

产业新城健康有序发展能够促进本地区产业结构优化升级、城市布局和结构完善，反过来，地区产业结构的优化也会进一步为产业新城的持续发展增添动能，二者相辅相成，不可分割。在现代化进程中，第三产业的发达程度往往是衡量一个国家和地区经济发展水平和质量的重要依据。在世界发达国家及国内沿海发达地区，产业结构呈“三二一”发展格局，即第三产业比重最高，第二产业次之，最后是第一产业。和传统产业园区以第二产业为主导不同的是，产业新城的产业构成是以第二、第三产业为主导，且第三产业的比重不断增加。高端生产型服务业逐步演化为产业新城的核心竞争力，如天津滨海高新技术产业开发区和中关村科技园区通过发展高新技术产业和服务业来推动城市进行产业升级。

因此，产业新城在规划、布局和建设之初，其产业着眼点就是以现代服务业为龙头，辅之以现代制造业和现代农业。

在满足居民基本生活要求之外，产业新城还可以通过企业品牌和文化植入产品设计、建筑景观来凸显企业个性，重视旅游资源的开发利用，在核心产业之外，为城市发展提供新的思路。将产业新城的品质设计与企业文化相融合，以建筑景观凸显企业个性，同时体现人文关怀。以海尔产业园区为例，海尔总部大楼外方内圆的设计寓意原则是方正的不能改变，而规则在执行上只要不突破原则，则是灵活圆满的。园区内还有包括小康家居展厅、海尔科技馆等建筑在内的景观，都是“海尔精神”的集中反映。

产业新城能够利用内部文化环境、自然条件、发展脉络等场所特征，提升服务和环境品质，将文化建设与生态建设相结合，重视“工业旅游”的开发，将重组的特色文化空间与生态网络空间有机融合。例如，苏州工业园依托金鸡湖、阳澄湖两大湖区，结合工业旅游和丰富的休闲娱乐，现已发展成苏州七大旅游板块之一。在 2016 年，苏州市工业旅游区“点”接待游客达 1000 多万人次，创造旅游总收入 200 多亿元，为推动苏州全市旅游产业融合发展，促进经济转型升级提供了强大动力。

再以成都市为例，2018 年成都市双流区积极培育产业生态圈新优势，打造产城一体的空港经济区，重点发展临空经济，助力成都市建设国家中心城市。双流区将遵循“一个产业类别就是一个城市新区”的原则，构建以主导产业为支撑、产业新城为核心的产业生态圈（见表 1）。

表 1　成都双流航空产业新城建设内容

项目类别	项目内容
航空产业	打造国际航空动力小镇，力促 2 条骨干道路建成通车，航空科技馆等配套项目和产业化项目加快建设
电子信息产业	打造军民融合产业园，力争成都芯谷先导区 13 条道路建成通车，芯谷展示中心等 4 个配套项目和 5 个产业化项目加快建设
生物产业	打造天府国际生物城，力促 60 万平方米产业孵化园建成投运，永安湖森林公园、学校等配套设施加快建设，全力塑造宜业宜居、别样精彩的国际精品园区
传统园区升级	优化生产、生活、生态空间布局，建成物联港等 6 个配套区，推动传统产业园区向产城融合、职住平衡的共生型产业生态圈升级

（三）提高全要素生产率，注重区域经济高质量发展

产业新城可以通过提高全要素生产率增进地区经济发展质量。全要素生产率是经济高质量发展的重要指标，本质上是资源配置效率和生产要素使用效率。提升全要素生产率的主要途径包括正确处理政府和市场关系、增加人力资本投入、推动制造业高质量发展、科技创新等方面。

生活和居住功能是产业新城不同于传统产业园的最主要特点。国内一些著名运营商的新城项目整体配套较为完善，并且档次较高，一些项目已经形成了一定规模的人群集聚，并对中心城区的人口形成吸引，进而形成新的城市中心和商业中心。例如，成都天府国际生物城建设生活宜居国际社区，建立专业化、精准化基础配套服务体系，深入推进产业生态圈建设，目前已有

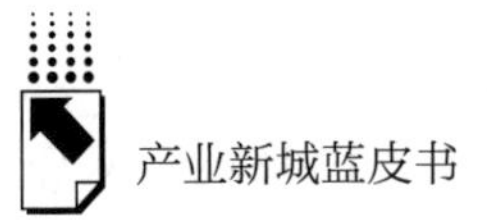

4 个诺奖团队、3 个两院院士团队、32 个海归高层次人才团队入驻。

提高全要素生产率，实现经济高质量发展，高端制造业具有极其重要的意义。当前全球工业化的趋势不再是追求“去制造业化”这种产业空心化现象，而是“再制造业化”这种实体经济目标。高端装备制造业具有技术含量高、附加值高等特征，在全产业链中占据核心位置，其发展程度决定了产业链的整体竞争水平。高端装备制造业作为《中国制造 2025》的关键领域，深受国内产业新城运营商的关注。

产业新城的科学发展需要合理划分政府和市场边界，政府的主要职能是做好顶层规划和设计，加强公共配套建设，企业根据市场需求具体运营新城建设。通过产业新城建设，可以形成并完善有利于资源优化配置的体制机制和政策措施，提高所在地区全要素生产率和经济发展质量。

科技创新是提高全要素生产率的“有力武器”。2017 年，中共中央、国务院印发了《国家创新驱动发展战略纲要》，创新驱动已成为国家发展的必然趋势。创新会带来规模收益递增，企业能否扩大规模进而获得更多的生产要素等资源，在根本上取决于其创新能力，创新带来的资源重新配置能够提高全要素生产率。在供给侧结构性改革背景下，作为承接创新生态的重要载体，国内优秀产业新城运营商坚持科技创新和资本创新双轮驱动，自建孵化器、并购孵化管理公司或引入优质孵化器，培育孵化企业，增加园区内企业创新要素投入，加大科技成果转化力度，发挥龙头项目的牵引作用，推动高新技术产业集聚和产业集群形成（见图 2）。

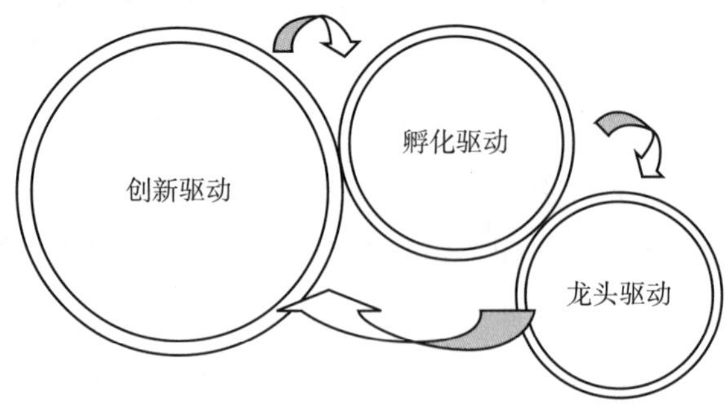

图 2　产业新城孵化驱动带动创新驱动和产业发展

科技创新是中国从制造大国走向制造强国的核心和关键。华夏幸福围绕第一代信息技术、高端装备、新能源汽车、生命健康、航空航天、节能环保等具有代表性的新兴制造业和技术产业布局，打造产业链聚集平台，形成产业新城五大体系，即产业基地、产业港（制造业）、科技港（科技型企业）、商务港（商业贸易）、孵化港（高新技术企业）（见表2）。

表2　华夏幸福产业新城规划

产业新城名称	规划发展内容
大厂产业新城	以"全球创意商业化中心"为发展目标，以绿色发展为前提，聚焦培育影视文化、人工智能、总部商务三大产业。同时，以"做全城市功能"为核心，全面推进立体商业、现代教育、公共服务、城市生态四大体系建设
沈水产业新城	致力于打造东北产业新城标杆，以汽车及汽车零部件、智能制造装备产业为主导产业方向，依托沈阳产业基础和区位优势，以龙头项目为引领，大力引进高附加值产业项目
溧水产业新城	聚焦"研发+制造"模式，打造以智能网联汽车为主、智能制造装备和生产性服务业为辅的一主两辅格局；同时定位于门户之城、科创之城、山水之城，形成一核两翼，双心多廊的空间结构，是目前国家级 PPP 示范项目标杆
江门高新产业新城	以打造创新型产业集群为目标，重点布局智能终端、智能制造装备、新能源汽车及零部件三大产业集群，并涉足大健康、科技创新领域。围绕核心区，规划产业区、科技研发区、特色院校区，实现"产学研"互动一体化
香河产业新城	重点发展机器人、通航产业，加快培育总部经济、现代服务业，以此打造区域发展新动能。在城市形象打造方面，结合生态、科技发展主题，积极构建创新魅力的城市面貌

资料来源：根据华夏幸福官网整理。

参考文献

习近平：《决胜全面建成小康社会　夺取新时代中国特色社会主义伟大胜利——在中国共产党第十九次全国代表大会上的报告》，人民出版社，2017。

《香河产业新城》，华夏幸福网站，http：//www.cfldcn.com/NIC/xianghenic/。

周澜源、胡雨峰：《打造不可复制的产业新城　苏州高铁新城推进产城融合高质量发展》,《苏州日报》2018 年 8 月 25 日。

王命禹:《固安产业新城 PPP 模式案例分析与思考》, 河南省政府发展研究中心网站, http: //www. hndrc. org/index. php? m = content&c = index&a = show&catid = 42&id = 1077, 2017 年 5 月 23 日。

赵俊聪:《苏州工业旅游年接待千万游客　创造旅游收入 200 多亿》, 人民网, http: //js. people. com. cn/n2/2016/1217/c360311 –29477161. html, 2016 年 12 月 17 日。

蔡昉:《以提高全要素生产率推动高质量发展》,《人民日报》2018 年 11 月 9 日。

B.18
产业新城促进就业发展研究

刘 瀑*

摘 要： 产业新城是“以人为本”的新型城镇化，通过推动农民市民化、形成人才聚集高地、提升劳动者素质和就业质量，推动就业发展。现阶段我国产业新城由于产业集聚度低、产业新城配套设施不完备和公共就业服务体系不完善等原因制约了对就业发展的推动作用，因此未来产业新城发展要构建良好的产业生态系统、完善的基础设施和公共服务体系吸引人力资本积聚，推动就业发展。

关键词： 产业新城 就业发展 产业集聚 公共就业服务体系

就业发展是指就业总量增加、就业规模扩大、就业结构优化、就业人员素质提高和就业环境和谐等，是数量和质量的综合指标。人类社会早期的就业仅仅是为了人的生存和自食其力，而现代经济社会的就业是越来越多地顾及就业活动中个人价值的实现。产业新城是更加注重人的发展的新型城镇化，不仅表现在城镇空间的扩张，土地的高效利用，产业的集聚发展，更体现在就业岗位增加，就业结构合理，就业质量提升，保障制度完善、生活便利、服务设施齐全，可以有效地避免“有城无产”“有产无业”“有业无居”，是更加注重“就业发展”的城镇化。

* 刘瀑，博士，郑州轻工业大学经济与管理学院教授。

一　产业新城促进就业发展的机理

（一）产业新城良好的产业生态系统吸引人力资本聚集，推动就业发展

“产业”是产业新城发展的灵魂，发展良好的产业新城是一个具有强大生命力的产业生态系统。在供给侧结构性改革的背景下，传统产业结构升级，新兴产业不断涌现，产业新城在产业选择和定位上，及时把握产业演变进程，更加注重产业链构建和产业集群的打造。而产业发展是劳动就业发展的物质基础，现代经济增长本质上是产业的发展，只有通过产业发展，劳动力这种资源才能与资本、技术等生产要素结合，转化为一种现实的生产要素，实现劳动者的就业。随着产业新城的产业定位层次加深，专业化和集聚化水平提高，产业链条不断延伸，产业规模不断扩张，吸引人力资本聚集的能力加强，推动了就业规模的增长；产业新城的产业是以新兴的知识密集型经济为主体，已不再是简单重复的劳动而是直接从事企业创新活动，以及围绕企业创新而进行的复杂劳动，这种高知识密集、创新密集的特征，推动劳动者整体就业素质的提升；产业新城的产业布局通常是围绕龙头企业，构建上下游产业链条，企业之间像互联网络一样存在互动、协调的关系，这种良好的生态系统有助于形成共同的产业文化，构建和谐互助的就业环境。

（二）产业新城不断完善的基础设施和公共服务体系吸引人力资本聚集，推动就业发展

产业新城的“新”主要体现在更加关注公共服务、基础设施、各类生活配套设施等就业者的生活休闲需求，建立宜居新城，这对产业新城内就业人口的集聚起到关键作用。在规划阶段，产业新城对城市各项功能做出明确的科学划分，产业、居住、商业、文化休闲等功能区空间距离适宜，方便人们在各板块间转换，功能区的互动性较强。产业新城注重不同层次就业人群

的需求差异，提供差异化的配套和服务设施，使基本需求（如基础教育、基本医疗等）均等化，中等需求（如养老、文化、体育等）社会化，高等需求（国际学校、博物馆、艺术馆等）品质化。这样可以有效地避免传统城镇化重“产业发展”轻“城镇建设”，城市居住、教育、医疗、商业和文化休闲等配套建设相对滞后，就业人群潮汐现象等产城脱节问题，吸引不同层次的人力资本要素，解决就业者的“居、行、教育、娱乐休闲”等问题，提高就业者的生活质量，打造幸福感。产业新城通过“筑巢引凤”吸引各类人力资本聚集，解决就业者的后顾之忧，改善就业环境，推动就业发展。

总之，产业新城优质的产业生态资源、不断完善的基础设施和公共服务体系能够为劳动者提供实现自我成长的就业岗位，和谐的就业关系和舒适、便捷的生活环境，实现“产”“城”“人”的有机融合，推动就业发展。

二　产业新城促进就业发展的实现过程

（一）产业新城推动当地农民市民化进程

产业新城是产业发展和小城镇建设相融合的产物，是我国新型城镇化的重要途径。产业新城一般选址于中心城市周边基础条件好、发展潜力大的县城或建制镇，依托已有的产业园区，按照产城融合发展的理念，推动单一生产园区经济向综合型城市经济转型，可以有效地避免产城融合不紧密，产业集聚与人口集聚不同步，城镇化滞后于工业化等问题，实现工业化、城镇化、农业化的良性互动和相互调整，促进人口城镇化和土地城镇化的相统一。产业新城的发展可以有效推动农民就地城镇化，通过产业新城建设提供大量就业岗位，使当地农民既迅速实现职业转换，又实现就地转移，离土不离乡。例如，在固安产业新城建设中，不仅对进入新城的农民提供楼房，更关注他们的就业。规定对于入驻园区的企业，除有特殊要求的技术岗位外，必须安置一定数量的本地劳动力，并对入园农民进行培训，以园区带动城镇化，让已经生活、居住在城市里的农民，真正变成城市居民。在产业选择上也考虑到农民就业问题，尽管固安工业园区项目坐落在城北，却将中部15万亩良田和农民增收问题也纳入了规划，通过主动培育农产品加工龙头企业——参花面粉厂，盘活农业资源，解决农民进城后的就业。大厂产业新城在2018年度春季大型人力资源招聘洽谈会上，菲斯曼、Base FX、创世纪影业等企业齐聚大厂产业新城现场，有2500余人与用工企业达成就业意向，许多大厂当地的求职者为在家门口找到工作备感幸福，加速当地农民的市民化。

（二）产业新城形成人才聚集高地

与“北上广”等大型中心城市相比，产业新城依靠其新兴产业集聚、良好的公共服务体系、完善的基础设施，给就业者提供高成就感、高舒适感的就业环境和居住环境，将会成为人才聚集的新高地。综观《中国产业新城发展报告（2018～2019）》列举的我国37个产业新城，智能装备制造业、生产性服务业、新材料、新能源和高技术服务业等新兴产业和高端金融、科技服务业是产业新城的主导产业，这些优质的产业资源将吸引越来越多的高精尖人才大展身手，实现自我抱负。产业新城在早期规划中，对城市的居住、产业、商业、文化教育等功能做出明确和科学的划分，致力于打造特色产业鲜明、人文气息浓厚、生态环境优美的宜居宜业、朝气蓬勃的“幸福之城”，完备的城市功能将吸引大批外来劳动者，尤其是高素质人才在此就业。许多优秀的产业新城在城市配套及公共服务方面已进行了有益的探索。例如，张江高科技园区和泰达MSD两大政府引导建设的产业新城凭借资源优势，配备了三级甲等医院，医疗服务能力领先。华夏幸福固安产业新城项目、大厂产业新城项目在引入教育资源时分别与北京八中和北京五中合作，建立一贯制学校，满足了园区居民子女教育需求，配套水平提升到了新的层次。

（三）产业新城促进劳动就业者素质提升

产业新城的产业体系是以某一个或多个产业为核心的产业集群的集聚，

有利于促进不同层次人力资本的积累，提高劳动者素质。企业家具备利用各种资本进行经营的能力，而上下游产业的地理聚集，带来丰富的相关资源，既降低资源获取成本，也对企业家创新资源优化配置、扩大企业运筹资源的边界提出挑战。企业家在对大量异质资源进行甄别和匹配，在与企业的上游供应商及下游的客户进行协商和谈判中，在进行资源与企业生产要素有效结合等的活动中，积累了大量经验、声誉和人脉，提升了自身的经营能力。产业集群中的协同合作机制，要求管理人员能够很好地处理采购协同、生产协同、技术协同等生产要素间的协同关系，从而激发管理人员管理创新的内在动力，提升其生产要素的组合能力。产业集群高度化的专业化分工，使管理人员在详尽了解各生产环节时，其技能更加专业和精细化，更可能成为某一领域的专家。集群内共性技术开发、交流和共享，为技术创新人员提供良好的科研活动、思想和信息交流的平台，知识获取的通道，加速科技创新人力资本的提升。在产业新城发展过程中，除了产业的分工和协同机制加速各类人力资本的积累和价值增值，使劳动就业者素质提升，产业新城完善的公共服务体系和设施也为人力资本积累提供了支持。例如，大学及科研机构为劳动者提供了源源不断的专业知识供给，提升其创造能力；金融机构和中介机构为劳动者资金投资、信息投资等方面提供便利，医疗机构为劳动者健康保驾护航，这些都有益于人力资本的积累和劳动者素质的提升。

（四）产业新城推动就业质量提升

就业质量是指劳动者的基本需要在劳动过程中得到满足的程度，包含劳动者的劳动收入、工作环境、社会保障、技能培训和发展前景等多个维度。产业新城是一种综合开发模式，是在城市发展、环境优美和居住舒适等方面的均衡发展。它克服传统工业园单一开发的缺点，是注重群体服务需求的新型产业基地。产业新城具备产业生产功能、商业休闲功能和办公酒店功能，给就业者提供舒适的就业环境。许多产业新城定位于全球视野，对接发达国家创新资源，将国内产业链与全球价值链高效对接，这将为就业者提供更广阔的发展平台。例如，固安产业新城创造性地构建了以“技术链、产业链、资本链、服务链”为核心的立体孵化服务体系，打造创新产业链条，包括技术研发、成果转化和创业孵化等一系列创新活动，形成凝聚高端创新人才和创新资源的全球创新增长极。产业新城除能够满足新城内就业人员各类生活需求的服务配套以外，还重视文化建设，构建就业者的文化认同感，丰富就业者的精神世界。例如，张江高科每年会定期组织“相约张江”科技文化活动，以及龙舟赛、乒乓球赛等体育活动。在上海临港产业园区内，城市文化建设持续丰富，上海极地海洋世界和冰雪之星等一批重大功能性项目加快建设；中央美术学院中法艺术与设计管理学院、中英国际低碳学院、上海天文馆等一批社会事业项目有序推进，一批知名文体活动影响力在产业新城内不断增强。

三　现阶段产业新城发展中制约就业发展的因素

（一）产业集聚度低

产业发展是产业新城发展的重要驱动力，是劳动就业发展的基础，将经历从产业导入、产业培育到产业创新发展的产业升级优化过程。产业发展的不同阶段，产业聚集的程度不同，对就业的吸纳能力也是有差异的。中国指数研究院在《2017 中国产业新城运营商评价》研究中指出，多数产业新城项目仍处于建设及招商过程中，一些产业新城运营商由于缺乏经验和资源，对引入的产业定位仍不明确，还处于探索尝试阶段。多数产业新城运营商表示，在当前产业竞争压力逐步增大的背景下，如何通过招商引资吸引龙头企业，实现产业链构建、产业集群打造，仍面临较大挑战。从调研结果来看，多数产业新城项目的产业聚集程度依然偏低、集群化发展仍处于初级阶段。运营商的招商渠道较为传统，资源整合能力有待提升。许多产业新城尚未形成内部核心要素（主导产业企业、上下游关联企业、供应商与客户）的聚集，以及外部支持要素（大学及科研机构、政府及公共部门、中介服务机构、金融机构）的聚集，集群内企业数量少，用工量小，吸纳外来人才和当地劳动力就业的能力有限。一些产业新城在建设初期也注意吸收本地人口就业，但当地居民大多从事的是环卫、保洁、保安等相对低端技能的职业，产业新城还需结合当地产业基础和劳动力资源等特点，明确产业地位，有针对性地进行“补链”，在发展产业集群中带动就业集聚能力。

（二）产业新城配套设施不完备

虽然我国许多产业新城项目早期规划阶段对居住、产业、商业及其他功能分区都有明确和科学的划分，如2002年固安新城建设初期，华夏幸福就邀请了9个国家的40多位规划、城建、环境、产业等不同领域的顶尖专家来出谋划策，最终确立了“产城融合”整体开发机制。但是由于产业新城项目开发时间长，需要分期进行，城市配套设施开发相对产业发展有一定的滞后性。总体来看，现阶段国内产业新城满足人们基本日常生活需求的商业配套（包括餐饮、超市和商场）比较完善，但是满足人们娱乐休闲、文体活动、交通道路和教育医疗等配套设施的跟进乏力，不适宜居住，就业人员不得不选择到主城区居住、园区工作的候鸟策略增加了交通成本。

（三）公共就业服务体系不完善

公共就业服务体系就是以政府为供给主体，向劳动就业者提供一系列公益性的就业服务机构和制度系统。我国公共就业服务体系包含职业介绍、就业培训、失业保险和劳动就业服务企业等一系列内容。完善的公共就业服务体系是促进就业发展的重要渠道。产业新城在发展过程中，将会面临复杂的就业服务群体，有失地农民、当地大学生、城镇劳动就业者、外来一般务工人员和引进的高端人才，他们文化层次和教育背景不同，所需要的就业服务也有很大差异，这将考验着公共就业服务的制度设计和服务水平。目前，众多产业新城还处于建设初期，尚未建立完善的公共就业服务体系，存在着诸如提供的就业服务过于简单化和单一化，局限在单一的岗位匹配和简单的就业指导；公共就业服务网络化、信息化水平比较低，碎片化、孤岛化现象严重；职业技术培训和就业的分离度较高，没有形成有效的供求信息沟通渠

道；对高素质人才的引进优惠条件和政策不具有足够的吸引力等问题。公共就业服务体系的不完善已成为制约产业新城吸纳劳动就业，聚集人口的重要因素。

四　产业新城进一步推动就业发展的建议

优质的产业集群、完备的基础设施和功能齐全的配套生活服务，是产业新城吸纳就业人口的关键因素，也是产业核心竞争力的体现。

（一）注重产业发展，打造产业集群

在产业新城建设过程中，要立足本地的劳动人口规模和结构等特征，进行产业的选择和发展。产业发展与劳动人口之间关系密切，两者互相关联，互相作用。一方面劳动人口状况影响产业布局。一是劳动人口规模与产业结构保持一定的适度关系。产业新城运营商选择产业时，要充分考虑该区域的人口数量和结构特征。劳动力丰富且价格低廉、又缺乏资金的地区适宜发展劳动密集型产业；劳动力不足而资金比较充裕的地区则擅长发展资本密集型产业。二是劳动人口素质影响产业结构优化升级。产业新城运营商在培养产业时，要结合本地劳动力资源的人力资本积累状况，明确城市产业对人才素质方面的需求，制定相应的政策，有针对性地培育和吸引相关人才。三是劳动人口年龄构成影响产业创新速度。老年人在接受新知识、新技术的能力和思维活跃、身体素质等方面不如青年劳动力，因此在产业布局时，要对区域内的人口规模和结构进行科学分析，合理把握劳动密集型产业、资金密集型产业和技术密集型产业的发展比例，提高劳动就业者的素质，以劳动生产效率的提升弥补青壮年劳动力较少带来的不足。另一方面产业结构在不断发展优化的过程中，提供了大量的就业岗位，对劳动就业人口素质、技能要求也不同。一般在新城发展初期，制造业快速发展创造大量的就业机会，用工需求量增加，引致大量产业工人增加，提高了新城人口规模，在就业结构上，新增就业中制造工人的占比很大。随着产业的发展，制造业工人的比例会不

断提高。当产业发展到成熟阶段，第二产业吸纳就业的能力下降，而第三产业尤其是技术知识密集型产业对就业人员需求增加。因此，需要注意用动态发展的视角来考察产业发展和新城人口和就业结构的变化规律，使区域经济发展能够及时做出调整。

同时，产业新城在产业布局时，除了考虑劳动人口资源禀赋特征，还要结合城镇原有产业基础、资源禀赋，发展优势产业，拓展上下游产业，打造产业集群，创造更多的就业岗位，形成具有吸引力和竞争力的发展高地。

（二）“以人为本”完善城市配套设施

产业新城发展演进的过程，其实质是人与自然环境、人与社会关系的互动和整合的过程，是人自主意识不断提高、群体协作关系更融洽、创造性不断激发的过程。“人”是城市的发展主体，“人化的自然环境”是城市的发展基础，正是人口的聚集、分工和合作，进行物质生产和交换活动，从而形成丰富多彩的城市个性，在不断的创造活动中，“人”也得以全方位自由、充分的发展。因此，新城的公共基础设施建设要“以人为本”，根据人的生理需求、安全需求、社交需求、尊重需求和自我实现等基本需求为导向，进行城市工作就业、休闲娱乐、生活居住、医疗卫生、教育培训、餐饮购物、交通出行、文体活动和社会治安等各种功能的合理划分。同时，在这些城市配套设施建设中必须充分考虑道路、医院、商场、学校等资源分布与人口空间分布之间的匹配．这种匹配并不意味着资源在城市区域的平均分配，而是更加强调可获取性。

现阶段，虽然我国部分优秀的产业新城高瞻远瞩，在教育、医疗等配套方面已进行了有益的探索。但大部分产业新城项目还处于建设时期，满足就业者日常生活需求的基础配套设施基本完善，然而满足人们对教育、医疗、休闲娱乐等更高层次需求的功能配套设施还有欠缺。随着产业新城入驻企业和就业人口的规模扩大、结构升级，将形成需求的多元化和高级化，必将对新城的配套设施规模和层次提出更高的要求。产业新城需要注重城市配套建设的品质和数量，针对消费需求的多元化，提供差异化配套设施，推动产城融合发展，成为像新加坡纬壹科技那样世界一流的产业新城，集生活，工作，学习，休闲，娱乐为一体的充满活力的宜居宜业的城市发展模式。

（三）完善公共就业服务体系

产业新城为了吸引“用脚投票”的劳动力，应根据劳动力的需求适时调整公共就业服务内容，建立完善的公共就业服务体系，实现有劳动能力且希望工作的人都能够就业，并为就业特殊群体建立起政府和社会的就业支持体制。经济增长是扩大就业的根本，产业新城在充分拓展就业渠道、增强经济发展创造就业能力、尽可能地创造更多就业岗位的基础上，要充分发挥市场机制，建立统一、公平的劳动市场，充分发挥市场机制对劳动力资源的配置和调节作用；同时，要提高公共职业介绍服务工作的能力和效率。可以通过加强岗位技能培训，完善就业指导人员的资格证书制度，建立信息网络等方面，为求职者提供更好的就业服务；此外，要针对不同就业人群，实施多样化政策服务政策。例如，对高层次运营人才和高端技术人员，可以制定提供住房、落户以及解决亲属相关问题的一揽子灵活优惠政策。

参考文献

侯汉坡、李海波、吴倩茜：《产城人融合：新型城镇化建设中核心难题的系统思考》，中国城市出版社，2014。

黄群惠、张五明主编《中国产业新城发展研究报告（2018～2019）》，社会科学文献出版社，2018。

刘瀑：《经济增长、产业发展与劳动就业的耦合机理分析——以河南省为例》，《经济经纬》2010 年第 1 期。

《产业新城吸引人才靠哪几个因素？重点都在这!》，搜狐产城瞭望，https://www.sohu.com/a/244199104_100193856，2018 年 7 月 30 日。

谈乐炎：《固安：新型城镇化下的幸福城市样本》，《小康》2014 年第 11 期。

张忠国、夏川：《需求导向下的产业新城产城空间建构思路——环首都地区 4 个产业新城建设分析与思考》，《城市发展研究》2018 年第 3 期。

中国指数研究院：《产业新城未来发展新趋势》，《中国房地产》2018 年第 10 期。

王莹莹：《劳动力空间集聚对个体劳动者就业概率的影响》，《经济与管理研究》2018 年第 4 期。

《产业新城的城市建设变化如何，未来发展趋势如何?》，和讯网，http：//house. hexun. com/2017 - 05 - 25/189350632. html，2017 年 5 月 25 日。

陆娅楠：《这个项目为何赚了大钱》，《人民日报》2016 年 7 月 25 日。

王安民：《基于产业集群创新的创新型人力资本增值路径研究》，《中国科技论坛》2010 年第 2 期。

《产业新城项目配套，应该优先做什么?》，腾讯网，https：//new. qq. com/omn/20180606/20180606A14JFO. html，2018 年 6 月 6 日。

陈建刚：《完善我国就业公共服务体系的几点建议》，《中国行政管理》2005 年第 5 期。

侯慧丽：《城市公共服务的供给差异及其对人口流动的影响》，《中国人口科学》2016 年第 1 期。

萧明、丛海彬、邹德玲：《推动我国产城融合发展的国际经验与启示》，《科技与经济》2018 年第 3 期。

侯启缘、张弥：《农业劳动力转移与高质量就业的问题和出路》，《现代经济探讨》2018 年第 12 期。

慈冰：《新模式：产业新城“平台化”》，《财经国家周刊》2015 年第 4 期。

B.19
产业新城促进社会进步研究

张云超*

摘　要： 产业新城是新型城镇化背景下，以人为核心、以产业发展为基石、以“产城融合”为特征的城市发展创新模式。产业新城坚持推动产业发展和完善城市功能并重，坚持以人为本的发展理念、市场化的运作手段、一体化的运营服务，促进人口、资源、环境与城市协调发展，有效化解了城市发展中存在的公共设施不配套、公共服务跟不上、社保体系不健全、治理体系不完善、生态环境污染重等问题，实现了城市发展模式创新、社会服务水平提升、民生社保体系完善、城市生态文明进步，在推动区域产业转型升级、经济实力快速提升的同时，有力地促进了社会全面进步。

关键词： 产业新城　产城融合　新型城镇化

据国家统计局公布的数据，截至2018年末，中国大陆城镇常住人口83137万人，城镇人口占总人口比重（城镇化率）为59.58%。城镇人口比重不断提高，城镇化率加速推进，“乡村中国”正快速迈向“城镇中国”。城镇化、城市化将是未来中国社会一个重要的发展趋势，规划好、建设好、发展好、经营好城市，不仅关系经济的发展，更关系社会的进步。产业新城是新型城镇化背景下，以人为核心、以产业发展为基石、以“产城融合”

---

* 张云超，郑州轻工业大学经济与管理学院书记，讲师。

为特征的城市发展创新模式，它通过“以产兴城、以城带产、产城融合、城乡一体”的发展思路，实现区域的全面、协调、可持续发展。产业新城不是单纯追求经济增长，而是追求经济发展、政治稳定、文化繁荣、社会和谐、生态文明、科技进步、民生改善等社会生活的全面进步和整体提升，从而实现经济建设、政治建设、文化建设、社会建设和生态文明建设的相互促进和深度融合。产业新城的建设和发展大大缓解了日益膨胀的大都市中心城区面临的人口、交通、资源、环境等方面的压力，在一定程度上解决了“城市病”问题，既克服了早期城市（镇）化进程中的工业园区、产业集聚区等产业综合体的产城分离、人流潮汐化等弊端，又避免了单一城市综合体的有城无产、发展不可持续等问题，以及一些新城新区建设中出现的“睡城”“鬼城”现象。实践证明，产业新城发展模式，不仅有效地促进了产业结构转型升级和县域经济快速发展，也更有力地推动了城市发展和社会全面进步，引领着新时代中国新型城镇化的发展方向。

一　城市规划、建设与管理中的社会问题

纵观国内外城市化进程，在城市规划、建设和管理过程中，都不同程度地存在着公共设施不配套、公共服务跟不上、社保体系不健全、治理体系不完善、生态环境污染重等问题，随着城镇化的加速推进，城市人口不断膨胀、城市框架不断拉大，城市综合承载力日趋饱和乃至超限，进而产生了交通拥堵、住房困难、环境恶化、物价过高、教育医疗资源相对短缺且分布不均衡、文化体育休闲娱乐设施满足不了居民对美好生活的需要等一系列“城市病”，严重阻碍着社会的发展进步和居民生活质量的提高。

（一）公共设施不配套

城市公共设施主要包括交通、通信、水、电、气、暖等公共基础设施和教育文化体育、医疗卫生保健、商业服务、行政管理与社区服务、公共绿地等公共服务设施。由于缺乏科学长远的顶层设计和宏观规划，一些城市的公

共配套设施不能满足人口增加的需要，随着城市的不断拓展，人口、资源、环境与城市发展的矛盾日益突出。比如，一些城市的道路虽然在不断拓宽，但总赶不上实际需要，高架桥、立交桥刚修好没几年，就因满足不了需要而被迫拆掉重建；有的新城新区建成多年了，但燃气暖气管道、公交线路等还没有完全延伸到新的居住区，有的则缺少足够的商业配套设施，给居民生活带来极大的不便；有的新建城区医院建设滞后，导致居民就医不便；还有普遍存在的因教育资源特别是义务教育学位配备不足，造成适龄儿童上学难的问题；还有的城市因人口急剧膨胀，超出了城市的承载能力，造成生态环境和居住环境的急剧恶化；等等。这些问题的存在很大程度上制约了城市的可持续发展和社会的文明进步。

（二）公共服务跟不上

基本公共服务均等化要求政府或社区为社会成员提供基本的、与经济社会发展水平相适应的、能够体现公平正义原则下大致均等的公共服务和产品，主要包括基本民生、公共事业、公益事业、公共安全等方面，如教育、文化、卫生、就业、救助、养老、科技、环保、治安等。在城市规划、建设、管理过程中，由于规划不够科学前瞻、人口集聚速度超出预期、城市建设和产业发展不同步、统筹协调和管理服务水平低等主客观原因，城市公共服务领域面临严峻的挑战，如公共服务需求压力大、公共服务供给不足、公共资源配置不均衡、公共服务标准不规范、公共服务再分配作用弱、公共服务主体回应性差等。城市公共服务跟不上，直接导致人口城镇化滞后于土地城镇化，不仅影响市民的生活质量，也严重制约着城市的发展和城市品位及竞争力的提升。

（三）社保体系不健全

社会保障体系是指社会保险、救助、补贴等一系列社会保障制度的总称。其作用在于保障社会成员基本生存与生活需要，特别是保障公民在年老、疾病、伤残、失业、生育、死亡、遭遇灾害、面临生活困难时的特殊需要。习近平总书记在党的十九大报告中指出，要加强社会保障体系建设，全面建成覆盖全民、城乡统筹、权责清晰、保障适度、可持续的多层次社会保障体系。近年来，由于城镇化的快速发展，大量农村人口快速向城市（城镇）集聚，城市流动人口占比较大，这给城市社会保障体系的健全和完善带来很大挑战。由于社保体系不完善，加上户籍制度等的限制，造成由农村流动到城市的非户籍人口长期以来很难在工作地就近享受义务教育、医疗保险、困难帮扶等社会保障，造成没有户籍的外来常住人口实际上成为城市的“二等公民”，很难完全融入当地社会，这严重影响了他们在城市生活的安全感、归属感和幸福感，也影响了社会的公平正义。

（四）治理体系不完善

国家治理体系和治理能力现代化被称为是继“工业现代化、农业现代化、国防现代化、科学技术现代化”之后的第五个现代化。健全完善的社会治理体系对提高城市管理水平和居民生活幸福指数非常重要。然而，一些新城新区在建设、管理中，在较长时期内不能构建起高效的治理体系；或者是多头管理、“政出多门”，缺少统筹协调，难以形成合力；或者是缺乏社会组织和基层群众有效参与，由政府部门唱“独角戏”，不能形成“党委统一领导、党政齐抓共管、多元主体参与”的城市基层治理体系。治理体系的不完善降低了城市治理的有效性，影响了城市的品质、环境、形象、美誉，使城市的宜居水平、市民的福祉大打折扣。

（五）生态环境污染重

由于发展理念落后、产业布局不合理、环保制度不完善、生态环保意识淡薄等原因，随着城市化进程的加快，城市规划、建设、发展中的环境问题日益突出。一些大城市的大气污染、水体污染、固体排放物污染、噪声污染、电磁辐射污染等越来越严重。曾有一段时期，GDP 至上的评判标准使城市发展特别是工业园区、产业集聚区等新城新区的建设付出了环境方面的巨大代价：有的工业布局不合理，工业区建在城市上风口，工业废气对城市污染严重；有的工厂与居民区混杂交错，工业污染物常年对居民产生不良影响；有的城市公园、公共绿地配套不达标，城市自我净化能力和人居环境差；有的生活垃圾和建筑废料随意倾倒；有的工业废水、生活污水不经处理肆意排放，导致城市水体受到污染；等等。城市环境受污染、脏乱差，严重影响了居民的生活和身体健康，更有损于城市的整体形象。

二　产业新城在促进社会进步方面的独特优势

新时代推进新型城镇化建设，必须贯彻创新、协调、绿色、开放、共享的新发展理念，在推动产业转型升级和经济快速发展的同时，更要注重完善城市配套功能，加强生态文明建设，提升居民生活质量，促进社会全面进步。产业新城坚持推动产业发展和完善城市功能并重，坚持以人为本的发展理念、市场化的运作手段、一体化的运营服务，高起点、高标准、高效率地规划建设，节约化集约化地利用资源，优化整合城市管理与服务职能，有效缓解人口、资源、环境与城市发展之间的矛盾，促进创新和低碳经济发展，降低城市发展的环境风险，在推动区域产业转型升级、经济实力快速提升的同时，有力地促进社会全面进步。

（一）发展理念新

产业新城以促进产城融合为主要目标，在服务产业发展的基础上，坚持以人为本，贯彻创新、协调、绿色、开放、共享的发展理念，在规划设计、开发建设、运营维护中，突出人的核心地位，紧紧围绕人的发展需要，科学定位产业发展方向，合理布局城市空间结构，重视完善城市配套功能，注重改善人居环境和城市风貌形象，着力打造产业特色鲜明、配套设施完善、生态环境优美的幸福之城。以华夏幸福为例，坚持“以产兴城、以城带产、产城融合，城乡一体”的思路，在规划新城产业发展定位时，强调因地制宜、特色发展；在招商引资、产业导入时，强调绿色低碳、环保科技；在城市功能配套上，注重以人为本、服务民生，同步完善市政、生活、居住、商业、教育、医疗、休闲娱乐等功能配套，统筹推进各项社会事业，坚持产业发展与城市发展双核驱动，实现经济发展、社会和谐、人民幸福，推动城市的高质量、可持续发展。

（二）运作市场化

产业新城开发运营的一大特点就是市场化的运作手段。由华夏幸福在国内首创、被财政部认可并推广的政府与社会资本合作的产业新城 PPP（Public-Private Partnership）模式，在产业新城开发建设和运营中被广泛采用。这一开发运营模式通过“政府主导、企业运作、合作共赢”构建科学合理的成本分担和利益共享机制，有效解决了产业新城建设中面临的资金问题，降低了政府决策和投资风险。在政府主导下，产业新城运营商以专业化、综合化服务，为产业新城规划、投资、运营、管理等提供综合解决方案。既充分发挥了政府在规划政策引领、空间开发管制、公共资源配置、体制机制改革等方面的主导作用，又充分发挥了产业新城运营商在新城建设开发运营中的主体作用和市场在资源配置中的决定性作用。市场化的运作，使政府实现了角色转换，找准了职能定位，使产业新城运营商能够更好地发挥自身优势，实现“专业的事由专业的人做”，大大提高了工作效率；市场化运作进一步明晰了政府、产业新城运营商、园区入驻企业和居民之间的权责关系，有利于用法治化、市场化的手段解决不同主体之间的利益诉求；市场化运作更加注重产业规划的前瞻性、城市发展的稳健性、生态环境保护的可持续性，实现了资源配置的最大化、最优化，有利于城市持续快速健康协调发展。

（三）服务一体化

在以 PPP 模式运营产业新城的过程中，运营商通过整合资金、技术、产业等各方面资源，统筹推进产业新城的规划建设和运营管理服务。在合作开发前，运营商与政府签订排他性的整体委托开发协议，然后按照协议开展产业新城的前期规划、基础设施建设、土地整理、商品房开发、工业厂房开发、招商引资以及企业入驻后的物业管理服务。通过与政府签订 PPP 委托协议，运营商为委托方提供一套全流程综合性整体解决方案，包括规划设计、土地整理、基础设施建设、公共设施配套、产业发展、城市运营维护六大服务，最终将一个产业新城作为完整的公共产品提供给政府、企业和社会公众。这种一体化服务，使运营商作为开发运营主体，能够统筹考虑各方面问题，总体规划、一体化推进城市基础设施、公共配套建设，做好规划设计、开发建设、运行管理等各环节间的无缝衔接，避免传统的政府主导模式中出现的条块分割、各部门各自为战、缺少沟通协调的现象，有利于统筹合理安排开发建设时序、节约建设成本，有利于建立完善配套的公共基础设施、城市服务体系和社会保障体系。

三　产业新城在推动社会进步方面的探索与实践

产业新城作为新城运动中的一种创新发展模式，并不是一个严格的学术概念，目前在国内尚未形成固定统一的发展模式和标准，随着城镇化的加速推进，产业新城的实践探索和创新发展仍在继续。国内一些有代表性的产业新城运营商，如华夏幸福、招商蛇口、临港集团、张江高科、华发集团、中新集团、东湖高新等，在多年的产业新城建设运营实践中积累了丰富的经验，提供了丰富的项目案例，可供业内参考和理论界研究。特别是华夏幸福基业股份有限公司，自创立以来始终专注于产业新城的投资、开发、建设、运营，已经成长为国内领先的产业新城运营商。华夏幸福秉持以人为本的发展理念，在产业新城推动社会进步方面，做了许多有益的探索，积累了宝贵的实践经验，取得了突出的成效，具有重要的理论和实践价值。

（一）创新城市发展模式

“以人为本、可持续发展”的城市发展模式，以崭新理念引领城市发展，系统化地打造产业新城。在产业新城开发运营中，坚持活力生长、产城融合、宜居共享、绿色生态等理念，统筹兼顾城市价值、空间系统、高端产业、智慧城市、新型社区、配套设施、生态活力和可持续发展八大要素，打造城市产品体系。为了使产业新城更加幸福宜居，针对教育、医疗、文体、社保、商业服务、市政交通、休闲娱乐和管理服务在内的八大类别，全面建设公共服务配套设施。为实现产业新城的成长繁荣与可持续发展，以“规划设计、土地整理、基础建设、公共配套、产业发展、城市运营”六大服务为一体，全生命周期服务城市发展。一是提供战略前瞻性的规划，以政策性、前瞻性、战略性的研究对接中国城市发展和国家战略，对标国际范式，发挥区域优势和自然禀赋，高起点构建城市空间规划体系。二是多专业协同化的设计，打破专业壁垒，统筹联动建筑、景观、市政、交通四大设计团队，完成精专业、全覆盖、高品质、强协同的城市设计。三是精益高效化的建设，贯彻规划和设计要求，以“精致建设、精明增长、精细管理、精美品质”为工作导向，专业分工，高效合作，形成可操作、可监控、可检验的城市建设体系。四是智慧可持续的运营，秉持“前置优先、贯穿始终、智慧城市、精细运营”的理念，建立智慧城市运营系统，从智慧城市顶层设计到建设运营的全方位服务，推动城市治理和运营的革新。联合中国国电、华为等战略合作伙伴，为产业新城制定包含市政公用事业运营（场站、设备）、公共服务设施运营（学校、医院、商业）、城市品牌运营（品牌、活动、文化）与其他精细化专业运营在内的“3 + X”城市运营解决方案，实现高效、稳定、安全的城市运营，促进城市创新发展。

（二）提升社会服务水平

在产业新城开发建设中，不断加大在城市基础设施、社会配套设施等方面的投资力度，高质量建设水、电、气、暖、通信、交通等基础设施，基本实现“十通一平”，同时建设完善的居住、教育、医疗、商业、文化、休闲等公共服务配套设施。以固安产业新城为例，在住宅服务方面，通过建设低密度高档别墅、花园洋房、经济适用房、廉租房、人才公寓等满足居民不同层次的居住需求，实现原住民和新增人口安居乐业。在文化体育休闲设施方面，固安产业新城拥有亚洲唯一的具有国际标准比赛规格的自行车运动场地——中国（固安）单车运动中心，城市道路两侧建有慢跑系统，大湖公园、中央公园建有塑胶跑道。在生活服务方面，建有集购物、餐饮、休闲、娱乐、文化为一体的商业体系——幸福港湾，汇聚了众多国内外知名商业品牌，居民在家门口就能享受世界知名品牌的产品和服务。在教育方面，通过北京八中固安分校、幸福小学、幸福幼儿园、职业教育学院等多所中小学及职业学校的合理布局，全面覆盖九年义务教育、高中教育和职业教育，构建全龄化教育体系，提升本地教育质量，实现与北京均质同步，有力促进了当地教育水平的提升和教育资源的均衡分布。在医疗方面，固安产业新城引入高水准的医疗资源，通过北京友谊医院固安幸福医院等三甲医院、综合门诊、社区医院、社区诊所构建多层次医疗体系，有力提升产业新城整体医疗服务水平。

（三）完善民生社保体系

在民生保障方面，从人的需求出发，提前进行科学规划，积极探索居住安置、社区治理、社会保障、医疗卫生、教育就业、长效收入等在内的民生保障体系，为居民安居乐业提供坚实后盾，让居民在城市发展中长期获益，持续增强居民的归属感和幸福感。

通过构建“1261”民生保障体系，不断提升产业新城社会保障水平。

“1 高”：建设高品质新型社区，完善包括基础、服务、休闲在内的 12 项配套设施，营造促进邻里交往的开放空间，提升居民的幸福感与优越感。

“2 近”：推动“就近入学、就近就医”的落实，解除居民后顾之忧。一方面遵循“按需设点、保证覆盖、就近入园”的原则，配置幼儿园和小学。另一方面建设社区卫生服务站，方便居民就医；待条件成熟时申请纳入医保定点机构，力图满足新型合作医疗、城镇居民基本医疗和职工基本医疗服务的不同需求。

“6 有 1 配合”：即在民生领域实现“有人员资金保障、有社会组织联动、有就业促进帮扶、有长效收入机制、有慈善基金资助、有丰富社群活动”，并配合社会保障以推进政府医保全覆盖、养老全龄化计划的实施。

在促进就业方面，通过产业导入，不仅大量吸纳外来人口就业，还在公共服务和运营管理中，吸纳了大量本地人口就业。

（四）推动生态文明建设

坚持以人为本、绿色发展，重视城市生态环境塑造，通过城市景观体系设计、道路景观提升、绿化美化亮化等，提升城市生态文明建设水平，促进人与自然、人与城市、人与人和谐发展。

河北固安产业新城全力打造生态宜居城市，建有200万平方米的城市环线绿廊，还有14万平方米的中央公园、13万平方米的孔雀大湖、50万平方米的大广带状公园、100万平方米的永定河运动公园等八大公园，形成了“一核一环两廊多片”的城市景观体系，园区绿化面积近600万平方米。

浙江嘉善产业新城围绕“全球创新城市，宜游魅力水乡”的城市发展愿景，致力打造生态环境优美、人文底蕴浓厚、全域皆可畅游的产业新城，以“内、中、外三环水系”为纽带，将城内产业、居住、旅游与商业等多块功能区域有机结合起来，在保持原有特色的同时营造水乡生活环境。以云湖、伍子塘、油车港、白水塘、新西塘越里文化景观带等为主线，串联众多绿地空间，构建集生态涵养、休闲交流、文艺体验为一体的“蓝+绿”的生态底板。

河南武陟产业新城通过紧扣“中原智造·北岸水乡”的城市发展定位，高起点、高品质、高标准规划建设，目前已建成嘉应观门户公园、龙泽湖公园、凤仪湖公园、覃怀大道景观等城市景观和绿化项目，园区绿化面积约60万平方米，一座宜居宜业、生态和谐的产业新城正在形成。

参考文献

习近平：《决胜全面建成小康社会　夺取新时代中国特色社会主义伟大胜利——在中国共产党第十九次全国代表大会上的报告》，人民出版社，2017。

中国指数研究院：《中国产业新城运营理论与实践》，中国发展出版社，2018。

黄群慧、张五明主编《中国产业新城发展研究报告（2018～2019）》，社会科学文献出版社，2018。

王承哲、王建国：《河南城市发展报告（2018）》，社会科学文献出版社，2018。

案 例 篇

Report of Case Reports

B.20 张江：开放创新驱动产业新城高质量发展

韩 鹏*

摘 要： 张江，是上海市实施开放创新驱动高质量发展的重要载体。从1992年张江高科技园区开园以来，紧紧抓住世界产业变革和我国创新发展、开放发展的每一次机会，着力推动制度创新、功能优化、发展升级，努力推进产城融合高质量发展，形成了高新区、高科技园区、自贸区和科技城"三区一城"互相促进、协同发展的独特发展格局，成为国内新城建设中以开放创新驱动高质量发展的典型案例。本文在研判张江发展优势条件的基础上，梳理了张江发展的历程，描述了张江发展现状与前景，以客观揭示张江发展演变规律与方向，为各地类似新城建设提供一定的借鉴。

* 韩鹏，博士，河南省社会科学院城市与环境研究所助理研究员。

关键词： 张江　产业新城　三区一城

张江位于上海市中心城区东南部、浦东新区中心位置。自张江高科技园区 1992 年开园以来，依托上海市开放创新的优势资源和自身得天独厚的特色优势，经过 27 年的开拓创新和稳定快速发展，已经成为上海市实施“双自联动”，聚集国际创新资源、承载国际高端产业、升级创新发展势能的重要载体，成为上海市打造创新创业、生态宜居、开放多元的世界一流科技城的核心载体，成为长三角地区协同推进科技创新驱动高质量发展的重要源泉。张江是国内新城以开放驱动高质量发展的典型案例，其发展经历和经验，对同类新城建设具有明显的参考价值和借鉴意义。

一　聚焦张江：发展条件与优势

（一）优越的区位交通条件

张江位于上海市中心城区东南部，区位条件优越，内外交通便捷。从区位来看，张江位于上海市浦东新区的中心位置，毗邻陆家嘴金融贸易区，是浦东新区中部南北创新走廊与上海东西城市发展主轴的交汇节点，区位条件十分优越。在交通上，张江毗邻上海城内环线，中环线、外环线、罗山路、龙东大道等城市立体交通大动脉贯穿其中，4 条已通车和 3 条规划建设中的城市轨道交通穿行其间，距离浦东国际机场仅有 15 分钟车程，内外交通条件十分便捷。

（二）丰富的战略发展资源

上海市是中国四大直辖市之一，中国的国际经济中心、金融中心、贸易中心、航运中心和科教创新中心之一，是长江三角洲城市群的核心城市，经济发达、城市化水平高、科教资源丰富。张江凭借自身优越的区位条件，依托上海市良好的经济社会发展基础、丰富的高端市场资源、发达的金融、贸易和科教资源，在吸引全球高端研发资源、聚集广阔的腹地发展要素方面形成了独特优势，经过 27 年的开拓创新，在全国创新发展格局中形成了“北有中关村、南有张江”的战略地位。

（三）独特的开放发展优势

近代以来，上海市成为中国重要的开放城市，也是亚洲乃至全球重要的国际化大都市。改革开放以来，上海市持续扩大开放，尤其是 20 世纪 90 年代党中央国务院决策开发浦东新区，让上海再次站到我国对外开放的前沿。张江地处浦东新区中心，张江高科技园区是我国第一批高新科技园区，张江国家自主创新示范区是国务院批准建设的第三个国家自主创新示范区，2014 年张江高科技园区进入中国（上海）自由贸易试验区扩展区，形成了以科技创新为核心的独特开放发展优势。

二　新城张江：发展历程与嬗变

（一）探索发展中蹒跚起步期

1992 年 7 月，乘着改革开放的春风，张江高科技园区开园，成为我国第一批国家级高新科技区，当时发展规划面积仅 17 平方公里。开园初期的张江高科技园区，面对的既有发展中的困惑，也有当时房地产迅猛发展的路径困惑。但是，张江人很快明确了打开高科技园区的正确路径，明确了园区功能组成，科学规划园区形态分区，启动园区孵化器建设；将生物医药、电子信息技术和光机电一体化确定为园区初期发展的三大主导产业，组建园区专家委员会和顾问委员会，建设“国家（上海）生物医药科技产业基地”，相继引进人类基因组南方中心、上海超算中心、上海光源等一大批国家重点实验室，夯实了园区以科技创新促进高水平发展的基础条件。在这一时期，作为高科技园区开发重要主体和产业投资催化器的上海张江高科技园区开发股份有限公司，也得以在 1996 年上市，为张江科技园区的长期高速发展提供了稳定的动力支撑。

（二）“聚焦张江”战略下的快速发展期

1999 年，在科学把握高端产业转移和高新区发展战略整合两大重大发展机遇的基础上，上海市启动“聚焦张江”战略，升级园区战略定位、功能布局、城市基础设施，调整园区管理体制，推动张江高科技园区进入了快速发展阶段。上海市委、市政府对张江发展提出“技术创新、孵化创业、转化辐射、机制创新”16 字方针，相继引进与产业结合的工科大学、与产业相对应的国内研究机构和跨国公司的研发中心，完成超大规模集成电路制造业和文化创意产业等基地建设，推进原有优势产业升级发展，加快推动以城市配套促进园区产城融合。将园区规划面积调整为 25.9 平方公里，推动管委会与运营主体政企分离管理体制改革，成立了由上海市、浦东新区共同领导的张江高科技园区领导小组和办公室，于 2007 年 5 月成立张江高科技园区管理委员会并调整为区政府派出机构。在运营策略上，率先提出“三商战略”（开发运营商、集成服务商、产业投资商），突出招商引资、客户服务、投资升级，促进三大优势产业逐步升级，加大战略性新兴产业导入，成立了包括天使、风投、产业基金等在内的各类科技投资公司。

（三）“双自联动”加快升级期

张江高科技园区在 2011 年被确定为国家自主创新示范区，张江高科技园区、康桥工业区、国际医学园区、周浦繁荣工业区纳入核心园区范围，面积扩大到 79.7 平方公里，形成“一区多园”发展格局；2014 年底被纳入上海自贸区拓展区域，片区面积达 37.2 平方公里；自此，张江开始迈入“双自联动”创新发展、协同发展的新时期。为此，上海市着力以张江核心载体建设综合性国家科学中心，浦东新区开始启动张江科技城规划建设，通过聚焦重大战略项目，打造世界级高科技产业集群，引领产业发展。园区进一步优化功能和布局、推进制度创新以适应战略转型和产业发展需要，着力推

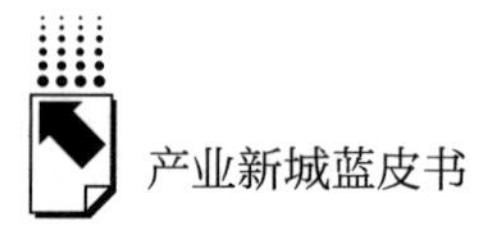

进角色、定位、功能、战略四大转型，行政服务、国资投资管理、园区平台公司、社会管理、业界自治平台五大平台建设，一系列重大科学基础设施集群、国家重点实验室和重大产业项目陆续落地张江，加速了张江升级发展的步伐，促进了以张江为核心引领长三角协同创新发展的格局。

三　现代张江：发展现状与展望

（一）三区一城：张江发展步入新轨道

2018 年 5 月，上海市委、市政府决定重组上海推进科技创新中心建设办公室，实施科创中心推进机制和张江管理体制改革，将上海市张江高科技园区管理委员会更名为上海市张江科学城建设管理办公室，把张江国家科学中心办公室、张江高新技术产业开发区管委会、张江高科技园区管委会、自贸区管委会张江管理局四个机构合为一个机构、一套班子，实行“一套班子、四块牌子”，以整合多个管理机构职能、厘清职责分工、建立协同高效的推进机制和管理体制。至此，张江形成了高新区、高科技园区、自贸区和科技城“三区一城”互相促进、协同发展的新格局，进入新的发展轨道。

（二）“一心、两区、一城”：张江发展再立新目标

2017 年 2 月，张江“十三五”发展规划明确提出“一心、两区、一城”建设目标，推进张江综合性国家科学中心、具有全球影响力科技创新中心的核心承载区和“双自联动”改革示范区建设，打造世界一流的科学城。“一心、两区、一城”的提出，为张江的未来发展树立了新的建设目标。

目前，张江聚集企业 1.8 万余家、跨国公司地区总部 53 家、高新技术企业 828 家，初步形成了以信息技术、生物医药为重点的主导产业集群；有国家、市、区级研发机构 440 家，聚集近 20 家高校和科研院所，为企业发展提供研究成果、技术支撑和人才输送；有孵化器 86 家，在孵企业 2600 余

家，形成了“国际化、集群化、专业化”的特色双创优势；聚集银行 20 多家、科技支行 4 家、融资担保机构 10 余家、创业投资机构 150 余家以及上海股权托管交易中心，开发出多元化、多样化的灵活融资渠道。集成电路产业链布局完善，生物医药领域创新链完备，创新生态日益优化，张江创新发展能力持续升级。

按照张江发展规划的思路，张江将着力制度创新、开放发展、功能提升，重点聚焦“3 +3”产业体系（信息技术、生物医药、文化创意三大主导产业和人工智能、航空航天配套、低碳环保三大新兴产业），统筹协调好张江科学城 94 平方公里与周边更大范围的规划建设，协同推进张江科学城、科创中心建设以及“一区 22 园”的建设。为此，张江将加大对国家科技重大专项、战略性新兴产业重大项目和重大科技成果转化项目的支持，集中布局和规划建设世界一流重大科技基础设施集群，推动设施建设与交叉前沿研究深度融合，构建跨学科、跨领域的协同创新网络，使张江成为国家基础研究的重要承载地和全球重大科学设施的集聚地，成为重大原始创新的重要策源地。

（三）产城融合：建设创新创业新家园

推动张江从园区向城区转变、实现产城融合，是新时代背景下张江发展的突出特点。按照“科研要素更集聚、创新创业更活跃、生活服务更完善、交通出行更便捷、生态环境更优美、文化氛围更浓厚”世界一流科学城的目标和“强调开放、集聚，培育顶尖的科创能力，突出融合、多元，创造宜居的生活环境，体现绿色、交流，营造持续的城市活力”的规划理念，张江提出构筑“一心一核、多圈多点、森林围绕”空间格局，推进产城融合发展。为此，张江计划借助“双自联动”的开放政策和激励政策叠加，引进国际知名学校、教育机构、培训机构和国内民办教育品牌机构，强化轨道交通建设，提升公共交通可达性，优化生产、生活、生态空间布局，在国际化社区的教育、医疗、文化、体育、商业、网络、创意设计、国际旅游等方面开展新探索，打造以国内外高层次人才和青年创新人才为主，以科创为特色，集创业工作、生活学习和休闲娱乐为一体的现代新型宜居产业新城区。

参考文献

滕堂伟、葛冬亚、胡森林：《张江国家自主创新示范区产业结构及空间联系优化研究》，《科技进步与对策》2018 年第 12 期。

张坚、黄琨、李英、齐国友、迟春洁、刘璇：《张江综合性国家科学中心服务上海科创中心建设路径》，《科学发展》2018 年第 9 期。

张仁开：《张江示范区与上海自贸区联动发展思路》，《江南论坛》2018 年第 2 期。

张晨、姜建华：《“十三五”催动张江“双自联动”发展》，《上海企业》2018 年第 2 期。

程子彦：《张江科学城如何“建城兴业”?》，《中国经济周刊》2017 年第 26 期。

杨艳梅：《高科技园区管理体制研究——以上海张江为例》，《今日国土》2017 年第 11 期。

肖元真、俞中华、周丽辉、童小兵：《张江国家级自主创新示范区的双自联动和创新发展》，《上海企业》2017 年第 3 期。

陈炜、刘思弘：《聚焦张江核心区　推进全面创新改革》，《浦东开发》2016 年第 8 期。

陈炜：《张江科学城公共配套需求研究》，《上海城市规划》2016 年第 6 期。

宋杰：《上海推出自贸区和张江自主创新示范区联动方案　张江园区有望成为改革开放的政策新高地》，《中国经济周刊》2015 年第 47 期。

杨亚琴：《张江创新发展的思考：来自中国的案例》，《社会科学》2015 年第 8 期。

杨珍莹：《张江“十三五”聚焦“3 + 3”重点产业》，《浦东时报》2017 年 3 月 6 日。

孟群舒：《科创中心推进机制张江管理体制改革调整》，《浦东时报》2018 年 5 月 7 日。

B.21

固安：产业新城 PPP 模式的创建与运营*

王光霁**

摘　要： 固安产业新城是固安县政府与民营企业华夏幸福合作开发的以产业为基础、产城融合发展的新城区。PPP 模式取得的巨大成功，不仅有效地推动了当地经济社会的长足发展，也成为全国推进新城区建设具有示范意义的典型案例，对新阶段我国推进新型城镇化高质量健康发展具有指导作用和借鉴价值。

关键词： 固安　产业新城　PPP 模式

固安产业新城于 2002 年 6 月正式签约建设，地处北京以南 50 公里的河北省固安县。是由河北省固安县人民政府与华夏幸福基业股份有限公司联合开发的以产业为基础的、产城融合发展的新城区。经过 10 多年的建设运营和发展，固安产业新城已经发展成为“产业高度聚集、城市功能完善、生态环境优美”的新的城市功能区，形成了自己独具特色的发展模式，成为政府和社会资本合作的样板，对 PPP 模式的实践推广具有示范意义和借鉴价值。

---

* 本文根据河南省政府发展研究中心《关于华夏幸福产业新城 PPP 模式的调查分析与政策建议》报告整理编写。

** 王光霁，郑州轻工业大学教师。

一　固安产业新城 PPP 模式的创建

固安县产业新城的开发和运营既是我国县级政府与民营企业携手，率先运用 PPP 模式开发大型工业园区的实践，也是产业新城助力经济社会协调发展的典型案例。

固安县是河北省中北部典型的平原农业县，属于省级贫困县。1992 年邓小平南方谈话发表后，全国改革开放大潮涌动，固安县抢抓机遇建立了工业开发区，但由于“吃饭财政”所限，无力进行基础设施建设，园区配套功能差，客商来来往往真正留下来的屈指可数。钓具、滤芯、塑料、肠衣为当时全县工业支柱产业，这些传统低端加工业，层次低、规模小、效益差，难以支撑全县的发展。进入 21 世纪后，固安县委、县政府引入市场机制，尝试采取“政府主导、企业运作”模式，由战略合作者统一投资、开发、建设、运营工业园区，探索园区建设和县域经济发展新路。

华夏幸福（当时名为华夏房地产开发有限公司）是当地富有建造经验的房地产公司，在廊坊市委、市政府的大力支持下，2002 年 6 月通过公开竞标，华夏幸福与固安县政府签订合作协议，确立了“政企合作 + 市场运作”的 PPP 合作框架，按照平等、契约、诚信、共赢的原则，由华夏幸福整体开发固安工业园区。

华夏幸福全面负责融资投资、规划设计、土地整理与开发、基础设施和公共服务设施的配套建设、招商引资、产业集聚、城市运营、专业咨询服务，以及打造区域品牌等一体化服务及工业园区开发运营的全部投资；固安县政府负责重大决策、配套政策、公共服务，并以地方财政收入增量中的一定比例购买华夏幸福整体开发运营工业园区的一体化服务，由此构建政企双方分工合作机制，形成了产业新城建设运营公私合营模式，即 PPP 模式。

二　固安产业新城 PPP 模式的基本做法

固安产业新城 PPP 模式的基本做法，可以概括为以下三个方面的内容。

（一）坚持“政府引导、企业主体、市场运作、合作共赢”的发展理念，推进产业新城的规划建设和运营

固安县政府与华夏幸福的合作框架协议对双方的责权利进行了全面约定，固安县政府设立了固安工业园区管委会主要履行政府职能；华夏幸福出资成立园区平台公司（SPV）——三浦威特园区建设发展有限公司作为投资及开发主体，全权负责固安工业园区的开发运营。其基本原则主要体现在以下几个方面。

1. 坚持政企分工协作

政企双方要各展所长、各司其职、各显其能、各得其所，形成合力，共建共享共赢。政府着力优化外部环境，运营商着力内部高效运作，政企双方同舟共济，齐心协力，把园区产业集群做大做强，共享发展成果，实现双赢。

2. 坚持社会效益整体最大化的价值取向

华夏幸福坚持整体谋划，链式开发，多点发力，相互带动，相互弥补，相辅相成，实现政府、开发商、企业、社区、居民等社会各方合作共赢，形成良性循环。

3. 制定长周期 PPP 框架，谋求长期价值最大化

华夏幸福注重长期价值发现，签订长周期 PPP 框架协议，建立长效均衡发展机制，将政企双方利益诉求捆绑在一起，有效地解决短期行为问题。

4. 政企双方坚守契约精神，坚持一张蓝图绘到底

自 2002 年以来，固安县历经了多位书记县长，园区也换了多任经理，政企双方始终坚守“合作才能共赢”的理念和契约精神，排除了“人为因素”干扰。

（二）坚持“以产兴城、以城带产、产城融合、城乡一体”的发展理念，明确产业新城发展目标

华夏幸福按照新发展理念和国际一流标准统筹推进投资、规划、建设、招商、运营和管理，创立了开发区发展的“产业新城”目标模式。

1. 坚持高端规划引领发展

固安产业新城的规划共用 3 年多时间，花费了近 4000 万元，聘请美国 DPZ、英国阿特金斯、德国罗兰贝格等全球知名规划设计机构，引入 9 个国家 40 多位著名规划大师的先进理念，结合当地实际，对园区及产业进行精准定位和前瞻性规划，确立了“产城融合”整体开发模式，按照建设现代城市新区要求，制定出完善的总体规划、控制性规划和详细规划。

2. 坚持产城融合发展

产业是城镇发展的物质基础，城镇是产业发展的空间载体，产业与城镇之间是相辅相成、相互依赖、相互带动、相互融合的关系，产城融合是新型工业化和新型城镇化协调发展的重要途径，华夏幸福产业新城创立了“产业 + 城市 + 生态”产城融合高效发展模式。

3. 坚持链式发展

选择潜力大的高成长区域设立产业新城，投入巨资打造国际一流环境，吸引国内外一流产业集聚，带动关联服务业集聚，不断拉长链条，推进第一、二、三产业相互融合、相互带动的良性循环发展，形成区域经济增长极。

4. 坚持协调发展

华夏幸福按照经济、社会、生态、城乡协调发展的理念，推进高起点、高水平的规划、建设、运营、管理、服务。注重维护动迁居民利益，着力以产业集聚带动就业及各项社会事业发展，着力建设一流宜居城市环境，吸引产业集聚、人才集聚。到 2016 年底，固安产业新城已基本建成产业发达、服务完善、生态优良的中等城市。

（三）坚持“人才第一，科技领先、形成网络、高端发展”的理念，构建新商业模式

华夏幸福由固安产业新城起步，构建了遍布全国的产业新城、双创孵化器、招商团队等“四大网络体系”，形成了难以复制的独特商业模式和核心竞争力，发展成为中国领先的产业新城运营商。

1. 着力打造园区化产业集群网络

华夏幸福始终把产业园区建设和产业集群培育放在首位，顺应经济全球化、科技革命和高质量发展的大趋势，着力建设特色园区，引进和发展高端产业集群，陆续创建了新型显示、生物医药、航空航天三大产业集群，培育发展智能网联汽车先导产业，促进临空经济、文体康养和都市农业三大特色产业提速发展，仅航空航天产业就聚集了 130 家相关企业。

2. 着力构建双创孵化网络，支撑产业招商和产业转型升级

为了引入高端优质产业项目进入园区，华夏幸福将工作的着力点前移到实验室阶段，强化高科技孵化器网络建设。固安产业新城与 30 多所国内一流大学达成合作协议，并成立数个研发机构，包括清华大学（固安）中试孵化基地、中科院中试孵化产业园等，以推动科研成果的转化。截至 2018 年，卫星导航产业园已有河北省科技企业孵化器、北斗经济与技术创新战略联盟、新型工业化产业示范基地等 37 家企业入驻。肽谷生物医药产业园与 40 家企业单位签署了项目合作协议，其中有 30 余家企业已正式注册入驻顺利开展研发工作，引入科研项目 50 多项，清华大学（固安）中试孵化基地签约并入住项目 10 个。

3. 着力构建功能强大的全球化、信息化、专业化的招商网络

为了快速承接国际国内产业转移，实现高端产业集聚集群发展，华夏幸福组建了近 4600 人的产业发展团队，招商工作流程清晰，项目进度随时可查询，形成了从前期园区战略定位与产业规划、中期招商引资、后期推动企业入园服务、延伸促进产业配套等体系完整的招商工作链。

4. 着力构建人才支撑网络

作为固安产业新城运营的全资子公司——三浦威特一直把人才作为新城

发展的第一因素，着力建设人才服务体系健全、人才发展环境优良、人才与产业联动机制健全的产业人才创新发展示范区。把服务于产业新城发展作为人才发展的根本出发点和归宿点。17 年来，固安产业新城先后引进一批院士、国家科学技术进步奖获得者、“百千万人才工程”专家、行业领军人物等，充分发挥高层次人才对产业新城发展的支撑作用。同时，通过职业培训、人才订单班、国际交流合作等方式，加快推动校企合作、产教融合，促进人才与经济社会协调发展的目标。

三　固安产业新城 PPP 模式的成效及推广示范

固安县产业新城 PPP 模式，推动了固安县经济的长足发展和社会的显著进步。2006 年，固安工业园区被河北省人民政府批准为省级开发区，进入国家开发区公告名单；2008 年，“固安模式”向全省推广，2015 年向全国推广。2018 年，固安地区生产总值完成 250 亿元，一般公共预算收入完成 45.6 亿元，城乡居民人均可支配收入分别达到 36677 元和 15983 元。入选《人民日报》发布的 2018 年度全国绿色发展百强县、全国投资潜力百强县、全国科技创新百强县三大榜单。

（一）入选财政部 PPP 示范推广项目

PPP 项目作为基础设施建设模式之一，近年来得到了国家的大力推广。由财政部主导 PPP 项目示范推动，由国家发改委主导 PPP 项目库建立及实施。产业新城 PPP 模式提供了工业化城镇化整体解决方案，扩展了 PPP 适用范围，重新定义了政府与市场的边界，为 PPP 模式有效运作提供了经验借鉴和有益启示。2015 年，河北省固安县与华夏幸福积极探索 PPP 模式的好经验、好做法，得到国务院通报表扬，供各省（区、市）、各部门学习借鉴。同时，固安工业园区新型城镇化项目入选国家发改委 PPP 项目库，是当年唯一入选的新型城镇化整体开发示范项目。

（二）因地制宜复制、推广、布局

历经多年探索，固安产业新城粗具规模，其 PPP 模式日趋成熟，2011 年华夏幸福实现 A 股上市，加速了资本积累，具备了向外扩张的实力，且正值国家鼓励推广 PPP 模式，华夏幸福不失时机地将产业新城向全国复制推广，围绕国家战略重点，在深耕京津冀区域的基础上，积极布局长江经济带、粤港澳大湾区等地区。

1. 优先聚焦和深耕京津冀区域

在固安、怀来、香河、大厂、霸州、文安、邢台、邯郸、保定、涿鹿、秦皇岛、永清等地建设多个产业新城。

2. 积极抢占长江经济带

在无锡、嘉善、湖州、溧水、来安、舒城、江夏、咸宁、武汉新洲等地建设多个产业新城。例如：浙江嘉兴市“嘉善产业新城”为华夏幸福在长江经济带大战略中布下的首颗棋子。毗邻高铁嘉善南站，20 分钟直达上海虹桥，定位于“长三角新经济的新枢纽”“全球电商新都会”，计划构建“1 +3”主导产业体系，即“互联网电子商务 + 影视产业”、医疗器械、新能源汽车等新兴产业集群。当前，嘉善产业新城已粗具规模，成为浙江省规划设计、基础设施和配套服务建设、产业发展等一体化的窗口和示范区。

3. 积极布局粤港澳大湾区

在广东江门、惠州等地建设产业新城。

4. 积极挺进中原

已在河南武陟、长葛、新郑、新密、获嘉、祥符等地布局了产业新城。

（三）政府和媒体高度关注

产业新城 PPP 模式在国内大规模复制推广，具有明显的放大溢出效应，得到了各级政府部门的认可，许多国家部委、省、市领导亲临河北省固安县参观考察。国内各大媒体对产业新城 PPP 模式推动新型工业化、新型城镇化、创新驱动均给予充分肯定报道。

2018 年 5 月 7 ~9 日，联合国欧洲经济委员会第三届 PPP 国际论坛在瑞士日内瓦联合国欧洲总部举行，会上评出了全球 60 个可持续发展的 PPP 案例。固安产业新城 PPP 项目成功入选，成为中国唯一入选的城镇综合开发案例，标志着华夏幸福产业新城 PPP 模式获得了联合国等国际组织的认可。

参考文献

《华夏幸福的 PPP 模式——以固安产业新城为例》，大风号产城瞭望，http：//wemedia. ifeng. com/93522562/wemedia. shtml，2018 年 12 月 17 日。

《王命禹：固安产业新城 PPP 模式案例分析与思考》，河南省政府发展研究中心网站，http：//www. hndrc. org/index. php？ m = content&c = index&a = show&catid = 42&id = 1077，2017 年 5 月 23 日。

王成应：《一座产业新城的创新之举——固安 PPP 模式探析》，《河北经济日报》2015 年 10 月 21 日。

B.22 武陟：产业新城带动“大郑北”崛起

李建华*

摘　要： 武陟产业新城是华夏幸福深耕中原城市群的首个项目，自2016年6月开始建设以来，在产业发展和城市建设方面都取得了巨大成就，成为华夏幸福在河南省建设的典范。总结武陟产业新城建设的实践探索和创新经验，可以为河南省新型城镇化发展提供有益的借鉴和启示。

关键词： 武陟　产业新城　华夏幸福

武陟产业新城位于黄河北岸，是郑州半小时经济圈的重要组成部分。2016年6月，武陟县人民政府与华夏幸福签订协议，委托华夏幸福建设运营武陟产业新城。三年来，武陟产业新城紧紧围绕“中原智造，北岸水乡”的区域定位，立足精准招商，重点突破现代物流、现代食品、装备制造等领域，联动推进产城建设取得了巨大成就。武陟产业新城是河南省实施百城建设提质工程的典型案例，对河南省新型城镇化建设，产城融合发展，都提供了成功的经验，有力地带动“大郑北”的强势崛起①。

一　武陟产业新城概况

武陟县域面积805平方公里，与省会郑州隔河相望，武陟位于郑州

* 李建华，河南省社会科学院城市与环境研究所助理研究员。

① “大郑北”泛指郑州北部及与之比邻的新乡、焦作等相关县（市）。

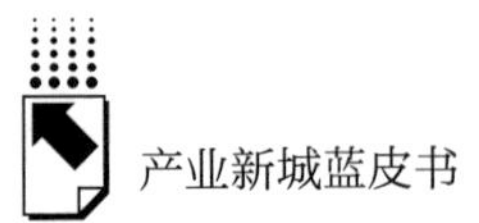

“米字形”发展轴新兴轴带、中原城市群核心区新兴增长中心，是郑州半小时经济圈有机组成部分。武陟产业新城位于武陟县东南部，是华夏幸福深耕中原城市群的首个项目。2016 年 6 月 13 日，华夏幸福与河南省武陟县人民政府签署了合作协议，双方共同开发建设武陟产业新城。武陟产业新城以城市建设为依托，以产业发展为核心，导入产业集群，为武陟建设郑焦深度融合首位节点城市提供了新动能，将成为承接郑州人口、产业、经济转移的重要节点。

武陟产业新城总体规划面积约 142. 5 平方公里。其中，先期开发区域为原焦高速以南片区，具体四至为北至原焦高速、东至武陟县界、西至郑云高速及郑焦城际铁路、南至黄河大堤。武陟产业新城空间总体布局北区为产业组团、南区为城市生活组团，中间以研发类、高新类产业作为过渡。根据武陟现状水系和城市原有总体规划边界，确定城市生态廊道，规划构建“一轴、三片、多节点”的布局结构。其中“一轴”为沿 104 国道的城市综合发展轴；“三片”规划以城市生态绿廊为边界，将规划区分为三个片区，分别为西片木栾片区、中片嘉应观片区和东片詹店片区；“多节点”包括新城中心、片区服务中心、高铁商务核心、詹店中心和游客服务中心等。

二　武陟产业新城战略定位

华夏幸福根据武陟产业新城目前的基础条件，将其定位于“中原智造，北岸水乡”，致力建设成为中原产业型知识新城，郑焦产城融合先行示范区。依托武陟县的产业基础、交通优势，结合区域实际发展需求，以“建设郑州大都市区物流节点枢纽和新兴产业基地”为目标，将产业新城规划为西部智慧产业集聚区和东部高新技术产业集聚区两大片区，聚焦高端装备、生产性服务业和都市消费三大产业领域，重点打造智能制造装备、现代物流、科技服务和都市食品四大产业集群，加速发展人工智能、机器人、互联网、物联网等战略新兴产业，通过打造产业集群和建设特色产业港，形成龙头项目引领、中小科技企业聚集的“科技 +”中原协同发展新典范。

在科技服务方面，武陟产业新城紧扣国家双创政策与战略性新兴产业大势，聚焦双创孵化、设计研发、元器件生产加工等，打造知识型产业中心新引擎。在智能制造方面，抢抓机遇，全面承接郑洛新及沿海城市装备制造产业转移，重点发展工业智能控制、机器人等装备制造，搭建云制造与服务平台，培育智能制造产业生态体系。在现代物流方面，打造国家级多式联运示范基地，建设开放型、综合型的多式联运物流产业园，建设大郑州都市区黄河北岸物流中枢。在食品加工方面，发展都市食品消费产业，着力打造都市食品产业园。

三　武陟产业新城建设成就

2016 年 6 月，武陟县与华夏幸福签订协议，双方共同开发建设武陟产业新城。自此开始，在短短三年的时间内，按照“一年出形象，两年打基础，三年大变样，五年成典范”的发展目标，实施基础设施建设和产业招商等 20 余个项目。在焦作市和武陟县各级政府部门的大力支持和强力推动下，武陟产业新城的各项规划蓝图落地，一个“产业高度聚集、城市功能完善、生态环境优美”的产业新城雏形初步显现。

（一）产业集群正加快形成

自武陟产业新城首批重点项目开建以来，已陆续有高端装备、机器人、科技创新领域的龙头企业入园，引领产业蓄势集聚。詹店产业园区内慧聪网建筑装备电商科技园数栋厂房已经建成，智能硬件产业港、机器人产业港、智能制造产业港、园区服务中心、高端装备产业园、都市食品产业园、现代物流产业园等产业项目建设正加快推进。其中，中国电商领军企业慧聪网、阿里云创新中心以及郑州福润德生物、河南爱尔达包装、郑州研霖生物科技等多个企业项目已经签订了入园协议书，都市食品产业园也有谷妈咪、广汇、研霖等十几家附加值高、形象好的食品企业入园。截至 2018 年 5 月底，武陟产业新城累计签约各类优质项目 57 个，签约投资额已超 152 亿元，产业承载力和吸引力都得到持续提升，产业集聚效应日益增强。

（二）城市核心区形象日益显现

在新城建设方面，华夏幸福通过郑焦城际、郑云高速、原焦高速加强了与郑州的联系，打造出黄河景观带，将武陟产业新城规划建设成为时尚的宜居生态新城。武陟产业新城在建设的同时，抓好城市运营管理。武陟产业新城专门组建了城市运营团队，先后入驻木栾片区、詹店片区、S104 沿线，对合作区域内的市政道路、公园绿化等进行全方位的维修和养护，保障安全生产运营，营造良好的新城环境，塑造绿、美、亮、净的城市形象。截至 2019 年 5 月底，武陟县产业新城已先后建成嘉应观、龙泽湖、凤仪湖三大公园水系，打通核心区中轴水系景观带，共计 33.8 万平方米，其中人工水系面积 7.8 万平方米；累计建设完工及在建道路 26 公里，人行道路铺装 22 公里，道路绿化 32 万平方米；城市运营委托服务面积近 200 万平方米；城乡环卫一体化在五个乡（镇）开始逐步试点，覆盖农村人口 17 万人，从业人员达 1200 余人；城市交通路网、中央水系、城市基础设施配套渐次成型，一座宜居宜业、功能完善、产业集聚、环境优美的新城形象正初步显现。

（三）成为省内产业新城建设的样本

华夏幸福在武陟产业新城建设中，在产业发展、城市功能提升和改善民生等方面因地制宜不断探索和创新，取得卓越成效。截至 2018 年 12 月，武陟产业新城累计为武陟县新增财政收入超过 10 亿元，助力武陟县域经济社会发展排名从河南省第 68 位大幅提升至第 11 位，武陟产业新城已经发展成为“郑焦深度融合首位节点城市的主平台”。武陟产业新城建设的突出成就，获得省内外各级政府的点赞，成为省内新城建设的样本。据不完全统计，在两年多的时间内，武陟产业新城已吸引省内外 500 余团队、近万人次考察。

四　武陟产业新城实践探索的经验启示

武陟产业新城是新型城镇化产城融合的有益探索，也是百城建设提质工程的典型案例。在产业新城建设的实践探索中，取得了很多成功的经验，为全省其他地方产业发展和城市建设提供了有益的借鉴和启示。

（一）注重发挥政府的方向引导作用

武陟县委、县政府能够找准政府的角色定位，注重发挥政府的引导作用，遵循市场规律，采用政府引导、企业主体、市场化运作基本路径，扎实推进产业新城建设。武陟县委、县政府把产业新城当作一项“百年基业”工程，从上到下给予全力支持，为产业新城建设创造了非常优良的外部环境。在武陟产业新城建设之初，武陟就成立了以县委书记为政委，以县长为指挥长的建设指挥部，同时明确了产业新城管委会、公检法、发改委、国土局、规划局等相关部门的职能职责。武陟产业新城建设指挥部坚持推进机制创新，建立了“每周会商”“半月督导”“每月汇报”“双月观摩”等机制，集中研究解决产业新城开发建设过程中存在的困难和重大问题，使产业新城的各项建设项目能够顺利推进。政府强有力的引导，有利于保证规划项目在建设中不偏离产业发展、城市建设、民生保障的主要方向和目标。

（二）注重发挥市场主体作用

华夏幸福是国内知名的产业新城运营商，受合作区域政府的委托，为合作区域提供可持续发展的全流程综合解决方案，在国内产业新城运营商综合实力竞争中位居前列。近年来，华夏幸福产业新城项目在国内外都有布局，其在河北固安、大厂以及南京市溧水区等地的产业新城建设实践，都取得明显成效。武陟产业新城选择与华夏幸福合作共建，有利于发挥华夏幸福的市场主体作用，华夏幸福丰富的实践运作经验和高超的资源整合能力，是武陟产业新城得以高质量和高效率建设的坚实基础。

（三）注重遵循城市和产业发展规律

在郑州加快建设国家中心城市和大都市区的背景下，郑州与周边城市融合发展步伐越来越快。武陟县与省会郑州隔河相望，处于亚欧大陆桥和京广

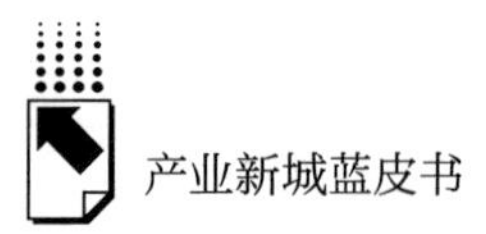

铁路的中心交会地带，居中原城市群核心区，县城最东端的詹店等距郑州直线距离仅 20 余公里，处在郑州向北发展和辐射的主轴上。武陟在区位及发展战略上的优势，决定了武陟是郑焦融合的首位节点城市，是郑州产业外溢的最佳承接地。武陟县委、县政府和华夏幸福能够遵循城市和产业的发展规律，准确把握了郑焦融合发展趋势，主动融入郑州大都市区，力争从交通、产业、城市配套等方面与郑州形成“同城效应”。华夏幸福立足“郑州大都市区的新兴增长极和郑焦深度融合首位节点城市”的定位，对武陟产业新城进行高起点规划。两年多来，共制定各类规划方案 17 个，引进美国波士顿咨询集团、华高莱斯（北京）等国内外知名设计团队，为郑州大都市区空间进行规划。根据百城提质建设要求，注重与老城区互动发展，按照“高标准、全覆盖”的要求，编制了覆盖新老城区的“1 + N”规划体系，完成了城市设计、生态水系、市政等 8 个专项规划。规划高度体现了产城融合，以“三园三港一中心”为重点进行产业布局规划，形成了智能制造、都市食品、现代物流、科技服务四大产业集群。规划是城市建设的“第一粒扣子”，遵循规律、准确定位、高起点规划，为武陟产业新城建设提供了科学蓝图，为产业新城建设扣好了“第一粒扣子”。

五　武陟产业新城进一步加快建设的对策建议

武陟产业新城建设取得的成就有目共睹，如何在已经取得成绩的基础上，进一步在质量提升、功能完善、创新驱动和人才引进等方面继续进行探索和创新，是未来武陟产业新城努力的方向和目标。

（一）持续提升建设质量

在重视建设速度和效率的同时，更要重视经济发展质量和城市发展质量。提升建设质量，一是严格按照规划进行建设。规划是保证产业新城建设质量的关键，要充分考虑武陟的地域文化特点，广泛听取方方面面的意见和建议，不断修正完善各项规划，提高规划方案的可操作性和实用性，规划一旦制定，就要保证一张蓝图绘到底。二是突出地方特色风貌，提升城市品位，这是产业新城建设质量的外在体现。要充分发挥武陟得天独厚的水资源优势，引进国内一流团队做好“以水润城”文章，做好黄河湿地专项规划，凸显“北岸水乡”特色，打造舒适的宜居宜业环境。

（二）加快完善城市功能

产业新城是承载产业和人口的重要空间，只有城市功能完善，才能促进人气和商气迅速集聚。一是尽快形成城市综合服务体系。进一步完善武陟高铁片区城市配套功能，加快站前广场综合改造、蔡茂路提升等项目建设，不断完善交通、环卫、社区、商圈、教育、医疗等城市基础设施和公共服务设施，增强核心区城市功能。二是加快完善产业配套能力，推进詹店片区产业服务中心、詹店幸福里等项目，加快推进詹店水系景观改造、生态公园建设项目，开工建设原焦高速开口工程，开展 S104 两侧路域环境整治，增强产业新城的产业承载力。

（三）深入推进产城融合发展

产业集聚带动产业发展、产业发展推动城市繁荣，城市繁荣又促进产业集聚，通过以产兴城、以城带产，促进产城融合。产城融合要把产业发展摆在重要位置，抓好产业的整体规划，紧密结合武陟现实的产业基础，明确武陟产业新城的产业发展方向及重点，积极对接省内外的龙头企业，注重产业招商项目的集群引进，通过延链、补链，发挥产业的集聚效应。加大产业新城产业导入力度，建成运营机器人产业港、智能硬件产业港、智能制造产业港等产业平台，促进阿里云、海神机器人等龙头企业项目建设，发挥其产业集群的龙头效应，实现以产兴城、产城融合，将武陟产业新城建设成为郑焦深度融合发展示范高地。

（四）加大创新人才引进力度

创新是时代发展的不竭动力，也是武陟产业新城高质量发展的关键驱动力。未来，武陟产业新城要持续加大创新力度，营造创新氛围，积极引入创新人才，建立创新生态，为引进企业发展提供充足的人力资源。加大财政科技投入力度，支持企业创新发展。建立柔性人才引进机制，引进一批创新型实用人才团队。强化企业家培训，对骨干龙头企业、行业重点企业负责人，开展以提高企业经营管理、创新创业能力为重点的系统培训，全面提高企业家队伍素质。进一步优化人才发展环境，提高待遇，吸引并鼓励各类优秀人才到产业新城创业和工作。

参考文献

王军伟：《看，武陟产城融合发展如何取得“开门红”》，《河南日报》2017 年 9 月 30 日。

陈学桦、成安林：《武陟产业新城：为郑焦深度融合凝聚新动能》，《河南日报》2018 年 6 月 13 日。

侯梦菲：《武陟产业新城建设两年　郑焦深度融合产业示范区正形成》，大河网，https：//news. dahe. cn/2018/06 -13/324520. html，2018 年 6 月 23 日。

李慧、王飞：《武陟县产业新城建设日新月异》，《焦作日报》2018 年 12 月 21 日。

《武陟产业新城概览介绍》，华夏幸福网站，http：//www. cfldcn. com/NIC/wuzhinic/。

《武陟产业新城：打造郑焦深度融合产业示范区》，搜狐焦点，https：//zz. focus. cn/zixun/05212e93b6dd48a9. html，2018 年 6 月 12 日。

B.23

嘉善：产业新城建设的成功实践

金　东*

摘　要： 嘉善产业新城由嘉善县人民政府与产业新城运营商华夏幸福以PPP模式打造而成。在科学规划、准确定位的基础上，依托独特的地理优势，嘉善产业新城积极发展软件信息、金融商贸、科技研发、影视传媒等新兴产业，形成若干个产业集群，产业发展功能和居住功能不断强化。经过数年建设，嘉善产业新城逐渐成为环境优美、配套完善、富有活力的现代水乡。

关键词： 嘉善　产业新城　华夏幸福

2013年4月，嘉善县人民政府与华夏幸福签署开发协议，约定由华夏幸福筹集资金，在约定的地域范围内定期完成基础设施建设、公共设施建设、土地整理投资、产业发展服务等工作；政府主要在政策制定、行政管理、发展方向等方面支持产业新城发展。嘉善产业新城由此起步，迄今历时6载。6年来，华夏幸福与当地政府密切合作，大力推进城市基础设施和公共服务设施建设，打造宜居、宜业、宜游的优美环境，同时以现代化高品质商务研发楼宇为载体，积极引入创新创业资源，导入高技术含量、高附加值的智能制造技术成果，重点打造科技研发、金融商贸、影视传媒、软件信息等战略性产业集群。嘉善产业新城是在经济相对发达地区以PPP模式促进

* 金东，博士，河南省社会科学院城市与环境研究所助理研究员。

县域经济高质量发展的有益探索，也是产业新城模式走出京津冀区域实现异地复制的成功案例，由此成为继固安产业新城之后，华夏幸福又一个以 PPP 模式运作的产业新城代表性案例。

一 区位优势

嘉善县位于浙江省嘉兴市东北部，与上海市和浙江省接壤，处在长三角城市群的中心区域，区位优势十分明显。该县经济发展基础良好，是全国综合实力百强县之一，也是唯一的一家国家级“县域科学发展示范点”。嘉善产业新城坐落于嘉善县南部一带，北至白水塘路，南至中心河，西至城西大道，东至平黎公路，占地约 12 平方公里。该区域毗邻嘉善高铁南站，路网四通八达，乘坐高铁 13 分钟可到达上海松江，23 分钟可到达上海虹桥商务区，28 分钟到达杭州，49 分钟到达苏州，规划中的嘉兴轻轨 4 号线接轨上海松江 9 号线地铁，出行相当便捷。嘉善产业新城作为嘉兴市全面接轨上海的“桥头堡”，在承接产业转移、吸引人才入驻、实现城市协同发展等方面具备巨大的潜力，在长三角城市群建设中发挥着重要的节点作用。

二 发展定位

华夏幸福所擅长的产业新城模式始于环北京贫困县的改造，而嘉善的经济基础与其所开发的固安等地有所不同。嘉善县境内大面积聚集了外贸服装和木材加工企业，经济实力较好，同时也面临原有产业难以升级和工业用地资源紧缺的短板。为此，华夏幸福请来了麦肯锡、华高莱斯、AECOM 等知名顾问机构联合对产业新城的功能和作用进行重新评估和定位。专家们在产业定位、城市建设、规划布局等方面进行了深度探讨，认为嘉善地处科创中心上海和副中心嘉兴之间，可以依靠便捷的交通、低廉的成本、完善的配套和优美的环境吸引上海的科技创新型人才及企业入驻。华夏幸福最终将嘉善产业新城定位为“全球创新城市、宜游魅力水乡”，设定了“承接上海全球科创中心创新成果输出外溢，打造科技创新成果转化中心”的奋斗目标，对接全球创新资源，引进高端人才，打造新兴业态和产业。以此为基调，华夏幸福请上述顾问机构对嘉善产业新城在区域功能分区、产业功能布局、门户形象、户外公共空间设计、公共设施设置等方面进行综合规划。在产业载体方面，华夏幸福舍弃了之前的工业园区模式，转而发展楼宇经济，旨在吸纳科技型企业、研发中心和现代商贸企业入驻。在环境打造方面，新城既要建设成为集完善的配套设施、优美的生态环境和高端的产业体系于一体的现代化产业新城，还要推出富有时代及文化气息的魅力项目，举办极具地方特色的节庆活动，以提升新城人群的幸福感及归属感。

三　城市建设

嘉善产业新城建设之前还是一片田野。为积极推进新型城镇化建设，尽快将新城由“村”变为“城”，蜕变为国际、时尚的现代水乡，华夏幸福进行了科学规划，以嘉善大道为主轴，沿道路两侧布局城市公共服务体系、商业商务核心区和生态居住区，并注重景观打造，既有主体生态廊道，也有若干景观节点。2014 年 5 月，嘉善产业新城开工奠基。在产业新城建设中，华夏幸福同步推进城市景观大道、主干道、水系、市政公共设施建设，搭建城市发展骨骼。到 2018 年 1 月，嘉善产业新城已初步建成比较完善的通达路网。嘉善大道和宏业路实现全线贯通，纬一路、纬二路、子胥路等交通要道修筑正在紧锣密鼓地进行，共计在建市政道路 20 条，在建景观近 18 万平方米。到 2019 年 1 月，新城内竣工了贯穿东西的科技大道，对建设通达闭合的路网体系起到重要作用。此时，体育南路、子胥路、慈山路等多条市政道路已建成并投入使用，依托嘉善大道、宏业路两条干道而成的“两横”“四纵”路网结构已经形成。在生态水网构建方面，由外环、中环、内环组成的水系网，将城市分割为若干个主题分区，如制造业产业、综合商务区、高铁商贸区、水乡创意区以及各类居住区域等。由新西塘越里文化景观带、白水塘、伍子塘、油车港、云湖等作为主体构成，再辅以众多的绿地空间，形成休闲娱乐、文化体验、生态涵养等功能兼而有之的生态体系。其中，环湖路以西的云湖公园，曾经满目荒芜，如今在经过改造后，水波荡漾，白鹭成群，显然已成为嘉善产业新城的后花园，是嘉善县域南部生态文明建设的点睛之笔。云湖公园是在综合运用乡土植物与水生植物共生系统、水净化系统之上打造的环境宜人、四季常新、野逸质朴的城市生态公园。它不仅为嘉善产业新城中的创业者和当地居民提供了良好的休闲运动场所，也极大地彰显了嘉善独特的江南水乡魅力。目前，嘉善产业新城已建成景观绿化地约30万平方米，并构建了“一廊、两核、三点”的绿地体系和“两横、两纵、三环”的水景体系。

除了路网和水网建设之外，新城还高质量开展自来水、电力、燃气、通信、污水处理、垃圾处理、停车场等公共基础设施建设，实现了“十通一平”，以有效保障项目落地和城市正常运转。值得一提的是，新城奉行绿色发展理念，注重再生资源的回收和利用，其垃圾转运站是一座高配置、高标准建设的再生资源转运站。它的建成使用，提高了当地再生资源转化率，为嘉善的资源回收利用事业发挥了促进作用。

四 产业发展

在项目启动之初，我国跨境电商发展势头迅猛，借助于嘉善县被确定为上海自贸区嘉善项目协作区的机遇，嘉善产业新城以电子商务为先导，在优先发展互联网经济的同时，还大力引入智慧城市、服务外包、工业自动化、大健康等领域项目，走多元化发展的路子，充分释放城市潜能，并沿着以创新驱动为内核、以产业集群集聚为抓手的思路，逐步实现产业集群式发展。一座以产业为核心的新城，硬件设施支撑必不可少。为了搭建产业发展平台，华夏幸福陆续投资兴建了上海人才创业园，以及医疗健康、新能源汽车、文化创意、互联网等四大产业园区。此外，为了促进创意孵化和项目落地，还专门建有技术研发中心、中试研发实验室、专业高清摄影棚、智能制造平台等辅助设施。

在嘉善产业新城建设中，华夏幸福充分利用自身庞大的招商团队和丰富的招商资源，与专业咨询公司、投资机构以及其他相关机构密切合作，以智力密集型项目为选商标准，促使一大批优质、潜力项目纷至沓来。到2019年1月，已引入院士、长江学者、高等院校科技研发专家等国内顶尖人才30人，致力于先进能源技术、新材料、生物技术、自动驾驶技术等领域的一批领军专家及其研发团队已经入驻新城开展工作。2018年，新引入达普生物、菲沙基因、智驾科技、晶鲸科技等行业细分领域龙头企业27家，产业新城入驻企业总数达172家，初步形成了四大产业集群。一是软件信息产业集群。以上海人才创业园为中心，聚焦发展软件信息服务业，集聚软件及信息服务外包、新型信息技术服务等产业，加快形成与上海契合互动的配套服务产业集聚，着力打造“西上海创新服务新高地”。二是影视传媒产业集群。正在加快打造的嘉善影视综艺产业园（一期），将以电视综艺产业为主导，以创意创新为内核，重点发展剧本策划、影视拍摄、后期制作、作品交易、数字新媒体、广告策划、产品包装、媒体设计等产业领域，目前已引入大雨文创、上海东方娱乐传媒等行业龙头企业。三是科技研发产业集群。现已引入驭势科技、成运医疗等一批智造研发型龙头企业，签约太库科技和火炬孵化两大科技服务企业，依托太库科技全球资源平台和前沿的科技创新项目以及火炬孵化领先的园区管理运营体系，有效整合了产业引导基金、风险投资、导师、产业链配套等核心资源，形成长三角地区拥有独特商业模式与核心竞争力的“众创平台”。四是商贸服务产业集群。重点引进电子商务、大宗交易、营销服务、咨询服务等类型项目。目前已集聚中晨电商、云鸟配送、天天果园、也买酒等一批重点企业。嘉善产业新城还将致力于迅速提升区域楼宇的经济效益，瞄准上海徐汇、闵行、普陀、金山等区的楼宇群开展定向招商，开创楼宇经济招商新局面。

未来，嘉善产业新城将围绕“一个生态、三大产业链、十大重点工作”部署产业格局，包括以5G网络技术应用为支撑，建设城市级规模的智能网联汽车应用示范和产业集群生态；搭建全周期测试服务链、集聚全环节的研发产业链、培育全方位的场景应用链；聚焦建设包括“嘉善智能汽车测试评价基地”“智能网联汽车产业园”“嘉善产业新城智能出行示范应用”等在内的十大重点项目，全力打造“1310”综合示范体系。嘉善产业新城将助推嘉善变为浙江与上海协同发展的示范田和先行者，带动两地之间产业发展分工协作、创新政策有效衔接、公共服务深度融合、交通设施无缝接轨，建成浙江省县域经济开放发展新高地。

五　配套设施

嘉善产业新城不是一座单纯的钢铁水泥城市，也不是一片机器轰鸣的工业园区，而是职住关系平衡、产城融合发展的现代化新城，既要解决日常的衣、食、住、行、教育、医疗等问题，又要营造浓厚的文化氛围，带来精神上的富足。因此，华夏幸福大力构建科学合理并充满地域特色的公共服务设施配套体系，几经努力，成就斐然。其中，有两个建设项目尤为引人瞩目。

一是作为嘉善县对外形象展示重要窗口的嘉善规划展示馆。它由工程院院士、上海世博会中国馆之父何镜堂设计，2015 年被国家住建部评为绿色二星级建筑。2017 年底，嘉善规划展示馆开始整体改造。改造之后，展示馆一层为全国县域科学发展示范点展厅，体现嘉善县独树一帜的战略定位及其践行新时代发展理念的生动实践；二层为嘉善县规划展厅，全面展示嘉善县悠久文化、发展成就及未来城乡发展规划。嘉善规划展示馆的正式开放，不仅为人们了解嘉善的发展提供了文化载体，成为嘉善独特的城市地标建筑，也以灵动诗意的方式展现了嘉善产业新城宜居、宜业、宜游的水乡魅力，提升了嘉善区域形象及城市竞争力。

二是嘉善产业新城倾力打造的魅力水街——新西塘越里。新西塘越里是一个开放式的文化旅游项目。华夏幸福在打造新西塘越里时，充分考虑到嘉善当地的吴越历史文化特色，是以苏式古典园林为基底，融合现代审美观念和传统建筑手法营造的新江南美学街区。新西塘越里由江南仿古建筑和内环水系集合而成，凸显文化、跨界、互动三大特色，为游客提供别具风格的艺术体验、特色餐饮、精品住宿等服务。该项目结合时下流行的 IP 主题，更加注重游客的参与性，在街区中设有为大众开放国学、书画、禅茶、礼仪等体验活动的华夏国学书院。节日期间，著名的鲤朵市集、角色扮演巡游、传统戏曲、小丑魔术等表演分布于整个园区，满足了不同年龄层次、不同兴趣爱好游客的游玩需求。到了夜晚，还可以通过平台化的照明设备营造出实时更迭的水雾光影效果，为游客带来赏心悦目的视觉享受。

此外，在教育配套方面，嘉善产业新城拥有上海师范大学附属嘉善实验学校（小学部）和嘉善澳华国际幼儿园两所高品质民办学校。这两所学校已于2018年9月开学，公立小学项目也在建设之中。在医疗配套方面，嘉善妇幼保健院项目正处于规划建设阶段。为了活跃民众生活，嘉善产业新城举办了众多体育赛事及城市节庆，例如七人制足球赛及半马酷跑、嘉善国际艺术节以及元宵节猜灯谜等。

这些配套设施的存在，丰富了城市文化内涵，提升了城市整体品质，有效地增强了产业新城的凝聚力和活跃度，为当地吸引更多人才和项目落户提供有力支撑。

六　总体成效

嘉善产业新城以产兴城、以城带产，坚持市场化运作模式，通过城市建设、经济发展和民生改善，实现产城融合，为嘉善的新型城镇化建设和现代产业体系构建发挥了重要作用，取得了显著的经济效益和社会效益。到2018年6月，嘉善产业新城累计引入硕士以上人才近300人，国际国内顶尖人才近10人，新增就业岗位2000个，建设项目104个，签约企业近200家，营业收入超100亿元。入驻的太库及创客邦孵化器累计入孵企业120家，出孵40家，为嘉善本地的产业发展培育了新生力量。鉴于新能源广阔的发展前景，引入国创新能源长三角研究院，并以此为平台，积极推进科技创新和成果转化，有效地促进了嘉善发展动力转变和产业结构优化。在城市管理上，嘉善产业新城实施一套高效专业的城市运营体系，配备了一支由数百名人员构成的专职运营团队，在全域范围内实现全天候、无死角的精细化管理。正在推进的智慧城市项目，将使城市管理实现全面智慧化。

嘉善产业新城建设将继续依靠合理规划并适度控制开发时序，促使产业新城公共配套设施建设不断完善，产业发展功能和居住功能不断强化，达到新城内各类空间与功能的融合，有效提高职住平衡度，最终实现产业、配套及人员等要素的良性互动，把新城建设成一座生态之城、创新之城、魅力之城。

参考文献

孟歌：《嘉善产业新城“初长成”蓄力重塑县域增长极》，《中国经济时报》2018年6月7日。

秦正长：《嘉善产业新城：县域经济高质量发展新典范》，《浙江日报》2018年5月24日。

秦正长、郑小梅：《PPP模式引领嘉兴嘉善产业新城深度创新》，《浙江日报》2018年1月10日。

斯兰：《产业新城PPP模式：区域转型发展的“幸福编码”》，《中国改革报》2017年12月18日。

秦正长：《三年，PPP催生一座嘉善产业新城》，《浙江日报》2016年12月26日。

B.24

长葛：产业新城支撑郑许一体化发展

彭俊杰*

摘　要： 长葛产业新城是许昌市对接郑州大都市区和郑州航空港经济综合实验区的桥头堡，是郑许一体化发展的重要引擎，是长葛市人民政府与华夏幸福采用PPP模式合作建设的现代化产业新城。本文在对长葛产业新城的基本情况、建设历程、运营模式进行梳理的基础上，提出进一步推进产业新城高质量发展的政策建议，探索走出一条生态宜居、集约高效、产城融合的高质量产业新城发展之路，对各地推进城镇化高质量发展具有明显的借鉴意义。

关键词： 长葛　产业新城　发展模式

长葛产业新城围绕“升级做强”和“抢占市场”两大主题，聚焦高端装备、大健康产业、生产性服务业、新一代信息技术四大百亿元级产业集群发展方向，以“一带一核两轴多片区”为发展布局，探索走出一条生态宜居、集约高效、产城融合的高质量产业新城发展之路，强力支撑郑许一体化融合发展，[①] 对于各地推进城镇化高质量发展具有明显的借鉴意义。

---

* 彭俊杰，河南省社会科学院城市与环境研究所助理研究员。

① 郑许一体化是指为加快中原城市群和郑州大都市区建设，优化城市群的部局形态，促进区域协调发展，推动郑州市与许昌市在交通、产业、生态城镇和公共服务等多个方面实现一体化发展。

一 长葛产业新城的基本情况

长葛产业新城位于长葛市北部，北至长葛市界，南至佛耳湖镇界和三号路（莱姚路），西至京广铁路，东至大周镇界，总面积75.58平方公里。产业新城紧邻郑州航空港经济综合实验区，距离航空港约8公里，距离新郑国际机场约22公里，距离郑州市中心约46公里，是许昌市对接郑州大都市区、郑州航空港经济综合实验区的桥头堡，是郑许一体化发展的重要引擎，

围绕“升级做强”和“抢占市场”两条主线，长葛产业新城以高端装备、生产性服务业、大健康产业、新一代信息技术为主导，推进“一高一亮一特一新”（企业高端，发展亮点、特色产业，新谋划）打造四大百亿元级产业集群。通过引入电力装备、数控机床、工业机器人及自动化应用项目，打造高端装备产业集群。依托双洎河湿地公园和长葛蜂产业，打造康养、旅游、休闲、观光、会议服务等第三产业。通过与北大校友会等组织合作，引进一批生物医药、软件外包等研发型企业，建设人才创业大厦，吸引高层次人才创业生活，做强知识经济，将双洎河湿地公园打造成郑州南部的总部经济基地，打造大健康产业集群。依托太库、创客邦等创新孵化平台导入创新型项目，引进技术服务型企业，打造国内一流电子商务产业集群，延伸发展技术服务、金融服务和物流服务等关联产业，以宝供物流、富春电子商务、信丰管理为代表打造生产性服务业产业集群。通过发展新型显示、新型元器件、下一代信息网络，打造全国新一代信息技术产业创新高地。

二 长葛产业新城建设历程

2016年11月10日，长葛市政府与华夏幸福正式签订协议。两年多来，长葛产业新城紧抓“郑州大都市区”建设、“郑许一体化”等重大战略机遇，坚持“城市为主、产业优先、项目支撑、融合发展”的思路，在产业对接、交通对接、生态对接等方面实现与港区的全面融合，基础建设步步夯实，项目建设联

动推进，承载能力持续提升，产业发展势头强劲。作为郑许一体化先行示范区、郑许融合桥头堡，长葛产业新城的产业发展围绕“升级做强”和“抢占市场”两大主题，以制为基，以智为魂，为长葛市导入高端装备、生产性服务业、大健康、新一代信息技术四大产业集群，助力中原空港经济圈。

2017 年伊始，长葛产业新城将打造产业集群、引进龙头项目及对产业集群的谋划和规划作为产业发展重点工作推进。从 2017 年 5 月至今，高端装备产业园先后签约入驻和美家、祥鼎、建科百合、龙兴、陕建机等企业，生产性服务业产业集群先后签约宝供物流、维龙物流、全康物流等企业。2018 年5 月 11 日，长葛产业新城获得长葛市政府颁发的“2017 年长葛市招商引资先进单位特等奖”。截至 2019 年 5 月，实现签约企业 10 家，签约额约 80 亿元。

在产业发展方面，高端装备产业集群以引入龙头、加强配套、聚焦高端三步走战略，推动产业升级。2018 年底，以智能制造和自动化应用为主导的签约开工项目完成厂房封顶，集群建设及形象显现。作为支柱产业的高端装备产业集群，通过引进多个自动化、智能化制造装备行业重点企业，深度契合长葛市产业转型重点，紧扣长葛“设备换芯、生产换线、机器换人”的产业发展转型升级主线，属于河南省传统制造产业升级转型发展的典范。2018 年 8 月，聚焦智能立体车库行业的“祥鼎智能装备及物联网软件系统集成产业园”、智能家居行业的“和美家高端定制智能家居研发生产基地”、智能装配式建筑行业的“建科百合长葛装配式建筑智能生产基地”等一批重大项目率先开工，这些项目在其细分行业领域里面均是先进技术力量、产业转型升级的代表，共同构建出长葛产业新城高端装备产业集群的雏形。高端装备产业集群的快速成型，体现出产业新城运营商华夏幸福的产业发展能力，其结合所在区域的产业基础、产业发展趋势、地方发展需求和城市产业政策，精准选定产业发展方向，通过招引行业龙头企业落地，牵引产业集群形成，促进地方产业创新升级。

在城市建设方面，2017 年 9 月首批项目集中开工。目前，城市对外展示的主窗口（长葛产业新城城市服务中心）、城市交通路网（华夏大道、产舞路、水舞路、滨河路）、绿色生态底板（双洎河国家湿地公园、中央公园、乐舞公园、乐活公园）、城市配套（社区中心）等十大项目已基本建设

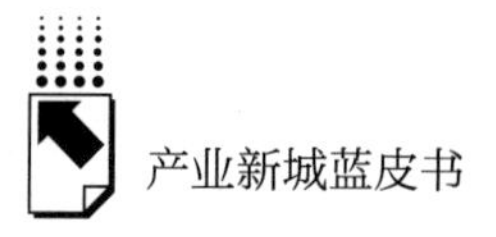

完工，完成道路景观近15公里，公园面积近45万平方米，景观面积近90万平方米。2017年10月，幸福基业物业公司正式入驻，为产业新城提供城市综合保障服务，实施“绿、美、亮、净、序”服务标准体系，使服务成为展现产业新城形象的“城市名片”。随着幸福学校、幸福商街、幸福社区等各类新城配套项目的渐次落成，城市公共服务与生活配套不断完善，为长葛打开了全新的、更加广阔的营商格局，最终形成产城融合、水韵绿网、中心驱动的滨水生态新城。

三　长葛产业新城的发展布局

长葛产业新城以“中原都市连绵区极点城市”为目标，结合自身地理位置和水文特征，依托区域水系资源和地域文化特色，凝聚长葛人的“闯业精神”，提倡新时代下的“创新精神”，提出“一带一核两轴多片区”的发展格局。

一带：依托双洎河国家湿地公园，塑造城市绿色空间，打造新城发展“生态带”。

一核：依托快速交通、自然水系、水文底蕴以及完善城市配套，建设新城核心区，塑造水文水乡魅力磁极。

两轴：沿华夏大道，构建纵贯南北、联系空港和长葛主城的交叉通轴；沿长盛大道，串联西部、中部和东部各个发展片区，构建横跨东西的产业新城联动轴。

多片区：推进许港产业带的产业区、居住区、滨水休闲片区多元互动，产城融合、协调发展多片区。

四　长葛产业新城的运营模式

2016年，在长葛产业新城开发建设伊始，长葛市政府与华夏幸福签订期限为40年的排他性特许经营协议，由长葛市政府和华夏幸福共同主导实施长葛产业新城的建设与运营。华夏幸福作为投资及开发主体，负责长葛产业新城的设计、投资、建设、运营、维护一体化市场运作，代行部分政府职能，提供公共产品和服务，长葛市政府成立产业新城管委会，履行政府职能，负责决策重大事项、制定规范标准、提供政策支持，以及基础设施及公共服务价格和质量的监管等。

双方合作的收益回报模式是使用者付费和政府付费相结合，按照土地整理投资、基础设施及公共设施投资建设费用的投资回报率15%，当年产业发展服务费占入区项目当年新增落地投资额的比例45%，规划设计、城市运营等其他服务费等投资回报率10%的标准进行。其中，社会资本利润回报以产业园区增量财政收入为基础，市政府不承担债务和经营风险。华夏幸福通过市场化融资，以长葛产业新城整体经营效果回收成本，获取企业盈利，同时承担政策、经营和债务等风险。长葛产业新城的所有权始终属于地方政府，华夏幸福与政府签订协议是“孵化协议”，在40年的协议年限内完成园区规划、建设、招商与后期维护等。

华夏幸福与长葛市政府确立政府和社会资本的PPP合作模式，以“政府主导、企业运作、合作共赢”为原则，通过依法合规的PPP政府采购法定程序与地方政府建立合作关系，与地方政府紧密协作，共同决策，优势互补，创造出“1+1>2”的效果。按照“长期合作、风险分担、利益共享”的原则，把长葛产业新城作为一个完整的公共产品提供给长葛市政府（见图1）。与政府付费类基建PPP项目相比，华夏幸福产业新城PPP模式的最大特点就是具有“自我造血”机能。长葛市政府以新增财政收入地方留成的一定比例为上限进行投入，华厦幸福帮助合作区域政府实现发展目标和财政收入增量获取利益。即多干多得，少干少得，不干不得，干好得多。在此机制下，政府不会增加任何债务，不存在任何隐性债务风险（见图2）。

五　长葛产业新城高质量发展的政策建议

1. 创新模式，培育良好公私关系

华夏幸福产业新城探索的“政府－市场”合作模式（PPP模式）已经

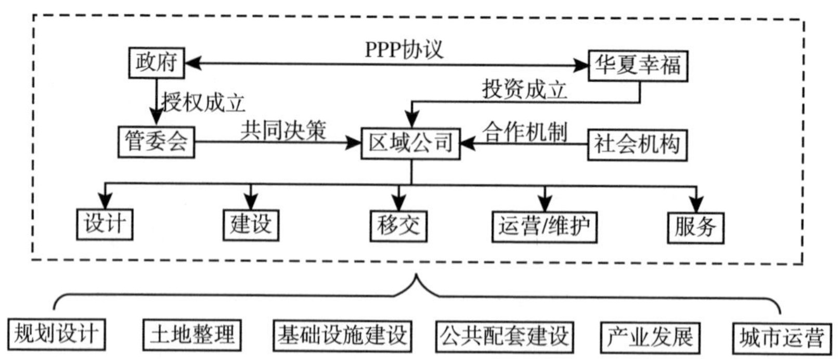

图 1　长葛产业新城 PPP 模式

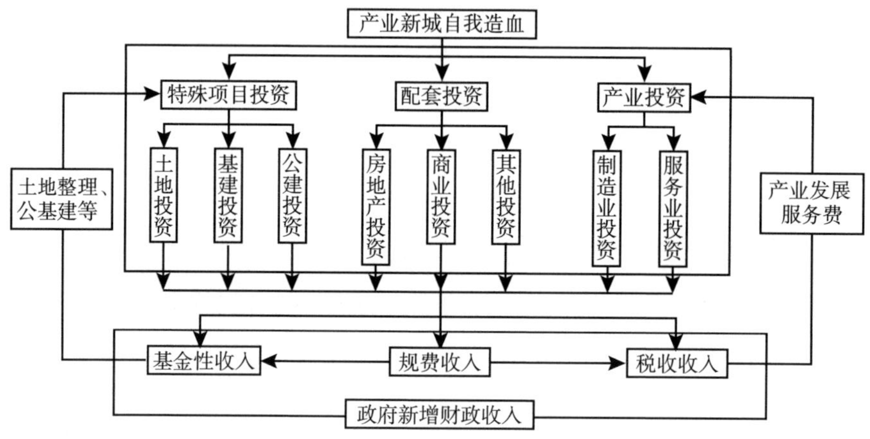

图 2　长葛产业新城盈利模式图

走在了全国前列，它不同于温州模式和苏南模式。当前，我国的 PPP 模式实践历史仍较短，在资本运作、产业整合、规划战略、盈利模式、园区运营、政策环境等多方面仍有很大空间。在这一过程中，需着重基于契约精神建立政府和市场主体之间的互信和互动。一方面作为地方政府来说，应该加大改革力度，加强制度创新，完善政策法规体系，保障这一创新模式持续健康发展的实施环境；另一方面作为产业运营商来说，应兼顾项目稳定长远收益和近期资金平衡，为地方发展承担适当风险。同时，基于长葛及其周边地区良好的生态本底，未来可以在有条件发展休闲旅游、文化产业、健康养老、会展会议等高端服务业的地区推应用广 PPP 模式，尝试在产业新城成功的基础上进一步创新。

2. 提高定位，突出文化引领作用

长葛历史悠久，文化底蕴深厚。在推进产业新城发展中，要进一步提高定位，突出长葛文化的引领作用，进一步深挖葛天文化、陈寔文化、钟繇文化等，在城市建设中充分融入传统文化元素，提高影响力和知名度。建设以葛天文化生态园、钟繇文化纪念园、佛耳湖、铁佛寺、陉山子产庙、陈寔故里农家乐生态园、双洎河国家湿地公园等为主体的生态休闲文化游，打造以文化展示、旅游休闲、商业服务为一体的文化旅游综合体。加强传统文化转化利用，以优秀传统文化资源丰富地方公共文化产品供给，提升城市品位，提振长葛精神。

3. 精明增长，提升新城利用效率

按照“精明增长”的理念，合理界定城市边界，提高城市空间资源节约集约利用程度，既要防止城市“摊大饼”式扩张，又要防止出现“空城”“睡城”等现象。在合理确定城市边界方面，要制定符合公众意愿、政府严格执行的城乡规划，科学划定城市发展边界，节约利用土地资源，控制新增建设用地规模，合理确定项目用地数量，提高单位土地的投资强度，防止城市无边缘的发展和扩张。在推进城市空间综合利用方面，坚持适度超前的原则，复合立体利用地上地下空间，科学规划、分层布局、有序开发、有效利用城市空间资源，提升城市空间利用效率。建设疏密有致、错落有序的城市内部空间，按照不同区域、不同功能设置不同的开发强度，科学有效地处理好城市内部空间集中和分散的关系，既要在部分区域相对集中，又要在某些区域相对疏散。在建设紧凑型城市方面，通过相对较高的多样化城市密度，按照土地功能混合使用的原则，实现商业、办公、居住、休闲等功能的混合，减少对交通的需求，解决城市无序蔓延带来的环境、交通、住房、社会治安等诸多问题。

4. 绿色优先，探索生态城镇化道路

推进产业新城高质量发展，要树立、生态、绿色、低碳的城市发展理念，积极探索生态城镇化道路。一是制定生态用地红线，确定新城禁建区范

围，划定区域开发边界，对园区存量建设用地优化布局，适度控制增量规模，提高现行建设用地的开发强度和质量。二是加强城镇生态建设。以引黄入长济许调蓄工程通水为契机，加强清潩河、佛耳湖、双洎河、增福湖城市河湖水系综合整治，改善水质，因地制宜建设一批滨水公园、城中湖、蓄水库等城市水系景观。加强城市湿地保护和管理，加大城市公园绿地建设面积，加快公路、河道沿线生态廊道建设，试点开展房顶绿化和立体绿化，构建立体化绿地生态网络，提高城市绿化覆盖率。三是发展绿色建筑。鼓励产业新城按照绿色、生态、低碳理念进行规划设计，按照资源节约环境保护的要求，集中连片发展绿色建筑。

参考文献

连甲、崔雨梦：《郑许新引擎　产业正启航——长葛产业新城助推郑许一体化高质量发展纪实》，《许昌日报》2018 年 8 月 9 日。

王宇彤、张京祥、陈浩《从产业新城 PPP 透视城市治理结构的变迁——基于增长联盟的视角》，《规划师》2018 年第 12 期。

焦永利、于洋：《城市作为一类“特殊产品”的供给模型及其合约结构改进——产业新城开发模式研究》，《城市发展研究》2018 年第 11 期。

徐斌：《政府与社会资本合作科技产业新城开发模式探析》，《云南科技管理》2018 年第 4 期。

夏川：《基于产城融合理念的特大城市周边产业新城规划策略研究》，北京建筑大学硕士学位论文，2018。

借　鉴　篇

Reference Reports

B.25
美国尔湾：产业新城运营的国际样板

左　雯*

摘　要： 由尔湾公司管理的尔湾农场建设发展成为美国的“热门城市”，是美国中产阶级和年轻人最理想的定居地，已经成为美国最安全、最宜居、运行最好的城市，是新城建设的样本。通过分析尔湾从大学社区到高科技新城的发展历程，总结尔湾取得的成就，剖析尔湾之所以取得成功的原因在于安全的城市环境、适宜的居住环境、丰富的教育资源、优厚的扶持政策、充足的就业岗位，总结其发展经验，以期为我国产业新城建设提供经验借鉴。

关键词： 尔湾　产业新城　尔湾规划

* 左雯，河南省社会科学院城市与环境研究所副研究员。

尔湾位于美国加利福尼亚州，自1971年12月尔湾市成立以来，通过高规格周密的城市规划和设计，吸引了大量公司入驻，现已成为美国中产阶级和年轻人最理想的定居地，是美国最安全、最宜居、运行最好的城市，是洛杉矶大都市区重要的组成部分，并成为产业新城运营的国际样板。

一　尔湾规划及发展历程：从大学社区到高科技新城

尔湾市位于洛杉矶中心以南60公里，占地面积170.9平方公里，人口总量约21万人，气候温和，拥有“加州阳光”之称的海滩，在美国最宜居的“热门城市”中居前列，既是大都市区时代边缘城市迅速发展的典型代表，也是美国产业新城建设的样板。

（一）大学社区建设与城市起步发展阶段（1959～1970年）

尔湾最初的建设者和推动者是尔湾家族掌控的尔湾公司，当时尔湾地区是以农场建设为主。尔湾发展的契机在于其所在县——奥兰治人口由1950年的22万人增长到1960年的70.4万人，人口压力倍增，加州大学有意愿在尔湾建立新的校区。1959年，尔湾公司应加州大学的要求，捐献出4平方公里的土地用于建设加州大学新校区，随后加州政府也捐出2平方公里土地用于新校区建设。尔湾公司和加州大学认为，只建设一个大学校区远远不够，要在新校区周围建设一个可以容纳5万人的社区。他们聘请了著名建筑规划师威廉·佩德拉，规划了占地40.47平方公里、可容纳10万人的大学社区，大学位于核心位置，由1个公园和6个建筑群组成，包括工业区、商业区、居住区、休闲区和公共绿地。1964年，奥兰治县政府批准了威廉·佩德拉对尔湾南部地区的规划。1970年，尔湾工业区对外开放，大学、公园、住宅区等也陆续建成。这一时期是尔湾城市发展的起步阶段，以加州大学新校区为核心展开的，由尔湾公司主导规划和建设，在规划之初就赋予大学社区多重功能，是产业和城市、工作和生活相互融合共同发展的城市。

（二）城市成立与扩张阶段（1971～1977年）

1971 年 12 月 28 日，通过居民投票，尔湾市正式成立，由政府主导对尔湾市进行了总体规划。1973 年，奥兰治县政府批准了尔湾市总体规划。该规划延续了尔湾公司的规划思路，以建设功能完善的城市为目标，划定了工业区、商贸中心及居住区域，城市规模扩大到 178.06 平方公里，人口增加到 21.4 万人。其中最具特色的是“居住村”理念，它不同于美国当时主流的低密度居住社区，是以一定人口密度为支撑的，包括学校、商业、公园的社区。这一时期尔湾市政府在城市规划、建设、管理等方面开始发挥作用，在城市规划上延续了混合功能理念，为城市产业发展、提供更多的就业岗位、满足日益增加的人口居住奠定了基础。

（三）城市转型发展阶段（1978～2000年）

1977 年，一家财团收购了尔湾公司，新的大股东是唐纳德·布伦。由于尔湾的城市格局已经基本形成，这一大的变动没有从根本上影响尔湾市的建设和发展。但是唐纳德的个人品位影响了城市的风貌建设，这一时期的高密度住宅建筑很多采用了地中海风格，同时居住村的风貌管控也严格了许多，这在一定程度上显示出城市形象单一的特点。20 世纪 80 年代后期，生态保护理念进一步加强。1989 年，尔湾总体规划第 16 条修正案将原总体规划范围内近 1/3 的土地列为受保护的开放空间，并规划了约 178.2 平方公里的自然栖息保护地，24.3 平方公里的公园和开放空间。这一时期，尔湾完成了从工业到科技产业的转型、城市绿色发展的转型。

（四）城市全面发展阶段（2000至今）

自 21 世纪以来，尔湾的城市发展竞争力不断提升，生活环境持续改善、社会秩序保持安定、教育医疗不断完善等，使尔湾的吸引力和影响力不断增强，成为居民向往的“共同目的地”，被称为“加州的科技海岸”。尔湾的产业结构合理，不仅有高科技产业支撑，其他产业也蓬勃发展。

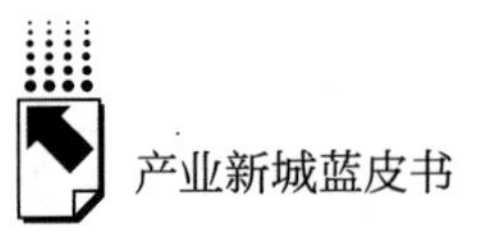

二 尔湾成功的原因分析

尔湾经过60年的发展建设，从一个农场发展成为美国最大、建设最成功的新城，成为新城建设的样本。

（一）尔湾取得的成就：最安全和极具影响力的第五代城市

所谓第五代城市是指倡导生态环境、人类生活与经济增长的和谐与共赢，为科技产业、生活、工作创造适宜的城市环境。尔湾市有诸多的城市名片，被誉为最安全、最宜居、运行最好的城市。从2004年开始，连续被评为城市人口超过10万人的最安全的城市；2008年，在美国有线电视新闻网（CNN）最宜居城市评选中排名第四位；2014年，在《商业周刊》全美最好城市排名中排名第五位，并被华尔街评为全美运行最好的城市。尔湾作为新兴城市的代表，受到广泛的关注和认可，其雄厚的产业基础、优美的生活环境、良好的教育资源是美国中产阶级和年轻人最理想的定居地，是极具影响力的第五代城市代表之一。

1. 人口快速增长

按人口排序，尔湾市是奥兰治县第三大城市，在加利福尼亚州居第16位。从1971年建市至今，人口规模呈持续增长态势，从1971年的10081人增到2015年的250384人，其最显著的特点是人口素质较高。2014年，尔湾市25岁及以上人口中拥有高中以上学历的占比为96.3%，拥有本科以上学历的占总人口的64.9%。2000年，在人口10万人以上城市中，尔湾25岁及以上人口中拥有博士学位的比例居美国第7位。

2. 产业高质量发展

依托加州大学尔湾分校等一流大学，凭借尔湾良好的生活环境和完善的城市公共服务，吸引了大量高新技术企业和高科技人才落户尔湾，许多跨国公司纷纷在此设立总部。尔湾从起步时的尔湾工业区发展成为“第二硅谷”，形成了包括电脑软件、数字媒体、专业服务、生命技术、连锁特许、运动装备和先进制造业等多个产业集群。尔湾获得了“科技海岸”的美誉，成为美国新型的创业中心。

3. 收入水平普遍较高

尔湾较高的人口素质和众多的高新技术企业使其家庭收入普遍较高。2014 年，尔湾市家庭收入中位数为 88932 美元，奥兰治县家庭收入中位数为 75998 美元，加州家庭收入中位数为 61933 美元，全美家庭收入中位数为 53482 美元。由此可以看出，尔湾的家庭收入水平不仅远高于全美和加州平均水平，也高于全美国收入水平较高的奥兰治县。

（二）尔湾成功的原因：最安全、最宜居、运行最好的城市

1. 最安全的城市

美国联邦调查局（FBI）在 2005 年 6 月 6 日公布了全美最安全的 10 个城市，尔湾市赫然居第一位。多年来，尔湾一直在全美最安全城市名列前茅。在尔湾市的城市预算中，公共安全支出占到 1/3，包括在打击犯罪方面的基础设施建设和警察的相关支出。在城市基础设施建设方面，警察局可以对城市基础设施建设进行审查，必须要达到一定的安全标准。在细节方面，尔湾规定停车场电梯至少有一面是落地玻璃，以确保警察可以看到电梯内的情形；警察在工作中根据具体情况要使用 6 种语言和居民交流，无障碍沟通有利于防止和降低犯罪。尔湾具有良好的治安管理和安全有保证的居住环境，是尔湾能够发展的前提和保障。

2. 适宜的居住环境

尔湾市最全美宜居的城市之一，尔湾拥有“加州阳光”之称的海滩和面积达 200 多平方公里的生态保护区，以及大面积社区公共绿地。此外，尔湾拥有 100 多个公园和公共游泳池及高尔夫球场；有完善的自行车道系统，其中独立自行车专用道有 50 多公里，与汽车道并肩设置的自行车道有 200 多公里，鼓励居民使用自行车出行。有些社区还拥有人工湖，供居民进行泛舟等水上活动。完善的基础设施和良好的居住环境使尔湾成为居民心目中最佳的居住地之一，为吸引人才提供了强有力的支撑。

3. 丰富的教育资源

尔湾统一学区一直被评为美国最佳教育系统之一。学区拥有才智管理团队、优秀的教学团队、后援的商业企业，可以提供给学生创新教育计划。学区拥有 22 个小学，5 个初中，4 个全面高中和 1 个继续教育高中，学生总数超过 2.4 万人。学区有全国闻名的学校，在学术、艺术、体育等学科中尔湾学生的成绩远超过加州和全美的平均水平，在奥兰治县的美国大学考试中也一直名列前茅，高中毕业生中有 90% 考上大学。优良的教育资源不仅吸引了重视教育的家庭落户尔湾，更为尔湾的发展培养和输送了大量的高素质人才，成为吸引城市人口不断聚集的重要原因之一。

4. 优厚的扶持政策

尔湾市政府对低收入群体制定了相应的政策支持。对低收入首次置业者、残疾人和老年人，制定了不同的扶持政策。通过“租金补助”政策，为符合条件的居民按月度补贴租赁住宅。通过“临时住房”政策，提供临时和过渡住房服务，为没有住房的家庭提供帮助。通过首次购房者计划，对低收入者首次置业实施扶持政策，其中包括预付定金资助计划、抵押贷款证明计划、分期购买计划。这些扶持政策较大限度地解决了尔湾市低收入群体的住房问题，为区域安定和吸引人才起到了重要的作用。

5. 充足的就业岗位

尔湾市较高的经济发展水平和雄厚的产业基础为尔湾提供了充足的就业机会。尔湾总人口约 25 万人，却有 2.1 万个公司在尔湾注册，可以提供 20 万个工作岗位。尔湾的工资水平在奥兰治县处于上等水平，远高于全美和加州平均水平，而且各个行业的工资与加州其他区域相比均处于上等水平。富有竞争力的薪酬水平和大量的就业机会能够吸引各行各业的高端人才来尔湾工作和居住。

三　尔湾成功的经验与启示

尔湾是一座精心规划建设出来的理想城市，环境优美宜居，主要成功经验有以下几点。

（一）市场主导和政府政策支持的运作机制

尔湾早期的建设是在市场经济环境下由私人投资建设的，是市场主导规划建设的新兴城市，没有政府干预。尔湾建市后仍然坚持市场化导向，政府决策来自市场，并接受市场检验。需要注意的是，尔湾市城市建设能够按照规划始终朝着有利于城市发展的方向进行，一方面得益于坚持市场主导，另一方面是多方力量博弈制衡的结果。尔湾是由尔湾公司主导开发建设，但加州大学尔湾分校和市议会在不同阶段起到了不同的作用，避免了城市建设因为公司股权变更、校长和市长更替而发生大的转变，尔湾一直朝着利益最大化和可持续发展的方向发展。

（二）城市发展与生态保护的平衡

1970 年，尔湾提出的城市总体规划就界定了农业用地和开放空间，并在之后的总体规划修订版中将 1/3 的土地划为受保护的开放空间，加强了生态保护。在尔湾市的建设中，始终将生态保护作为核心，城市规划与设计围绕中央公园和湖泊制定。城市建设和发展需要更多的建设用地，尔湾在扩大城市规模的同时，通过增加市政公园和绿地面积，保障了生态空间，使生态空间扩展和城市规模扩大同比例进行，平衡了城市发展和生态保护的关系。典型的例子就是将废弃的军事基地作为公园进行复合式开发，其中 28.8% 的土地规划为奥兰治县公园。优良的生态环境使尔湾成为最佳宜居地。

（三）坚持规划的前瞻性和持续性

自 1971 年尔湾市建立以来，无论城市如何发展，城市扩建、边界合并等，都一直遵循着尔湾最初的设计者威廉·佩德拉提出的“精明增长”的规划原则，即土地混合利用、建筑设计紧凑布局、各社区适合步行、提供多样化交通选择和保护公共空间、农业用地、自然景观以及引导现有社区的发展和效用。经过 60 年的城市发展，尔湾始终坚持规划的持续性，按照自然保护区和开放空间、居民区、商业区、商务综合区、学校教育和公共机构五大功能区进行建设，在规划之初就体现了产业和城市融合发展的先进理念。同时还划定了永久自然保护地，尔湾公司和政府、社区及环保人员一起组成了开放空间合作网络，通过铺设步道、修建公园，使原尔湾农场超过一半的土地（222.58 平方公里）被永久保留。在城市建设用地日益减少的今天，许多地区仍将农田变为城市建设用地，而尔湾用规划的方式将大部分土地保护起来，以优良的自然环境来实现土地价值的升值，反映了尔湾规划理念的前瞻性。

（四）多元化的产业发展模式

尔湾市的产业主要以加州大学尔湾分校等一流院校为依托，通过相关政策发展智力密集型高科技产业。加州大学尔湾分校是一所研究型大学，提供了大量的工作机会，集聚了大批优秀学生，为尔湾产业发展集聚了大量高素质人才。此外，尔湾有企业 2.1 万多家，形成了以高新技术企业为主导的多元化产业结构和多样化优势产业集群，抗风险能力大大加强，在 20 世纪 90 年代高科技产业泡沫破灭的时候，硅谷受到了较大冲击，而尔湾多元化产业结构使尔湾平稳地度过危机，经济发展平稳。

参考文献

张莉：《尔湾：解读美国后大都市时代城市发展》，《国际城市规划》2012 年第 6 期。

顾静、马明水：《尔湾市的规划及发展特征带来的启示》，《建筑与文化》2015 年第 6 期。

Griffin Nathaniel M. , *Irvine*: *The Genesis of a New Community* (Washington, DC: Urban Land Institute, 1974) .

Abstract

Since the reform and opening up, China has continued to advance the process of characteristic socialist modernization, and has made remarkable achievements in economic, political, cultural, and social fields after 40 years of hard exploration and practice Industrialization and urbanization, these two prominent areas that affect economic development and the people's livelihood, are undoubtedly an important driving force in the process of reform and opening up, and are playing a critical role in China's industrial optimization and upgrading, urban construction development and comprehensive deepening reform

Since the 18th National Congress of the Communist Party of China, the international and domestic economic situation has undergone significant changes The global economic power has gradually shifted, the economic growth rate has continued to slow down, the economic development mode has been changed, and the economic growth momentum has changed The previous economic development model, driven by demographic dividends and material factors, extensive rapid advancement, and low-cost export-oriented, has become unsustainable Contradictory problems of development, such as structural imbalance, overcapacity, insufficient driving force for innovation, increased resource and environmental supply constraints, uncoordinated regional development and economic friction among countries, has become increasingly apparent, and China's economy is in urgent need of a shift from "high-speed" growth to "high-quality" development

At the same time, for a long time, China has implemented extensive urbanization of land and space, ignoring the urbanization with people as the core It results a series of prominent contradictions and problems, such as the "shifted and not moved" phenomenon of agricultural population, the un-integration between the industrialization and urbanization, the un-coordination of the development of large, medium and small cities, the imbalance between urban and rural dual structure The speed and quality of urbanization development are obviously not matched The state has clearly stated that the urbanization rate of permanent residents and the urbanization rate of household registration population should increase to 60% and 45% respectively in 2020 How to speed up the process of urbanization of agricultural transfer population, how to accelerate the formation of urban structure with urban agglomeration as the main body to build a coordinated development of large, medium and small cities and small cities, has become an urgent task for the current high-quality development of urbanization

The report of the 19th National Congress of the Communist Party of China clearly stated that it is necessary to "promote the simultaneous development of new industrialization, informatization, urbanization, and agricultural modernization" Under such a background, the new industrial city, as a new development model, is increasingly used in China's reform practice, because it can not only grasp the trend of economic and industrial development, but also fit the new requirement of urbanization development The new industry city adheres to the development concept of "taking the city with production, producing with the city and integrating the city" to meet the needs of the people, taking the industry as the "foundation of the city" and the city as the "base of the industry" Through strengthening the industrial support of urban development by introducing modern industrial systems and cultivating industrial clusters, strengthening infrastructure comprehensive carrying capacity by building high-standard infrastructure and public service facilities, optimizing public service supply systems, and providing quality urban service services, it effectively achieves the benign interaction of "production, city, and people" and promotes healthy and sustainable development of the region It can be said that the new industrial city plays an increasingly important role in promoting industrial structure optimization and economic transformation, improving urban functions, creating a coordinated development pattern of large, medium and small cities, and promoting regional coordinated development

The "Annual Report on the Development of New Industrial City (2019)" is based on the theme of "Promoting the High-quality Development of New industrial Cities", grasping the development trend, basing on the new requirements of the country's modernization construction in the new era, and exploring the issue of high-quality development of new industrial cities in a multi-dimensional and all-round way This book was jointly completed by researchers from Henan Academy of Social Sciences (HNASS) and Zhengzhou University of Light Industry (ZZULI) Among them, the general report named "High-quality Development and Operation of New industrial Cities" systematically sorts out the conceptual evolution and practice of the new industrial city, deeply analyzes the status quo and problems of the development of the new industrial city, and prospecting the development of new industrial cities in 2019, proposed suggestions for promoting the high-quality development of industrial new cities The sub-report from the other parts, named "Construction of New industrial City", "Operation of New industrial City", "Radiation and Driving Function of New Industrial City", and "Case Articles", mainly focus on the key and difficult issues in the development of new industrial city, and put forward corresponding ideas and countermeasures from the perspective of theory and practice.

Keywords: New Industrial City; City-industry Integration; New City; High Quality Development

Contents

I General Report

Abstract: With the rapid advancement of new urbanization and industrialization, the new industrial city has entered a stage of rapid development, the participating entities have become more diversified, and the development and operation modes have become increasingly mature The trend of urbanization, urban modernization and production integration of the park is more obvious, but it is driven by the industry Due to the factors such as insufficient capacity, weak support of facilities, and unsatisfactory transformation of the park, there is still a gap between the requirements for high-quality development of new industrial cities The next step is how to make the new industrial city have endogenous growth momentum, how to make the new industrial city grow into the new modern city, how to make the new industrial city play the role of the fulcrum of the regional urban system Therefore, in the future, we must focus on improving the industrial driving ability, speeding up integration into the metropolitan area, optimizing the production, living and ecological space, and shaping the core of urban culture, with promoting the high-quality development of the new industrial city.

Keywords: New Industrial City; City-industry Integration; New City; Metropolitan Area

Ⅱ Construction Reports

Abstract: With the advancement of industrialization and urbanization in China, the functional orientation of new industrial cities has gradually changed Accordingly, the planning of new industrial cities should also be adjusted with the development of economy and society and the new expectations and demands of the people, paying more attention to humanistic, networked, intelligent, intensive and compound development Therefore, we should actively implement the development strategies of coordination and spatial integration of metropolitan areas, and so on.

Keywords: New Industrial City; Industrial Park; Industrial Clusters

Abstract: From the perspective of the subject, there are three kinds of new industry city construction modes: the government-leading, the market leading and government-market cooperation The three different modes have different advantages and disadvantages respectively With the related national policies and industry land policy, governments will participate in the new industrial city construction in a more positive attitude, which will also light passion on estate developer, to optimize the industry supporting service facilities and to realize the ecosphere for industry and residential, ecological protection and urban construction Therefore, some suggestions can be given, which are to exploit the advantages of the government-market cooperation mode, and to attach importance to the industry-city integration, and to innovate the construction mode of new industrial city.

Keywords: New Industrial City; City-industry Integration; Constructing Mode

B.4 Research on the Investment and Financing of Infrastructure Construction in New Industrial City

Guo Zhiyuan / 057

Abstract: As a bright construction mode, New industrial City represents to a certain extent the concepts of technology and industry integration, industry and city integration, environment and human integration, and it is a lens to perspective the future of China's new urbanization With the construction of new industrial city projects in many places, it will inevitably bring huge financing needs Based on the analysis of the characteristics, channels and main problems of infrastructure investment and financing in China's new industrial cities, this paper puts forward countermeasures and suggestions from five aspects: fiscal and taxation policy support, standardization of financing platform, improvement of PPP model, improvement of land reserve system and improvement of investment and financing environment.

Keywords: New Industrial City; Infrastructure Construction; Investment and Finance

B.5 Research on the Habitat Environment of New Industrial City

Liu Lili / 067

Abstract: The new industrial city is a new form of industrial park, which focus on the parallel development of the industry and city Optimizing the human settlement environment of new industrial city is of significant importance to satisfying people's needs for better life and its sustainable development At present, new industrial cities have made some progress in social environment, ecological environment and economic environment, but there are some prominent problems, for example, the city facilities and job-housing imbalance etc In the future, the construction of the new industrial cities should proceed with planning, improve the basic public services and public transportation system to gradually accelerate the human settlement environment of new industrial cities.

Keywords: New Industrial City; Human Settlement Environment; Sustainable Development

B. 6 The Way to Improve the Bearing Capacity of New Industrial City and the Countermeasure Suggestions *Wang Yuanliang* / 079

Abstract: Improving the comprehensive carrying capacity of cities is an important basis for realizing the sustainable development of industrial new citys Based on the analysis of the research progress, basic characteristics of the carrying capacity of industrial new citys, this paper puts forward some suggestions, such as continuously optimizing the spatial pattern, improving the balance of occupations and housing in the new citys, speeding up the integration of production and urban development, shaping the two-wheel-driven development pattern, strengthening infrastructure construction, enhancing the functions and taste of the new citys, exploring the green intensive development mode, improving the quality of economic development and flexible adaptation, etc The main ways to upgrade the carrying capacity of industrial new citys are put forward, and some countermeasures and suggestions are put forward, such as putting urban planning in the first place, carrying out comprehensive land use zoning, strengthening comprehensive management of ecological environment, and constantly innovating urban management.

Keywords: New Industrial City; Spatial Pattern; Occupational Balance

Abstract: The industrial new city is an important engine for China's stable growth, structural adjustment and an important starting point to promote the coordinated regional development In the context of high-quality development, the existence of inefficient land use in industrial new cities will make the innovation economy lose its foothold Drawing on the specific practices of developed countries and regions in Swedish, Singapore and Dublin, etc, this paper puts forward some concrete measures to improve the land use efficiency of industrial new city from the aspects of adjusting the concept and mode of urban construction and land use actively, implementing more detailed density zoning control, giving full play to the leverage means of plot ratio incentive, promoting the mixed and compound utilization of land vigorously, and optimizing the regulation of the whole life cycle of land use.

Keywords: New Industrial City; Land Use Efficiency; Density Zoning Control

Ⅲ Operational Chapter

Abstract: In the context of new urbanization, in order to promote the process of regional urban-rural integration, the new industrial city, as an innovative model of the new city movement, has been promoted and applied in many countries and regions On the basis of combing the development history of the new industrial city at home and abroad, this paper summarizes the general rules and internal mechanisms of its formation At the same time, in order to have a more comprehensive understanding of the new industrial city, define its connotation, explain the typical characteristics, and compare with related concepts to fully clarify the difference between various concepts We look forward to providing a model sample and reference for China's new urbanization.

Keywords: New Industrial City; New Urbanization; City-industry Integration

Abstract: New industrial City is a new organizational form in the development of regional economy in China The radiation drive of the central city provides the impetus for the rapid development of the new industrial city The expansion of the central city and the infrastructure sharing of the central city provide the basis for the development of the new industrial city Industrial development is the core of new industrial city development Industrial agglomeration is the support of new industrial city development, and leading enterprises promote the formation of industrial clusters in new industrial city Innovation is the driving force for the rapid development of new industrial cities Innovation in management mode and cluster promotes the management upgrading and industrial upgrading of new industrial cities The integration of industry and city is the guarantee of the development of industry new city, and promotes the sustainable development of industry new city.

Keywords: Radiation Drive; Industrial Agglomeration; City-industry Integration

Abstract: China's economy has entered a new normal, rising costs of resources, labor and logistics increase the cost of enterprise and the construction

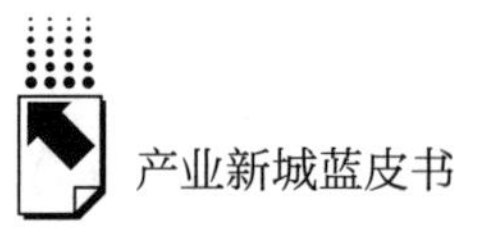

cost of new industrial cities Under this background, how to attract enterprise into the park and how to get more profits are important to development the new industrial city So, it is necessary to study the operation mode of new industrial city This paper is according to the nature and characteristics of operation subjects, it divided the operation mode of China's new industrial city into three modes, they are government-enterprise joint, real estate & investment and service operation mode Based on typical cases, we summarized the three operation modes in operation characteristics, service system and profit sources On this basis, this paper proposed some suggestions to promote the innovation of new industrial cities.

Keywords: New Industrial City; Operation Mode; Factor Integration

B. 11 Research on the Investment Model of New Industrial City

Fu Jialin / 136

Abstract: As a product of economic and social development, the new industrial city also provides energy of motion for the economic development of society As an important part of the development of new industrial city, investment promotion, its strength and quality also affect the development of new industrial cities At present, China Merchants is in a new stage of development Under the new situation, the investment in new industrial cities is facing the challenges of weakening preferential policies, unreasonable land structure, and international industrial transfer The traditional investment model can no longer meet the competitive demand, and the investment model needs to be broken In the future, the new industrial city needs innovative investment promotion mode, perfects the investment promotion system, comprehensively improves the purpose and pertinence of investment promotion, and focuses on promoting the park's ppp model, fund investment model, investment business model, and two-way convection mode to promote the quality and healthy development of the new industrial city.

Keywords: New Industrial City; Investment Model; Ecosystem

Abstract: The development concept of new industrial city is revitalizing cities with industry, driving industry by cities, industrial and urban integration development, urban-rural integration development New industrial city pays attention to industrial agglomeration and balanced development of urban functions, which plays an important role in promoting the construction of new urbanization and upgrading of industrial structure The competitiveness of new industrial cities is mainly determined by the location advantages and the strength of operators Based on the principles of objectivity, operability, comprehensiveness and scientific, this paper constructs an evaluation model for the location competitiveness of new industrial city and the competitiveness of operators of new industrial city, evaluates the competitiveness of new industrial city by factor analysis, and summarizes the experience and lessons in the development of new industrial city On this basis, from the aspects of strengthening top-level design, improving business environment, innovating operation mode and improving supporting facilities, this paper puts forward some suggestions to enhance the comprehensive competitiveness of new industrial cities.

Keywords: New Industrial City Competitiveness; Location Advantages; New Industrial City Operators

Abstract: Industry new city is a kind of urban development mode under the guidance of "people-oriented" new urbanization mode, which takes industrial development as the basis, "city-industry integration" through government guidance and enterprise operation, so as to realize the common development of industrial new city economy, city and people's livelihood At present, some achievements have been made in the development of industrial new city in China But there are still some problems in the development of industrial new city, irrational industrial structure, low level of industrial technology, ecological environmental protection and industrial new city development are not coordinated Therefore, increase investment in innovation to promote industrial upgrading; rational planning to promote coordinated development of industries; to strengthen environmental protection and realize the harmonious development between industrial new city and nature is the direction of promoting the high-quality development of industrial new city in the future.

Keywords: Innovation Driven; Industrial Upgrading; High-quality Development

Ⅳ Radiation Drive Reports

Abstract: The new industrial city plays an important role in promoting the coordinated development of urbanization and industrialization, coordinating land urbanization and population urbanization, optimizing the urban system and urban spatial pattern, and solving the contradiction between urban and rural dual structure In the course of practice, most of the new industrial city are guided by forward-looking planning, with full-process services to promote industrial optimization and upgrading, high-standard construction to enhance the comprehensive carrying capacity of the city, with professional operations to promote public access, open-mind cooperation to achieve win-win among the stakeholders However, in the process of driving urbanization development, the new industrial city encounters constraints such as the unsynchronized industrial development and urban development, the uncoordinated replacement of new and old industries, the interaction efficiency of the new urban area and the old city or the central city, and the institutional mechanisms In the future, if the urbanization needs to be accelerated by development of the new industrial city, it is necessary to closely follow the development strategy, and integrate the innovation resources, play the linkage effect, strengthen the city function and the innovation system mechanism, and focus on the planning layout, industrial system, coordinated development, anti-magnetic mechanism construction and factor protection.

Keywords: New Industrial City; City-industry Integration; New Urbanization; Urban Development

Abstract: Industrial transformation and upgrading is an important way to achieve high-quality development of county economy The operation of the new industrial city has enabled the upgrading of County Industrial level: scientific industrial planning leads to the coordinated distribution of county industries, efficient allocation of high-end factor resources promotes the upgrading of industrial level, the cultivation of industrial clusters injects new momentum into industrial transformation and upgrading, the upgrading of urban quality adds new vitality to industrial transformation and upgrading, and the perfect supporting service functions provide protection for industrial transformation and upgrading.

Keywords: New Industrial City; County Industry; Transformation and Upgrading

Abstract: As an innovative mode and form of urban development marked by

"Integrating Industries and Cities", new industrial city plays an important role in the construction and development of metropolitan areas New industrial city is not only the key node of urban network system and the important fulcrum of internal balanced development in metropolitan area, but also the important carrier of cultivating and strengthening new momentum, the new engine of high-quality development and the important grasp of coordinated development in metropolitan area We should speed up the development and expansion of new industrial cities to enhance the overall economic strength of metropolitan areas, actively dock with central cities and integrate into surrounding cities to promote the free flow of production factors within metropolitan areas, improve regional transportation networks to enhance the accessibility within metropolitan areas, strengthen the co-construction and sharing of ecological environment and business environment to enhance the comprehensive competitiveness of metropolitan areas In this way, the new industrial city will play a better role in the construction and development of metropolitan areas.

Keywords: New Industrial City; Metropolitan Area; Production City Fusion

Abstract: Industrial city is a new form of urban space in the process of urbanization in our country It follows the construction principle of "revitalizing the city with industry, leading the industry by city, integrating industry and city and integrating urban and rural areas" Based on the industrial development and relying on the urban development, industrial city can effectively promote the speed of regional economic growth by adopting the construction of PPP model Through the agglomeration of factors of production, the scale of regional economic development can be effectively promoted Through regional coordinated development, transformation and upgrading of industrial structure, technological innovation and other paths, the total factor productivity can be improved and the high-quality development of regional economy can be promoted.

Keywords: New Industrial City; Economic Speed; Economic Scale; Economic Quality

Abstract: The new industrial city is a new type of urbanization that "puts people first" It promotes employment development by promoting the urbanization of farmers, forming a Highland of talents, improving the quality of laborers and the quality of employment At present, due to the low concentration of industry, the imperfect supporting facilities and the imperfect public employment service system, China's new industrial cities restrict the promotion of employment development Therefore, In the future, the development of new industrial cities should build a good industrial ecosystem, perfect infrastructure and public service system to attract the accumulation of human capital and promote employment development.

Keywords: New Industrial City; The Employment Development; Industry Agglomeration; Public Employment Service Agency

Abstract: Under the background of new urbanization, Industry new city is an innovative mode of urban development with human as the core, Industry development as the cornerstone and "integration of production and city" as its characteristic Industry New City insists on promoting both Industry development and urban function improvement It promotes the coordinated development of population, resources, environment and cities with the people-oriented concept of development, market-oriented means of operation and integrated operational services It effectively resolves the problems existing in urban development, such as the lack of public facilities, the lack of public services, the imperfect social security system, the imperfect governance system and the ecological environment The serious problems of environmental pollution have realized the innovation of urban development mode, the improvement of social service level, the improvement of people's livelihood and social security system, and the progress of urban ecological civilization While promoting the transformation and upgrading of regional industries and the rapid improvement of economic strength, they have effectively promoted the overall progress of society.

Keywords: New Industrial City; Production City Fusion; New Urbanization

V Report of Case Reports

B. 20 Zhangjiang: the New City With High-quality Development Powered by Opening up and Innovation *Han Peng* / 236

Abstract: Zhangjiang is an important carrier for Shanghai to realize high-quality development powered by opening-up and innovation From 1992, when the Zhangjiang Hi-tech Park opened, Zhangjiang gripped every important opportunity of the world industry's reform, as well as China's innovation development and opening up development, in 27 years Zhangjiang's development mainly focus on promoting institutional innovation, function optimization, and development upgrading, as well as efforts to promote the high quality development with the integration of industry and city As a result, Zhangjiang steps in unique development pattern of "three areas, one city", namely high-tech district, Hi-tech park, free trade zone and science-technology city, which promote each other and get coordinated development From this point, Zhangjiang is viewed as one of the typical case for new cities to realise high quality development powered by opening up and innovation In this paper, based on studying and judging the advantages of zhangjiang's development, sorting out the development process of Zhangjiang, as well as describing the development status and prospect of zhangjiang, we try to objectively reveal the development and evolution rules and direction of zhangjiang, so as to provide certain reference for similar new city construction in various regions.

Keywords: Zhangjiang; New Industrial City; Three Districts and One City

Abstract: The Gu'an New industrial City is a new urban area jointly created by CFDL International and Gu'an County on the basis of industry development The PPP mode it generated had achieved remarkable success, effectively promoting the substantial development in the local economic society, as well as becoming a typical model case in boosting the establishment of new urban areas in China It's of guiding and referential significance in carrying forward China's high-quality and healthy development of the new-type urbanization at the present stage.

Keywords: Gu'an; New Industrial City; PPP Mode;

Abstract: Wuzhi New Industry City is the first project of CFLD deep ploughing central plains urban agglomeration in China Since June 2016, it has made great achievements in industrial development and urban construction, and has become a model of CFLD Construction in Henan Province Summarizing the practical exploration and innovative experience of Wuzhi new industry city construction can provide beneficial references and inspirations for the development of new urbanization in Henan province.

Keywords: Wuzhi; New Industrial City; CFLD

B.23 The Construction and Operation of Jiashan New Industrial City

Jin Dong / 259

Abstract: Jiashan New Industry City is built by Jiashan County People's Government and CFLD through PPP mode On the basis of scientific planning and accurate positioning, relying on unique geographical advantages, Jiashan New Industry City actively develops new industries Four major industrial clusters have been formed: R&D, finance, commerce, film and television media, software information and so on Industrial development function and residential function are constantly strengthened After several years of construction, Jiashan New Industry City has gradually become a modern water city with beautiful environment, perfect supporting facilities and vigor.

Keywords: Jiashan; New Industrial City; CFLD

B.24 Chang'ge: New Industrial City Supports the Zhengzhou-Xuchang's Integrated Development

Peng Junjie / 267

Abstract: Chang'ge New industrial City is the bridgehead of Xuchang City's linking to Zhengzhou Metropolitan Area and Zhengzhou Airport Economic Comprehensive Experimental Zone. It is an important engine for Zhengzhou—Xuchang's integrated development. It is a modern new industrial city built by CFLD (China Fortune Land Development) through PPP Based on the basic situation, construction process and operation mode of Changge New industrial City, this paper proposes policy recommendations to further promote the high-quality development of new industrial cities, and explores the high quality of ecologically livable, intensive and efficient city integration The road to the development of new industrial city has obvious implications for promoting the high-quality development of urbanization.

Keywords: Changge; New Industrial City; Development Mode

Ⅵ Reference Reports

Abstract: The farm construction managed by Irvine Company has developed into a "hot city" in the United States It is the most ideal settlement for the middle class and young people in the United States It has become the safest, most livable and best-functioning city in the United States It is also a sample of the construction of new cities Through the analysis of the development process of Irvine from university community to high-tech new city this paper summarizes the achievements of Irvine, and analyses that the reasons for its success lie in the safe urban environment, suitable living environment, abundant educational resources, favorable supporting policies, sufficient employment posts, and summarizes its development experience, so as to provide experience for the construction of new industry cities in China.

Keywords: Irvine; New Industrial City; Irvine Planning

皮书起源

“皮书”起源于十七、十八世纪的英国，主要指官方或社会组织正式发表的重要文件或报告，多以“白皮书”命名。在中国，“皮书”这一概念被社会广泛接受，并被成功运作、发展成为一种全新的出版形态，则源于中国社会科学院社会科学文献出版社。

皮书定义

皮书是对中国与世界发展状况和热点问题进行年度监测，以专业的角度、专家的视野和实证研究方法，针对某一领域或区域现状与发展态势展开分析和预测，具备原创性、实证性、专业性、连续性、前沿性、时效性等特点的公开出版物，由一系列权威研究报告组成。

皮书作者

皮书系列的作者以中国社会科学院、著名高校、地方社会科学院的研究人员为主，多为国内一流研究机构的权威专家学者，他们的看法和观点代表了学界对中国与世界的现实和未来最高水平的解读与分析。

皮书荣誉

皮书系列已成为社会科学文献出版社的著名图书品牌和中国社会科学院的知名学术品牌。2016 年，皮书系列正式列入“十三五”国家重点出版规划项目；2013~2019 年，重点皮书列入中国社会科学院承担的国家哲学社会科学创新工程项目；2019 年，64 种院外皮书使用“中国社会科学院创新工程学术出版项目”标识。

中国皮书网

（网址：www.pishu.cn）

发布皮书研创资讯，传播皮书精彩内容
引领皮书出版潮流，打造皮书服务平台

栏目设置

关于皮书：何谓皮书、皮书分类、皮书大事记、皮书荣誉、
皮书出版第一人、皮书编辑部

最新资讯：通知公告、新闻动态、媒体聚焦、网站专题、视频直播、下载专区

皮书研创：皮书规范、皮书选题、皮书出版、皮书研究、研创团队

皮书评奖评价：指标体系、皮书评价、皮书评奖

互动专区：皮书说、社科数托邦、皮书微博、留言板

所获荣誉

2008 年、2011 年，中国皮书网均在全国新闻出版业网站荣誉评选中获得“最具商业价值网站”称号；

2012 年,获得“出版业网站百强”称号。

网库合一

2014 年，中国皮书网与皮书数据库端口合一，实现资源共享。

权威报告·一手数据·特色资源

皮书数据库

ANNUAL REPORT(YEARBOOK) DATABASE

当代中国经济与社会发展高端智库平台

所获荣誉

- 2016年，入选“‘十三五’国家重点电子出版物出版规划骨干工程”
- 2015年，荣获“搜索中国正能量 点赞2015”“创新中国科技创新奖”
- 2013年，荣获“中国出版政府奖·网络出版物奖”提名奖
- 连续多年荣获中国数字出版博览会“数字出版·优秀品牌”奖

成为会员

通过网址www.pishu.com.cn访问皮书数据库网站或下载皮书数据库APP，进行手机号码验证或邮箱验证即可成为皮书数据库会员。

会员福利

- 已注册用户购书后可免费获赠100元皮书数据库充值卡。刮开充值卡涂层获取充值密码，登录并进入“会员中心”—“在线充值”—“充值卡充值”，充值成功即可购买和查看数据库内容。
- 会员福利最终解释权归社会科学文献出版社所有。

社会科学文献出版社 皮书系列
SOCIAL SCIENCES ACADEMIC PRESS (CHINA)
卡号：675411619114
密码：

数据库服务热线：400-008-6695
数据库服务QQ：2475522410
数据库服务邮箱：database@ssap.cn
图书销售热线：010-59367070/7028
图书服务QQ：1265056568
图书服务邮箱：duzhe@ssap.cn

中国社会发展数据库（下设 12 个子库）

全面整合国内外中国社会发展研究成果，汇聚独家统计数据、深度分析报告，涉及社会、人口、政治、教育、法律等 12 个领域，为了解中国社会发展动态、跟踪社会核心热点、分析社会发展趋势提供一站式资源搜索和数据分析与挖掘服务。

中国经济发展数据库（下设 12 个子库）

基于"皮书系列"中涉及中国经济发展的研究资料构建，内容涵盖宏观经济、农业经济、工业经济、产业经济等 12 个重点经济领域，为实时掌控经济运行态势、把握经济发展规律、洞察经济形势、进行经济决策提供参考和依据。

中国行业发展数据库（下设 17 个子库）

以中国国民经济行业分类为依据，覆盖金融业、旅游、医疗卫生、交通运输、能源矿产等 100 多个行业，跟踪分析国民经济相关行业市场运行状况和政策导向，汇集行业发展前沿资讯，为投资、从业及各种经济决策提供理论基础和实践指导。

中国区域发展数据库（下设 6 个子库）

对中国特定区域内的经济、社会、文化等领域现状与发展情况进行深度分析和预测，研究层级至县及县以下行政区，涉及地区、区域经济体、城市、农村等不同维度。为地方经济社会宏观态势研究、发展经验研究、案例分析提供数据服务。

中国文化传媒数据库（下设 18 个子库）

汇聚文化传媒领域专家观点、热点资讯，梳理国内外中国文化发展相关学术研究成果、一手统计数据，涵盖文化产业、新闻传播、电影娱乐、文学艺术、群众文化等 18 个重点研究领域。为文化传媒研究提供相关数据、研究报告和综合分析服务。

世界经济与国际关系数据库（下设 6 个子库）

立足"皮书系列"世界经济、国际关系相关学术资源，整合世界经济、国际政治、世界文化与科技、全球性问题、国际组织与国际法、区域研究 6 大领域研究成果，为世界经济与国际关系研究提供全方位数据分析，为决策和形势研判提供参考。

法律声明